MAYONESA

Estrategia, cognición
y poder competitivo

ALBERTO LEVY
con la colaboración de
CAROLINA BARAVALLE

MAYONESA
Estrategia, cognición
y poder competitivo

Tercera versión

GRANICA

BUENOS AIRES - MÉXICO - SANTIAGO - MONTEVIDEO

© 2012, 2013 *by* Ediciones Granica S.A.

ARGENTINA
Ediciones Granica S.A.
Lavalle 1634 3° G
C1048AAN Buenos Aires, Argentina
Tel.: +5411-4374-1456
Fax: +5411-4373-0669
granica.ar@granicaeditor.com
atencionaempresas@granicaeditor.com

MÉXICO
Ediciones Granica México S.A. de C.V.
Valle de Bravo N° 21
Col. El Mirador
53050 Naucalpan de Juárez, Estado de México,México
Tel.: +5255-5360-1010
Fax: +5255-5360-1100
granica.mx@granicaeditor.com

URUGUAY
Ediciones Granica S.A.
Scoseria 2639 Bis
11300 Montevideo, Uruguay
Tel.: +5982-712-4857 / +5982-712-4858
granica.uy@granicaeditor.com

CHILE
Tel.: +562-810-7455
granica.cl@granicaeditor.com

ESPAÑA
Tel.: +3493-635-4120
granica.es@granicaeditor.com

www.granicaeditor.com

ISBN 978-950-641-644-7

E - ISBN 978-950-641-646-1

Hecho el depósito que marca la ley 11.723

Impreso en Argentina. *Printed in Argentina*

Levy, Alberto
    Mayonesa : estrategia, cognición y poder competitivo,
3° versión . - 3a ed. 1a reimp. - Buenos Aires : Granica,
2013.
    344 p. ; 22x15 cm.

    ISBN 978-950-641-644-7

    1. Marketing. I. Título.
    CDD 658.8

Claudita, este libro te lo dedico con todo mi cariño y mi agradecimiento por todos los caminos que recorrimos juntos, por todas esas caravanas que compartimos en las que, desde chiquita, me enseñaste el valor de la fuerza, de la esperanza y de la fe en los momentos de debilidad y de angustia y en los que me demostraste el valor de la humildad y de la nobleza en los momentos de éxito, de aplausos y de triunfo.

Me enseñaste el valor de la bondad y el valor de la caridad. Nunca te vi dejar vacía la mano de quien te pidió ayuda. Te admiro como hija de tus padres, como hermana de tus hermanos, como la Tía Clau de Gaspar, de Lucas, de Salvador y de Brunito. Te admiro por todo lo que hiciste por mi familia y por sentirla tu familia.

Te lo dedico en homenaje al honor que me da que seas la madre de Hannah nuestra hija.

Nunca me voy a olvidar lo que sentí cuando vimos juntos el final del discurso de John Nash (Russel Crowe) en *Una mente brillante*, cuando le otorgan el Premio Nobel en Economía en 1994. Decía:

"Siempre he creído en los números. En las ecuaciones y la lógica que llevan a la razón. Pero después de una vida de búsqueda me digo, ¿qué es la lógica?, ¿quién decide la razón? He buscado a través de lo físico, lo metafísico, lo delirante [...] y vuelta a empezar. Y he hecho el descubrimiento más importante de mi carrera, el más importante de mi vida. Sólo en las misteriosas ecuaciones del amor puede encontrarse alguna lógica. Estoy aquí esta noche gracias a ti. Tú eres mi única razón de ser. Eres todas mis razones. ¡Gracias!".

Para Claudia, mi mujer, el viento que sustenta mis alas

ÍNDICE

INTRODUCCIÓN   11
Abril de 1998

SEGUNDA INTRODUCCIÓN   15
Enero de 2012

APERTURA   21
Enero de 1997

Capítulo I. EL MERCADO   23

Capítulo II. LA EMPRESA   35

Capítulo III. MARKETING TÁCTICO   49
Mayonesa si estuviéramos en 1967 y en 1973
Marketing de primera generación
Marketing de segunda generación

Capítulo IV. MARKETING ESTRATÉGICO   53
Como si estuviéramos en 1976
Marketing de tercera generación

Capítulo V. SEGMENTACIÓN DE MERCADO   59

Capítulo VI. LA DISPERSIÓN COGNITIVA.
IMPORTANCIA DEL ALINEAMIENTO ESTRATÉGICO   71

Capítulo VII. PENTA TIERRA, AGUA, AIRE Y FUEGO   85
El marketing estratégico de la década de los 80

Capítulo VIII. **EL ADENTRO Y EL AFUERA**   103
Posicionamiento y productividad
Una visión diferente de marketing estratégico

Capítulo IX. **LOS MOLINOS DE LA MENTE**   111
Primeros pasos desde el marketing estratégico
hacia el Desarrollo Competitivo

Capítulo X. **LA MARCA LÍDER Y LA MARCA VIRTUOSA**   149

Capítulo XI. **DEFINICIÓN DEL MODELO DE NEGOCIO**   163

Capítulo XII. **DINÁMICA COMPETITIVA**   171
Ciclo de vida del producto *versus* evolución del mercado.
La evolución del sector industrial en función de la evolución
de los paradigmas vinculares

Capítulo XIII. **EL MODELO PENTA**   187

Capítulo XIV. **EL PLAN DE NEGOCIOS DE CALFRANCE**   247

Capítulo XV. **¿POSICIONAMIENTO?**   279
Marketing desde el 89 al 97
Hacia el marketing sistémico.
Marketing de cuarta generación

Capítulo XVI. **DESARROLLO COMPETITIVO**   291
Posicionamiento, innovación, productividad y alineamiento

Capítulo XVII. **LA VISIÓN**   333
Calfrance ingresando con Fouchet en la megacompetitividad

CIERRE   339

INTRODUCCIÓN
Abril de 1998

Este libro es una introducción a la especialidad de Desarrollo Competitivo, desafío de primera magnitud en nuestros países. Lo escribí siguiendo pautas muy simples. El estilo es el de un típico caso de Harvard, con algunas salvedades.

- Los datos del mercado son inventados.
- Las tres empresas principales son ficticias, así como sus marcas.
- Pero los problemas son reales.
- La gente de las empresas son personajes inventados, pero en todos los casos corresponden a personas que hemos conocido en empresas reales, solo que los nombres están cambiados.
- Toda mi gente, los miembros de mi equipo, son reales.
- La metodología de trabajo es la real, la que aplicamos en las empresas.
- El viaje a Francia es un ejemplo exacto de cómo vivimos cuando nos toca hacer una intervención en otro país o en alguna provincia argentina.

Mi trabajo comenzó hace muchos años como asesor en planeamiento estratégico. Los primeros clientes fueron empresas como Alpargatas, Texas Instruments, Pfizer, 3M, Banco Ganadero, YPF y

Coca-Cola. En esa época mi enfoque era facilitar que los gerentes formularan planes grupalmente y que pudieran transformarlos en acción práctica concreta en lugar de archivar el esfuerzo en una carpeta.

Así comencé a detectar que el área de Marketing no podía trabajar competitivamente si toda la empresa no estaba *alineada* tras esos planes, tomándolos cada área como propios. Hacía falta compartir valores y objetivos. Hacía falta que todos participaran en la construcción del futuro, ya que la gente ayuda a implementar aquello que ayudó a crear.

Este libro es el resultado ejemplificado en la práctica de un mercado, el de la mayonesa, y de mi preocupación por integrar dos perspectivas diferentes que tratan sobre los conceptos, los procesos, las técnicas y las tácticas de cambio y transformación que requiere el desarrollo competitivo. Estas dos perspectivas son las de la estrategia empresaria y la de la psicología organizacional.

Es importante destacar que se trata de un *"ejercicio de metodología" basado en los conceptos que nuestro equipo sostiene*, preparado para discutir en grupo, con lo cual puede ser usado como un entrenamiento ejecutivo en desarrollo competitivo dentro de una empresa y en cursos universitarios de Marketing, Desarrollo Competitivo, Planeamiento Estratégico o Cambio Cultural.

La idea de este libro surgió gracias a una conversación mantenida en el Consejo Asesor de la Escuela Tarbut con mi querido amigo y exalumno Fabián Skornik, quien me ayudó en todo el planeamiento del trabajo.

Mi agradecimiento al estudio de diseño gráfico Fernández-Raggio, por la creación del packaging de nuestros tres personajes, y a Luis Ojeda por la foto de tapa. Realmente creo que son profesionales de máximo nivel. Mi agradecimiento a todos los miembros de Levy Consultores, los que aparecen en este libro y los que quedaron detrás de bambalinas. Mi reconocimiento a todos los ejecutivos y empresarios con los que tuve el privilegio de trabajar todos estos años. No puedo nombrar a todos, pero todos saben a quiénes me refiero. Mi gran aprecio a Marc Roittman, expresidente para América Latina de Louis Dreyfus, por haberme honrado con la revisión de todo el manuscrito y con sus valiosísimos comentarios. Mi agradecimiento a Walt Disney quien, a pesar de no haber tenido la suerte de conocer personalmente, me enseñó el ejemplo de ser alguien que se atrevió a soñar. Mi agradecimiento a Paul Watzlawick por haberme enseñado a pensar. Mi reconocimiento a mis eternos profesores Theodore Levitt de la Harvard Business School y Phillip Kotler de la Northwestern University. Los dos me enseñaron a aprender. Mi enorme cariño al profesor Stephen Greyser de la Harvard Business School (nunca me voy a olvidar de tu kipá), por haberme enseñado a enseñar (y a hacerme más fácil extrañar).

Cualesquiera que sean los logros de un hombre, ellos serán incuestionablemente el producto de gente afectuosa que alimentó sus aspiraciones. Aquellos que a uno le brindan estima, que lo alientan en momentos de confusión y desánimo, que lo apuntalan hacia el futuro por su expresada fe en sus capacidades, son, seguramente, los agentes de su desarrollo. Muchos han hecho esto por mí. Algunos, como mis padres, mi mujer y mis hijos, han sido verdaderamente excepcionales aliados. Ellos me enseñaron a querer.

Especialmente, mi gratitud hacia Claudia (Yael), mi mujer, que hizo doble trabajo. Por muchos años me soportó navegar entre cambios, muchos de ellos muy profundos e impactantes. Después me apoyó al revivir esos cambios en las páginas de este libro y hasta me ayudó a estar seguro de que el texto estuviera bien escrito.

Avi Levy
Buenos Aires
Abril de 1998

SEGUNDA INTRODUCCIÓN
Enero de 2012

Parece mentira. Ya pasaron catorce años desde la primera versión y más de seis años de la segunda y *Mayonesa* sigue siendo leído, estudiado y comentado en casi toda América Latina y España. Y lo digo impresionado y con toda humildad. Nunca soñé que esto iba a pasar.

Miles y miles de estudiantes lo leyeron en casi todas las universidades de la Argentina, de América Latina y de España. En Navarra, España, la Escuela de Negocios del Foro Europeo, que tiene su campus en Pamplona, me nombró Profesor Emérito y me invitó ya varias veces a dar clase en sus carreras de Máster en Dirección de Empresas. Lo que les doy es exactamente el modelo de este libro.

La segunda versión de *Mayonesa*, ya más volcada al desarrollo competitivo, la publicó Granica en 2006. En esta versión, yo ya estaba muy involucrado con las ciencias cognitivas, especialmente desde la psicología. La psicología cognitiva me ayudó muchísimo, no solo para entender la arquitectura mental humana y los mapas mentales de los demás, sino también los míos.

En Colombia presenté el modelo, también varias veces, en el Forum de la Universidad de La Sabana y en el Colegio de Estudios Superiores en Administración (CESA). En el Uruguay, en la Universidad Católica y en la Universidad ORT. Ya lo había presentado en la

Universidad de la Empresa. En Ecuador, en la Universidad Católica de Guayaquil. En Córdoba, en la Universidad Blas Pascal junto a Marco Lorenzatti. En la Universidad de Belgrano, en la Universidad Católica Argentina, en la Universidad de Ciencias Empresariales y Sociales, que me nombró Profesor Honorario, en la Facultad Latinoamericana de Ciencias Sociales (FLACSO), en ESEADE, en la Universidad de la Patagonia Austral, en el Consejo Profesional de Ciencias Económicas, en la Escuela Superior de Guerra del Ejército Argentino, en la Escuela Superior de Guerra Conjunta de las Fuerzas Armadas de Argentina. Gracias a todos los profesores de todas estas queridas instituciones por este honor.

Mi agradecimiento a los queridos amigos profesores Justino Bertotto, Carina Kenny, Fernando Zerboni, Eduardo Keegan, Patricia Bonatti, Eduardo Scarano, Sonny Basualdo, Jorge Fantín, Ariel Levi, Andrés Hernán Mejía Villa, Salomón Frost, Gastón Labadie, Nelsy Cruz, Jorge del Águila, Gustavo González, Juan Ramón Samper, Fernando Moroni, Oscar Germain, Héctor Fernández Álvarez, Gustavo Flores, Maribel Mikulic, Alberto Ibáñez, Gerardo Berriel, Juan Carponi, Claudia Altieri, Luis Etchenique, Daniela Pascual, María Teresa Gasparri y Juan José Gilli.

¡Me emociona que mi hija Hannah, que en la primera versión tenía apenas siete años, ya lo estudió en la carrera de Licenciatura en Administración en la Universidad de Belgrano! ¡No puedo creer que maneja "los triciclos" del modelo y que me comenta las noticias empresariales analizándolas desde el Penta (el modelo central)!

Ari Ginsber, profesor de la Stern School of Business de la New York University ha sido un muy importante influyente en mi visión sobre la dinámica de los sectores industriales, sus ecosistemas y las "keystones", empresas que se transforman en "piedras basales" de esos ecosistemas mesoeconómicos. Con Ari pasamos largas horas conversando todos estos temas, comprando libros en las maravillosas calles de Greenwich Village y tomando capuchinos en el Starbucks de enfrente de la Stern.

Haber complementado mi doctorado en Ciencias Económicas de la Universidad de Buenos Aires (UBA) con el doctorado en Psicología, también de la UBA, especialmente por la complementación que pude hacer de las dos tesis doctorales, fue extremadamente importante para perfeccionar el modelo en su versión actual. La liga entre las tesis de los dos doctorados fue la decisión estratégica, tema que jamás dejó de apasionarme en los últimos cuarenta años.

Por otra parte, también en estos últimos pocos años, el cable a tierra en lo que tiene que ver con la ejecución de las decisiones estratégicas, con su implementación, lo terminé de armar con la certificación de Project Management Professional del Project Management Institute. Esto me permitió ligar a la estrategia con las iniciativas de implementación de esa estrategia entendidas como proyectos que deben ser gerenciados con una metodología impecable y sólida.

En el mundo empresarial, además de todas las empresas en las que desde 1980 trabajé con el modelo, en estos últimos años desde la versión de 2006, lo presenté entre otras, en Bancolombia, Quala de Colombia, Poliresinas San Luis, Carboclor, Chevron, Exxon-Mobil, Estudio Cárdenas, Medicus, Peugeot, Alcance, Natufarma, Vanesa Durán, ANSES, Microsoft Andina, Telmex, Banco de la Provincia de Buenos Aires, Grupo BAPRO, Banco de Neuquén, Telefónica, Telecom, Carrefour, Supermercados El Dorado, Ciudad de Guayaquil, Ciudad de Punta del Este, Ciudad de Córdoba, Alfa Laval, Hewitt, Paladini, Fundación E+E, La Caja, Fundación Endeavor, Cámara de Comercio de Bogotá, Cámara de Comercio de Bucaramanga, Cámara de Comercio de Lima.

Claudio Destéfano, experto de primer nivel en redes sociales, Miguel Kozuszok, presidente de Unilever, y Enrique Umbert, secretario PYME del Ministerio de Industria y Minería de la provincia de Córdoba y presidente de Macroprint, me han conferido el honor de aceptar leer el libro antes de que se publique como "consultores de alta gama". ¡Muchas gracias! ¡Qué honor!

Mi agradecimiento a Sergio Devalis por haberme honrado al designarme como asesor del Centro de Investigaciones y Estudios sobre Cultura y Sociedad (CIECS), Departamento de Estudio de Empresas, emprendimiento conjunto entre la Universidad Nacional de Córdoba y el CONICET, y a Romina Jazmín Gómez, economista investigadora científica que ha colaborado conmigo en tantos artículos sobre la especialidad publicados en revistas científicas.

También deseo hacer llegar mi agradecimiento a los chicos del Grupo de Alto Potencial (GAP) de la Facultad de Ciencias Económicas de la UBA. Kevin Amsel, Edgardo Atamian, Antonella Costanzo, Nicolás Cravetz, Luis Fonciniti, Santiago Giordano, Adrián González, Valeria Gonzalo, Sol Klug, Andrea Morosini, Pamela Lorenzón, Manuel Pérez Williams, Nicolás Santopietro, Reinaldo Toledo, Pei Ling Tsai y Chang Wen-Chun. Especialmente a Iaio (Edgardo) Atamián, coordinador del GAP. Iaio me ayudó a corregir varias veces todo el manuscrito actualizado y, además, nada menos, armó todas las figuras.

Gracias a Rubén Barmat y a Carlos Tauil, que no dejaron de enseñar todos estos años las dos primeras versiones de *Mayonesa* en nuestra materia de la UBA y en sus clases en la ORT. Ya deben haberlo visto miles de estudiantes. Gracias a Oscar Germain por haber trabajado juntos en el cluster de la nutrición infantil, por ser parte de mi cátedra en grado y posgrado en la UBA y por ser tutor del GAP.

Mi reconocimiento a mi querido amigo Pedro Alejandro Basualdo.

Gracias a Juan Carponi Flores por haberme recordado siempre que, si bien nuestra especialidad es la guerra entre empresas por la conquista de la rentabilidad, esta debe siempre enmarcarse en la iniciativa, el compromiso y la responsabilidad social, y en el respeto irrestricto por los valores trascendentes que nos ennoblecen como seres humanos.

Agradezco a Elisa Faena y a Beba Cohen, las dos amigas de Claudia con las que me entrevisté para que me contaran cómo era su mayonesa ideal cuando estaba empezando la primera versión. Por supuesto, en esta siguen firmes. ¡Gracias!

Hoy presento esta edición actualizada y ampliada con la valiosísima colaboración de Carolina Baravalle, una de las profesionales de mi equipo a quien valoro mucho por su capacidad técnica y más por su calidad humana. Por supuesto, mi enorme agradecimiento, amistad y cariño a Carolina, quien me motivó cientos de veces a renovar *Mayonesa* y se dedicó a incorporar todo lo que escribí en posteriores libros de mi autoría, como *Estrategia, cognición y poder*, *Empuje estratégico*, junto con Alberto Ibáñez, *Desarrollo competitivo* subido a Internet por MateriaBiz, por la revista *Portafolio* del diario *El Tiempo* de Colombia y el diario *El País* del Uruguay, *Liderando en el infierno, Liderazgo y ansiedad de combate*. Caro procesó todo este material, ecualizó la terminología, estructuró las partes del modelo general en un todo sistémico y lo volvió loco a su marido, mi querido Beto Tascón, para que la ayudara en todo este trayecto. ¡Gracias Caro! No hubiera podido hacerlo sin vos.

La primera versión de este libro la terminé en 1997 en lo que se llamaba "El Mejillón" en Punta del Este. Mirando el mar, la Gorriti, la puesta, la gente. Cambió de nombre varias veces. Cambió la decoración y los dueños. Pero no cambió. Entonces quise poner el punto final a esta versión sentado exactamente allí.

Avi
Sentado aquí. Ahora se llama Boca Chica. Punta del Este,
enero de 2012

APERTURA
Enero de 1997

21 de diciembre de 1997. Punta del Este. Son las 10 de la mañana
y estoy en Supermercados Devoto con Claudia, mi mujer. Acabamos
de llegar anoche y no tenemos ni agua en la heladera. A pesar de
que por mi trabajo como consultor de empresas tengo que estar permanentemente en los puntos de venta analizando la situación de las
marcas de mis clientes y de las marcas enemigas, esta vez no estoy
trabajando. No estoy mirando desde mi mapa mental profesional,
sino desde la cómoda y hasta aburrida posición de príncipe consorte
sin mayor responsabilidad que la de cuidar el carrito.

Ni siquiera tengo que cuidar a Hannah, mi hija más chiquita,
porque se quedó durmiendo. Entre bostezo y bostezo (¿qué me puede sorprender a esta altura en un supermercado?) navego por las
góndolas esperando que Claudia termine lo antes posible para irme
a tomar café a "El Mejillón", leer todo lo posible antes de que llegue
la hora de almorzar, saludar a los amigos que ya llegaron a Punta y
olvidarme de todo lo demás.

ATENCIÓN. De repente concentro mi atención en los movimientos de Claudia. Sin poder evitarlo empiezo a registrar sus actitudes,
sus miradas y sus gestos. En un instante me doy cuenta de que está
decidiendo la vida o la muerte de cientos de empresas. Si ella fuera

la única compradora, la única consumidora, la única COMPARADO-RA, la vida de las empresas dependería de la decisión de Claudia de ponerlas en el carrito o dejarlas morir para siempre en una góndola. A algunos productos los "levanta" casi sin mirar. Pienso si está comprando por impulso, como si estuviera hipnotizada por una maquinaria publicitaria que domina su indefenso, manipulable e irracional microcerebro (como muchos antiempresistas lamentablemente todavía creen) o si lo que está ejercitando es un muy elaborado y razonado ejercicio de FIDELIDAD a las marcas que prefiere.

Veo que a veces PARA, AGARRA un producto –ahora es un frasco de mayonesa– lo MIRA, LEE lo que DICE el envase, mira el packaging; con la otra mano toma OTRA marca de mayonesa (me imagino en ese momento que algo en la mente de Claudia COMPUTA COSAS), pone un frasco en el carrito y deja el otro en el cementerio.

¿Qué computó? ¿Cómo decidió? ¿Qué la hizo preferir? ¿Qué otra marca abandonó? ¿Qué pasará con la marca que eligió cuando pase del carrito a la heladera y de la heladera a la barriga? La próxima vez que vuelva al supermercado, ¿la volverá a elegir?

Este fenómeno –del que depende la viabilidad de las empresas– no tiene lugar solamente en el supermercado y en la perfumería. Pasa en la farmacia y en la estación de servicio. Pasa cuando se elige una central telefónica computarizada y un vuelo Buenos Aires-New York. Pasa cuando se elige un médico y un abogado. Pasa cuando se elige un destino turístico y un lugar para vivir. Pasa cuando se elige un libro y un auto. Pasa cuando se elige una turbina y cuando se elige una mayonesa.

Pasa cuando se elige.

CAPÍTULO I

EL MERCADO

Le pedimos a Claudia que nos cuente **cómo es su mayonesa ideal**. Esto quiere decir, cuáles son los requerimientos (las características, los atributos, las condiciones esperadas que PARA ELLA debe reunir una marca de mayonesa para que la satisfaga al máximo). Este es el concepto del "CONES", o "Conjunto Esperado". Esta es la DEMANDA DE CLAUDIA de una mayonesa.

En este caso le hicimos una entrevista individual en profundidad. Primero le pedimos que nos cuente los atributos que brotaran espontáneamente de su mente. Al principio, nos contestaba atributos elementales sobre la consistencia, la naturalidad o lo relacionado con los huevos o el aceite. Después, empezamos un proceso de recordación asistida en el que ella se daba cuenta de que había un montón más de cosas que espera de una mayonesa, de atributos que CLAUDIA DEMANDA de una mayonesa.

- Que sea de aceite de maíz.
- Que tenga mucha cantidad de huevos.
- Que no tenga gusto a limón.
- Que sea bien blanca, tipo americana.
- Que sea bien salada.

- Que sea cremosa.
- Que sea muy untable.
- Que se vean los globitos del aceite.
- Que la boca del frasco sea bien ancha para no desaprovechar lo que queda en el fondo.
- Que el envase sea redondo.
- Que la tapa sea de metal.
- Que el envase sea antideslizante.
- Que la marca sea muy publicitada.
- Que sea la marca líder.
- Que sea la marca que compra mamá.
- Que venga en frascos de 500 y de 350 gramos.
- Que también venga en *sachets* PET de 1.000, de 500 y de 250 gramos.
- Que sea libre de colesterol.
- Que sea la marca que compran mis amigas.
- Que la marca proyecte imagen de familia.
- Que sea la más exhibida en el supermercado.
- Que la marca sea de una empresa confiable y prestigiosa.
- Que la empresa se preocupe por mí personalmente dándome consejos y recetas.
- Que se mantenga el gusto frasco tras frasco y *sachet* tras *sachet* año a año.
- Que la marca esté exhibida junto a los productos finos.
- Que explique su fórmula a los especialistas en nutrición.
- Que para la empresa que la produce no sea "un producto más".
- Que sea compatible con mi gusto por la buena cocina.
- Que tenga fecha de vencimiento.
- Que la etiqueta sea bien clásica.
- Que sea la más parecida a la que yo hago en casa.
- Que Hannah quiera comerla a cucharadas.
- Que la empresa se dedique especialmente a este tipo de productos.
- Que haya variedad de envases fáciles de guardar en la heladera.
- Que el frasco de 500 cueste entre 8 y 12 pesos.

- Que se encuentre en todos lados.
- Que haya una variedad con mostaza.
- Que haya variedades de condimentación.
- Que haya una versión dietética o de bajas calorías.
- Que el frasco –una vez abierto– sea hermético para que no se arruine el resto.
- Que la etiqueta me deje ver cuánto consumí del contenido.
- Que haya aceite de la misma marca que sea muy reconocido.

Podíamos haber seguido, pero ahí paramos.

Tenemos varios comentarios que hacer sobre este listado. El primero es que no podemos –ni nosotros ni nadie– hacer un juicio de valor sobre si Claudia está equivocada al demandar estos atributos, o si es la más encumbrada experta mundial en elección de mayonesas. Estos son los atributos demandados por Claudia hoy. Y PUNTO. El segundo es que puede suceder que muchas cosas las haya mencionado porque le parece que "es lo que se debe contestar" o "esto es lo que se espera de una buena madre". El tercero es que quizá no nos mencionó algunos que estaba pensando, porque le pareció que quedaba mal decirlo.

ATENCIÓN. Hablemos sobre investigación de mercado. Lo que hemos hecho con Claudia es una elemental e individual investigación sobre su producto ideal, y a nuestro criterio no existe ningún tipo de investigación de mercado más importante que esta, desde un punto de vista estratégico.

Básicamente existen tres tipos de investigación de mercado: la de demanda, la de oferta o "inteligencia estratégica", y la de canal o "trade research". Además, la investigación se compone de una fase cualitativa y de otra cuantitativa. Primero analicemos las tres clases.

La investigación de demanda es la que busca información sobre el consumidor final. La información más importante que tenemos que disponer sobre el consumidor final es cuál es su demanda, es decir, cuáles son los atributos que integran su CONES (conjunto esperado). En segundo lugar –y recién en SEGUNDO lugar– debemos tratar de describir al consumidor: entre otros, qué edad tiene, dónde vive, cuál es su grado de educación, qué nivel de ingreso, qué programas de televisión le gustan o qué hobbies prefiere.

Por su parte, la **investigación de oferta** es el equivalente a la "inteligencia" estratégica militar. Consiste en tener toda la información posible sobre las empresas competidoras o "enemigas", de manera tal de poder superarlas en el tiempo y en el espacio. Antes que ellas, ganar más mercado.

La **investigación de canal** o *trade research* significa conocer los requerimientos de cada tipo de cliente intermedio. Qué esperan de un proveedor de mayonesa los grandes hipermercados, los almacenes tradicionales, los canales alternativos tales como los minimercados de las estaciones de servicio o los superkioscos, los mayoristas o los distribuidores de venta institucional, como los que les venden a los restaurantes, a los hospitales, a los hoteles y muchos más.

La fase **cualitativa** es aquella que se dedica a estudiar las motivaciones, las predisposiciones, las actitudes, las razones, los significados construidos mentalmente, en general, sin rigor estadístico. Esto quiere decir que los resultados de la información absorbida por **entrevistas individuales y/o grupales** (*focus groups*) a consumidores y no consumidores de mayonesa, no se pueden proyectar a todo el mercado nacional del producto, porque las entrevistas no reúnen los requisitos de lógica y de representatividad. Esto es, por ejemplo, que las muestras deben ser seleccionadas técnicamente por fórmulas especiales de varios tipos y que los datos se deben procesar con determinados protocolos. Así es como funciona en las investigaciones médicas y bioquímicas –entre otras–, en las que la precisión es absolutamente crítica. La que cumple estos requisitos es la investigación **cuantitativa**. Esta me puede decir que el 26% de la gente de toda la Argentina se parece a Claudia al querer en su mayonesa ideal el atributo "consistencia". La cualitativa usa varios métodos comunes. Por ejemplo:

a) **Prueba de asociación de palabras**. Se basa en la velocidad de respuesta y en la asociación que hace el entrevistado con respecto a una lista de palabras que se le lee. Por caso –hablando de la mayonesa ideal– le decimos "un país" y responde "Francia"; le decimos "un color", y responde "blanca";

le decimos "una situación de consumo", y responde "en la mesa con toda la familia".

b) **Prueba de oraciones semicompletas**. Está basada en que, al intentar completar las oraciones que se le presentan, se estimula al entrevistado a revelar motivaciones profundas. Por ejemplo: *"se puede creer que — mayonesa — madre"*. "En la mesa durante el almuerzo de ese domingo — mayonesa — juntar la familia".

c) **Psicodrama**. El entrevistado recibe un rol para interpretar, como si fuera una obra de teatro. El método es especialmente útil para evaluar reacciones intergrupales ("sistémicas", este término lo vamos a explicar más adelante, y es MUY importante) a través de los aspectos dinámicos de la interacción de los que participan. Especialmente es fundamental entender las redes de conversaciones que se establecen. Por ejemplo, un rol puede ser el de una madre que, para que la hijita coma, le sugiere que le ponga mayonesa a la comida; la abuela le dice que no exagere porque no es como la mayonesa que hace ella y la chiquita responde lo que se le ocurre de manera espontánea.

d) **Prueba de diálogo de figuras**. La entrevistada recibe una lámina en la que están dibujadas dos o más figuras. Algunas de ellas también tienen un espacio (como en las tiras de historietas) donde se le pide a la entrevistada que escriba un diálogo sobre mayonesa entre los personajes. Aquí el investigador busca descubrir proyecciones de la entrevistada.

e) **Análisis semántico-diferencial**. Son escalas bipolares de adjetivos generalmente opuestos entre sí, todos relacionados con una idea central. En nuestro caso, la elección, consumo, satisfacción y fidelización en el mercado de la mayonesa. Por ejemplo, separado cada extremo por seis posiciones en las que la entrevistada puede calificar su preferencia, se le pide que evalúe su predilección entre muy blanca o muy amarilla, muy consistente o muy fluida, muy salada o nada salada, muy masiva o muy exclusiva.

f) **Test de Apercepción Temática**. En esta prueba el entrevistado debe observar una serie de láminas sobre situaciones sociales comunes. Todas se preparan como para que tengan que ver con la elección, consumo, satisfacción y fidelización con la mayonesa. El entrevistado debe tratar de explicar la situación de cada lámina, tratar de imaginar cómo fue causada y cómo concluirá. La entrevistadora debe estar muy entrenada en registrar minuciosamente todos los comentarios de la entrevistada.

g) **Entrevistas en profundidad**. Este procedimiento es empleado para penetrar en las regiones más profundas y descubrir las motivaciones menos conscientes. Casi nunca se basa en cuestionarios muy preestablecidos, sino solo en una guía de pautas que va intentando penetrar cada vez en mayor nivel.

Acabo de volver de tomar café con unos amigos y me pareció interesante pedirle a dos amigas de la familia que, de a una a la vez, para que no se condicionen una a la otra, me hablaran espontáneamente de las mayonesas. Esto solo tiene valor exploratorio, para descubrir hipótesis de trabajo. No debe ser "extrapolable", como conclusión de que así piensan todos los consumidores. Pero nos sirve como exploración previa para diseñar las investigaciones más rigurosas.

Testimonio de Valentina:

"Me parece que la mayonesa comprada tiene conservantes y colorantes. Cuanto más blanca, me parece que tiene menos colorante... pero yo creo que lo que dice la etiqueta tiene que ser verdad porque alguien puede ser alérgico a los productos químicos... Cuanto más importante la empresa, me da la impresión de más seguridad. Lo que no sé qué es eso de beta-caroteno. A mí me parece que deberían explicarlo. Lo más importante es la calidad del aceite que usan, pero la diet engorda menos porque tiene menos aceite... el aceite es lo que más engorda. Debe tener algo que la sostenga... la textura es más liviana, más suave. Pero no es como la hecha en casa... igual la compro y me gusta, especialmente la de marca. A veces la rebajo con un chorrito de limón o de agua mineral o de crema líquida común. La diluyo porque si no me da la sensación de que me hace mal... Pura no la uso nunca porque cuando me pasa por la garganta me parece que me hace mal. Hoy en día nadie tiene tiempo de hacerla en casa, las buenas marcas son excelentes."

Testimonio de Elisa:

"Me está encantando la de oliva. Es un poco más fuerte porque el aceite es más perfumado... pero el aceite de oliva no es para todos. Uno de mis hijos no lo puede pasar, a él le damos todo con aceite de maíz. La light es mejor porque es más liviana y me encanta la de zanahoria, le da más color. La light casi no tiene yema. Es mejor para el colesterol. El limón también. Me da miedo que esté vencida. Quiero que me pongan la fecha de vencimiento en el frasco grabada porque si no en el supermercado te la cambian."

Estos dos testimonios pueden no tener la menor relación con la "realidad objetiva". En el mundo físico o "real" de las empresas estos comentarios pueden resultar totalmente ridículos. Pero el mercado no existe en los laboratorios ni en las salas de directorio de las empresas. El mercado solo existe en el plano mental, en la dimensión simbólica de cada consumidor o comparador. La marca es una "construcción simbólica y subjetiva" que brota del diálogo, de la "conversación" entre la oferta, que es una promesa, y la demanda, que es una esperanza. La marca es una "realidad inventada". La empresa vive o muere según el significado que la marca logra en la mente del COMPARADOR.

La investigación **cuantitativa** se basa en los métodos técnicos de la estadística matemática descriptiva y de la estadística matemática **inferencial**.

La **descriptiva** es la que nos explica –por ejemplo– cómo es hoy el mercado de la mayonesa, consumo per cápita, envases más comprados, gustos preferidos, recordación y valoración de las marcas, participaciones de mercado de cada marca, distribución física, locales que se quedaron sin stock en tal mes, de tal tamaño, de tal marca, etcétera.

La estadística matemática **inferencial** es la que, en función de los datos disponibles, actuales y pasados, proyecta el futuro más o menos probable. Por supuesto que cuando el mercado es de muy fuerte turbulencia competitiva, cuando el nivel de "fricción" o de "densidad" o de "rivalidad" entre las empresas es muy intenso, cuando los cambios en los gustos de los consumidores son muy rápidos y cuando el poder de los canales de distribución crece, la predicción es cada vez menos probable y, por lo tanto, más riesgosa.

Como explicaremos más adelante, en este libro vamos a ejemplificar todos los conceptos teóricos con un caso totalmente inventado de tres empresas productoras de alimentos, que se disputan el mercado de la mayonesa. No existe ninguna relación entre lo que hemos decidido ejemplificar en este libro y las empresas reales, como Unilever, Aceitera General Deheza o La Campagnola, verdaderos competidores en la Argentina.

De las tres compañías que compiten en el mercado de la mayonesa, Westeast, Pradera Dorada y Calfrance (*Compagnie Alimentaire de France*), podemos decir que:

1. Westeast es una compañía americana con una tradicional cultura de investigar su posición en el mercado. Organiza constantemente grupos de consulta con consumidores y no consumidores de cada una de sus líneas de producto. Estas investigaciones son empleadas como control continuo del desempeño de sus ventas. Constantemente los resultados son enviados a los Estados Unidos, ya que en Saint Paul, casa central de la empresa, son consolidados a nivel mundial. La compañía le da prioridad a la realización sistemática de investigaciones cuantitativas, y varias veces por año pone en marcha investigaciones cualitativas a nivel nacional. Lo que más le preocupa es controlar los volúmenes de venta por región, por tipo de cliente y de canal, su cobertura de distribución nacional y su participación de mercado. Cada vez que lanza una promoción, la controla con tests de eficiencia. Por ejemplo, en una determinada zona –como el barrio de Recoleta– acostumbra a

hacer *"sampling"*, que significa entrega de muestras gratis, y después trata de calcular si en los puntos de venta de la zona se logró incrementar la venta.

2. Pradera Dorada no está acostumbrada a invertir en investigación de mercado. En palabras de Daniel Rassato, presidente y principal accionista de la compañía, "no estamos en condiciones de gastar plata en teoría. ¿Quién puede saber de mayonesa o de cualquiera de nuestros productos más que nosotros que nacimos en este ramo? Déjenme de psicología barata".

3. Calfrance se toma la investigación extremadamente en serio. Constantemente pone en marcha paneles de consumidores y de no consumidores. Valerie Lundaine, directora de investigación de mercado con sede en París, dice: "No movemos un pelo sin constatar, primero cualitativamente las hipótesis con las que trabajamos –por ejemplo el diseño de un nuevo packaging, o un comercial para televisión–, y después, SIEMPRE, lo testeamos cuantitativamente. Nunca nos arriesgamos a tomar decisiones solo con información cualitativa. Este tipo de información lo usamos para despejar hipótesis, pero después en Calfrance queremos números confiables con los que podamos calcular sin delirar". Y agrega: "no investigamos solo los resultados a corto plazo. Lo que más nos importa es cómo estamos construyendo el **patrimonio de marca**".

Como enfoque práctico, en todos los casos la investigación de mercado debe permitir aumentar el conocimiento que tiene la empresa con respecto al "teatro de operaciones" donde combatirá para tener éxito. La investigación sirve para disminuir el nivel de incertidumbre –para saber aunque sea un poco más– en el momento de tomar decisiones. La **metodología** de investigación sigue siempre **estos** cuatro pasos:

1. **Definición del problema**. Este primer paso consiste en determinar los objetivos del análisis. Muchas veces es necesaria una investigación preliminar para la correcta definición del pro-

blema. Cuáles son las hipótesis o las creencias principales que queremos testear. En nuestro caso, nuestro problema principal es definir qué atributos configuran la mayonesa ideal en el mercado actual. Las hipótesis principales pueden ser, por ejemplo, que los atributos van a tener que ver con el huevo, con el aceite, con el packaging, con la marca, con las variedades y con el precio, pero que –seguramente– habrá muchos más.

2. **Diseño de la investigación.** Este paso se puede subdividir en: a) *Determinación de las metas definitivas de la investigación,* queremos conocer en profundidad cuál es la mayonesa ideal; b) *Determinación de la información buscada,* es decir, tenemos que lograr conocer todas las características que puedan ser esperadas en una mayonesa; c) *Determinación de las fuentes de absorción de esa información,* vamos a contactarnos directamente con los consumidores de mayonesa; d) *Integración y coordinación del plan de absorción,* vamos a hacer entrevistas, grupos y una encuesta, y e) *Determinación del programa operativo,* en tales y cuáles lugares, coordinado por quién, en tales y cuáles fechas, supervisado por quién, procesado por quién e interpretado por quién.

3. **Recopilación o absorción de la información.** En este paso la investigación se pone en práctica haciendo entrevistas en profundidad, grupos de focalización compuestos por consumidores de distintas edades, sexos, niveles de educación, de ingreso, de localización geográfica, de estilos de vida y encuestas personales, por teléfono, por correo, por paneles, y muchas más. Pero para nuestra opinión, lo importante es que la investigación tenga validez estadística. La investigación debe permitir que se extraigan conclusiones cuantitativas, tales como: "el 45% de los consumidores de mayonesa de Capital Federal y Gran Buenos Aires demandan una mayonesa muy parecida a la que demanda Claudia".

4. **Procesamiento, análisis e interpretación.** Este paso se subdivide en: a) *Categorización,* esto es, la agrupación de la información en clases, con respecto al gusto de la mayo-

nesa, de la consistencia, del packaging, de la marca, etc.; b) *Compaginación*, es el proceso de control de la información recopilada para hacer máxima la exactitud del análisis. Esta función es muy importante cuando se trata de cuestionarios usados por encuestadores, ya que pueden no ser legibles, estar incompletos, etc.; c) *Codificación,* es el proceso de asignación de cada respuesta a cada categoría, y d) *Tabulación,* el recuento de respuestas en cada una de las categorías.

Concentrémonos en la investigación de demanda.

CUIDADO. Hasta ahora lo que hemos logrado es que Claudia nos defina su mayonesa ideal. Su CONES. Pero resulta que somos cuarenta millones de consumidores, muchísimos consumimos (comparamos) mayonesa y lo más probable es que no todos tengamos el mismo listado de atributos ideales que tiene Claudia.

ATENCIÓN. Si esto pasa –como seguramente pasó– hemos detectado **segmentos** del mercado. Los segmentos son los "pedazos" que componen el mercado. Son los grupos de gente que tienen preferencias parecidas; su mayonesa ideal es muy similar pero diferente de otros grupos. Hay tantos segmentos de mercado como grupos de consumidores con mayonesas ideales diferentes.

Es decir, las empresas no SEGMENTAN el mercado como otros profesionales proponen sino que el mercado ESTÁ SEGMENTADO. Los demandantes se AUTOSEGMENTAN de acuerdo con la semejanza de sus concepciones de valor esperado. La clave es descubrir cuáles son esos segmentos y cómo evolucionan, ya que no son estáticos; cambian cada vez más rápido y cada vez más fácilmente.

NO HAY INFORMACIÓN ESTRATÉGICA MÁS IMPORTANTE
QUE CONOCER LOS SEGMENTOS QUE COMPONEN
EL MERCADO

Si no conocemos los segmentos, ¿cómo sabemos qué mayonesa ofrecer? ¿A quién se la ofrecemos? ¿Es Claudia nuestro "blanco de mercado" (target) o mejor apuntamos a otra consumidora? ¿Qué imagen queremos que tenga nuestra marca en la mente del consumidor? ¿A quién debemos vencer para lograr esa imagen? ¿Tenemos los medios para lograr esa imagen? ¿Y para mantenerla? ¿Qué tenemos que comunicar?

Hay muchos modelos de investigación de mercado (de descubrir segmentos). Uno de los que usamos cuando resulta apropiado es el Modelo de Segmentación Vincular desarrollado hace muchos años por Leonardo Caden y Rubén Rojas Breu, que se centra en el vínculo entre el **sujeto** de la demanda y el **objeto** de la oferta, vínculo que está marcado por el **deseo**. El deseo opera como el vector que une al consumidor con el producto.

En su versión inicial, este modelo distingue básicamente cuatro tipos de vínculo entre el sujeto y el objeto: el vínculo **comunitario** (cómo la mayonesa se transforma en una liga de pertenencia "tribal" con respecto a un grupo humano), el vínculo **materno-filial** o **afectivo** (cómo la mayonesa es la demostración del cariño), el vínculo **simbolista** (cómo la mayonesa es una demostración de estatus o prestigio) y el vínculo **racionalista** (cómo la mayonesa demuestra mi capacidad de elección).

El modelo considera que cada individuo es una **pluralidad de sujetos** o personajes que lo impulsan a decidir (compitiendo contra otro, o disfrutando, o educando, etc.) y que cada cosa es una **multiplicidad de objetos**, que en el mismo producto pueden coexistir una diversidad de imágenes (la misma mayonesa funciona como una "golosina salada", como una forma de demostrar "el saber elegir", como una marca que "me permite crear", etc.). Al decidir un producto de una categoría cualquiera, el sujeto se orienta hacia uno de los tipos de vínculo.

En la versión posterior (Rubén Rojas Breu, *Método vincular. Marketing para los que deciden*, Ediciones Macchi, 1991), el autor sustituye la denominación de "comunitario" por la de "paterno-filial" y lo divide en el polo del mandato y el polo del placer, igual que el vínculo materno-filial. Asimismo, reemplaza la denominación del vínculo "racionalista" por vínculo "pragmático".

Como veremos más adelante, las preguntas con las que hemos iniciado este capítulo son los interrogantes fundamentales de la estrategia competitiva, de la diferenciación y del posicionamiento. Pero no nos adelantemos. Primero, hagamos un poco de inteligencia estratégica.

CAPÍTULO II

LA EMPRESA

Sería bárbaro que este caso troncal de la mayonesa fuera ejemplificado con datos reales de las empresas y de las marcas que compiten en la Argentina. Quiero aclarar que ninguna de ellas es cliente de nuestro estudio (por lo menos hasta ahora) y que tengo muy buenos amigos en esas compañías. Si estuviéramos en la Harvard Business School seguramente podría disponer de casi toda la información necesaria para poder hablar de Hellmann's, de Natura, de Dánica, o de Fana-coa, pero no quise poner en un compromiso a ninguna de ellas, ya que hubiera tenido que hacer un relevamiento de todas, y si solo una de ellas no hubiera aceptado, no habría sido válida la descripción. De cualquier manera, el propósito del caso es ejemplificar los conceptos teóricos y, con ese objetivo, este procedimiento es eficiente.

Desde este momento en adelante comienzo a inventar. Buen viaje.

En el mercado argentino compiten tres *players* (terminología que debe ser dominada y que quiere decir incumbentes, como dice Porter, competidores –como decimos todos–, o enemigos –como me encanta decir a mí–).

Hagamos una visita a Westeast

Sunny es la marca de Westeast Products, compañía americana muy diversificada en muchas categorías de alimentos y productos de higiene personal e higiene del hogar. Su cuartel general está localizado en Saint Paul, Minnesota, desde donde comanda las diferentes Unidades Estratégicas de Negocios –UEN– (*strategic business units*). Estas unidades son tres: Alimentos, Higiene Personal e Higiene del Hogar. A la cabeza de cada UEN se desempeña un vicepresidente ejecutivo, que reporta a John Berbenchik, Chief Executive Officer (Ejecutivo Jefe, o N° 1) y Chairman of the Board (Presidente del Directorio).

La Unidad Alimentos tiene un portafolio actual que integran las siguientes líneas y categorías de productos: 1) Aceites, condimentos, salsas y aderezos, 2) Alimentos Congelados, 3) Café molido, café instantáneo y tés, 4) Panificados y galletitas, y 5) Postres y lácteos.

Mayonesas Sunny incluye las variedades clásica, light, con bajo contenido de sodio y mayonesas condimentadas con mostaza y con páprika.

Los condimentos llevan la marca Valley; las salsas y los aderezos: Harvey; los alimentos congelados: Freezy; todos los cafés: Collins Coffee; los tés: Hudson Tea; los panificados y galletitas: Croutons, y los postres y lácteos: Ribbon Dairy.

Westeast es una compañía con una típica cultura vertical bien orientada hacia la "última línea" (*the bottom line*) del cuadro de resultados. Pero, repasemos el concepto de "cultura organizacional" para asegurarnos que nos entendemos, que compartimos una ideología y un lenguaje común. La cultura de una organización es el conjunto de valores que sus miembros comparten. Son las ideas guía que se han instalado –socializado– en ese grupo humano, en ese "**sistema sociotécnico complejo**", como me gusta llamar a las organizaciones. El concepto de sistema **sociotécnico** fue elaborado para enfatizar la correlación recíproca entre hombres y máquinas, y para diseñar condiciones laborales que permitan integrar de manera armónica la producción y la atención de los aspectos humanos.

Las organizaciones son sistemas sociotécnicos **complejos** (SSTC), ya que las relaciones entre sus elementos desarrollan una dinámica que no puede determinarse *a priori*. No es posible predecir con certeza y al margen de la experiencia, el rumbo que seguirá la interacción entre el sistema y su entorno. Como veremos al desarrollar el modelo Penta, la dinámica entre las cinco dimensiones (estrategia, cultura, recursos, gestión y mercados) y sus ocho interrelaciones (inventar, descubrir, posicionamiento, productividad, objetivos, hábitos, presión y atracción) muestra por qué los sistemas sociotécnicos son complejos.

Las ideas "guía" de una organización han surgido de los "héroes" que la han conducido en distintas "eras" y que han dejado historias, leyendas, mitos, ritos, tabúes, lenguaje, ceremonias y todo tipo de símbolos y significados compartidos que hacen a ese sistema humano diferente de los demás. Una de las frases más escuchadas en Westeast es *"just sell it"*.

La compañía, decíamos, tiene muy estrictos sistemas de reporte a St. Paul. Louis Kleinmen, presidente de Westeast, División Río de la Plata, con jurisdicción sobre la Argentina, Uruguay y Paraguay, vive conectado con su jefe, vicepresidente para la región América Latina. No solo a través del correo interno debe reportar el seguimiento de los presupuestos acordados anualmente con respecto a volumen, participación de mercado, costos, márgenes brutos y netos, productividad de las plantas, cobertura del mercado y mil índices más, sino que por lo menos una vez al mes debe viajar a St. Paul para dar un reporte personal a su jefe. A esa reunión asisten todos los pares de Louis. Estos son los responsables por las divisiones Brasil, México y Andina.

El resto del mundo está organizado en otras cuatro regiones: América del Norte –Estados Unidos y Canadá, Europa, África y Asia, que incluye Oceanía. Últimamente se ha estado pensando en abrir Asia separando a China, dado el fuerte crecimiento que muestra la región.

La discrecionalidad decisoria, es decir, la plasticidad de la que dispone Louis para adaptar la operación global a los requerimientos específicos de los países que comanda es bastante limitada, ya que casi todas las estrategias competitivas de cada producto son formuladas con el criterio de globalización. La idea es que cada marca debe tener un *"patern"* (parametrización) coherente en todos los países en los que esa marca opera. Puede suceder que en alguno de los países cubiertos, no todas las marcas de la compañía estén compitiendo. Esta decisión es tomada en St. Paul juntamente con el responsable por la región y la división. La empresa ya no se piensa a sí misma como una compañía americana, sino como una organización global.

Si bien Louis es el responsable de la División Río de la Plata, los Gerentes de Negocio de la región reportan a gerentes de la Región América Latina con sede en Miami, Florida. En Buenos Aires hay un gerente por cada UEN. Uno de Alimentos, otro de Higiene Personal y otro de Higiene del Hogar. Cada uno de ellos reporta a un jefe equivalente que supervisa desde Miami.

El responsable divisional debe presentar en agosto de cada año un plan a tres años en el que proponga los objetivos principales para la división, las grandes líneas para lograr esos objetivos, los resultados esperados y el requerimiento de recursos para conseguirlos. Este plan debe ser aprobado por el responsable de la región. Una vez aprobado, se consolidan los planes de las diferentes divisiones que integran la región y luego, agregados entre sí los planes regionales, se genera el plan global.

Cada año se repite el proceso, agregando un año adicional. Pero el plan del primer año debe ser explicitado más detalladamente y debe ser convertido en un presupuesto en el que se determinan todas las acciones que deberán ser implementadas, junto con su responsable, tiempos, costos e indicadores de desempeño parciales para el transcurso del año. Todos los meses Louis debe reportar a Miami el desempeño de su división y una vez cada tres meses debe hacer una presentación formal en St. Paul, junto con todos los divisionales de las cuatro regiones del mundo.

Una de las características de Westeast es su muy fuerte inversión en publicidad masiva y en eventos promocionales. Su área de trademarketing, la dedicada a la relación con los canales, dispone de un fuerte presupuesto para promociones especiales, concursos y todo tipo de iniciativa que signifique alta visibilidad de los productos. Esta acción consiste en dar fuerte apoyo a la venta de cada línea de productos. La marca institucional Westeast no es publicitada masivamente. Solo aparece en los envases de cada producto pero sin un destaque importante.

En estos momentos recién se está pensando en St. Paul en iniciar un trabajo de identidad corporativa para lograr una estrategia de "sombrilla" de la marca Westeast que potencie cada marca individual y logre sinergia entre todas las líneas de productos. La junta directiva ha considerado este tema muy importante para sustentar la estrategia global de portafolio de productos y de postura competitiva global de cada marca. La identidad de cada marca, su logotipo, sus colores, su diseño y todo tipo de señal auxiliar, ha sido cuidadosamente parametrizada en manuales de los que no se puede apartar ninguna comunicación, tanto en la publicidad y en la promoción como en los packagings, camiones de distribución, edificios, membretes y tarjetas personales. Todo ha sido programado como una nomenclatura, un sistema de signos que debe ser respetado milimétricamente.

La muy fuerte diversificación y el liderazgo de la compañía en muchas de sus líneas de productos, es decir, el enorme volumen y la importantísima participación de mercado, le brinda a Westeast un activo intangible invalorable: su enorme poder de negociación con el canal de distribución. Especialmente **en este** momento de gran concentración minorista, las grandes cadenas han decidido aceptar la propuesta de la compañía de hacer planes a mediano y largo plazo. Ya se han iniciado reuniones de planeamiento con Walmart, Carrefour, Coto, Jumbo, Disco y Vea.

Podría decirse que la capacidad de *trade-marketing* de Westeast es su habilidad distintiva –lo que a las demás empresas les gustaría copiar (este es el concepto de *benchmarking*)– que ha logrado que la compañía reciba el apoyo de los más importantes minoristas. Gracias a ese apoyo puede lanzar tantos productos por año. Los minoristas los aceptan sin problemas y los exhiben fuertemente en el período de introducción. Desde ya que, si después el producto o la variedad de tamaño o de sabor no funcionan de manera adecuada, los hipermercados discontinúan la operación de esa variedad. Una "variedad" se llama "SKU", sigla en inglés de *stock keeping unit* o unidad mantenida en inventario.

Pero la obsesión de St. Paul es el criterio de Creación de Valor Económico (CVE). Como acostumbra a decir John Berbenchik, la creación de valor, en el marco de un riesgo aceptable compatible con la cultura interna de la empresa, es **más que un objetivo, dado que no es suboptimizable. No puedo dejar de intentar lograrlo. Es la restricción fundamental o restricción ontológica de "SER empresa".** Crear valor económico es trabajar para que la inversión de los accionistas se valorice día a día y año a año. La empresa más destacada en el mundo en este tema es The Coca-Cola Company, a quien no solo debo mi carrera, sino que este año tuve el privilegio de trabajar con Fernando Marín, vicepresidente ejecutivo de Coca-Cola División Río de la Plata (igual que Westeast) y aprender un poco todo lo que él sabe de creación de valor. La primera prioridad de toda empresa es precisamente la creación de valor económico, es decir, el incremento de su valor patrimonial, asumiendo un riesgo aceptable, compatible con la cultura interna de los integrantes de esa organización.

Westeast define su misión diciendo que "en el presente y en el futuro creará valor económico dedicándose a satisfacer todas las necesidades de alimentación, higiene personal e higiene del hogar, a través de las funcionalidades o tecnologías que sean requeridas, aprovechando las habilidades distintivas de diversificar y relacionarse con el canal de distribución" (para mi gusto, esta definición de Misión es demasiado abarcadora. ¿Va a producir cocinas y heladeras? ¿Va a fabricar sanitarios y cepillos de dientes?). La definición de la misión no es un ejercicio trivial. La política de diversificación, en cuáles negocios entrar y en cuáles no, depende de esta definición. También la asignación estratégica de recursos entre los distintos productos o líneas de productos que integran el portafolio depende de esta definición.

Por ejemplo, Black and Decker podría decir:

- Necesidades: tener agujeros
- Funcionalidades: perforación mecánica (no láser ni hidráulica de alta compresión)

- Habilidad distintiva: miniaturización de piezas
- Productos y servicios: taladros

ATENCIÓN. En este momento debemos clarificar qué es **estrategia**, qué es **operación** y qué es **táctica**. A diferencia de lo que comúnmente se cree, estrategia NO ES el camino para lograr objetivos. **Estrategia es qué objetivos nos fijamos para crear valor asumiendo un riesgo aceptable por la ideología de la empresa.**

La creación de *valor sostenible a lo largo del tiempo* es el propósito fundamental de toda organización. En el caso de las empresas se trata de valor económico; en el de las ONG, valor social; para los gobiernos, valor público. El incremento continuo de valor puede considerarse como el fin estratégico por excelencia. Por eso fijar la estrategia constituye el proceso de toma de decisiones más importante porque implica definir el ser (misión) y el norte vital, hacia dónde voy (visión). Estrategia es la definición de FINES. Se trata de una decisión tomada a partir de información ambigua, basada en posibilidades, en probabilidades subjetivas y supuestos, y por lo tanto no puede programarse. Una de las características distintivas de la estrategia es que se desarrolla en el marco de la incertidumbre.

Las dos únicas decisiones estratégicas que puede tomar una empresa son:

- La **de portafolio**, que es la estrategia económico-financiera (el bosque), mediante la cual determina el grado de diversificación: en qué negocios va a estar y cómo asigna sus recursos entre esos negocios. De acuerdo con nuestra visión, determinar la estrategia de portafolio de la empresa es lo mismo que determinar su misión. "En qué negocios pretendo crear valor económico sostenible asumiendo un riesgo aceptable dada mi cultura (entre los extremos de máxima propensión o máxima aversión al riesgo)."
- La **competitiva**, que es la estrategia de cada componente del portafolio (el árbol). Implica determinar un planteo estratégico para cada negocio considerado individualmente. De dicho

planteo derivan dos objetivos: determinar cuáles son las **ventajas competitivas** diferenciadoras respecto de los competidores y valoradas por los destinatarios de la oferta como proposiciones de mayor valor; y definir cuáles son las **habilidades distintivas** de la empresa, qué es lo que sabe hacer cada día mejor y que evidencia un conocimiento insuperable por cualquier competidor. Dichas habilidades distintivas representan la fuente y el cimiento de todas las ventajas competitivas.

En síntesis, definir la estrategia competitiva significa determinar cuál será la DIFERENCIACIÓN de cada uno de los negocios contra sus competidores para ganar el conflicto por la conquista del mercado al que la empresa apunta. Pero ATENCIÓN: la diferenciación no solo se debe buscar en las ventajas competitivas sino también en las habilidades distintivas. A la liga entre las ventajas competitivas que se encuentran en la arquitectura mental de la demanda y las habilidades distintivas que se encuentran en la arquitectura mental de la oferta (empresa) la llamamos "paradigma vincular". La estrategia competitiva consiste en definir el paradigma vincular más potente contra los paradigmas vinculares de las empresas competidoras, para cada vínculo producto-mercado, de cada unidad estratégica de negocios que participa en la estrategia de portafolio de la compañía.

"Yo no hago películas para los chicos. Las hago para el chico que tenemos todos dentro, tengamos seis años o sesenta. Llamo a la inocencia infantil. Lo peor de nosotros no deja de tener inocencia, por más profundo que esté enterrada. En mi trabajo trato de alcanzar y de hablar a esa inocencia, mostrándole la diversión y la alegría de vivir, mostrándole que la risa es sana, mostrándole que la especie humana, aunque a veces felizmente ridícula, todavía sigue procurando las estrellas".

Esta frase de Walt Disney no habla solo de ventajas competitivas sino también de habilidades distintivas.

La estrategia de Westeast para crear valor económico en la división Río de la Plata es introducir la mayor cantidad de productos posible de las tres unidades de negocio internacionales, asignando recursos con la siguiente prioridad. Primero Higiene Personal, especialmente crema dental, jabón de tocador y desodorantes; segundo Alimentos, en este orden: cafés, panificados y galletitas, aceites y mayonesas, postres y lácteos, y, tercero, Higiene del Hogar.

La estrategia competitiva para el producto mayonesa es mantener el actual liderazgo aprovechando la gran sinergia que todo el resto de los productos logra en el nivel minorista. Esto significa que la compañía espera aprovechar su fuerza con los minoristas, surgida de su gran participación en las ganancias de los hipermercados y del canal tradicional. La diversificación tan grande logra que Westeast le haga ganar mucha plata al canal; es decir, la incidencia de la empresa en la rentabilidad de los minoristas es muy importante.

Mayonesa Sunny cubre todo el país. Tiene una distribución física del 68% de los puntos de venta de productos de consumo masivo, que representa un 95% de distribución ponderada (ese 68% vende el 95% del total). Dada la enorme capacidad logística de la empresa, esos puntos de venta casi nunca quedan sin stock. Técnicamente, esto quiere decir que el *"out-of-stock"* es mínimo. Estos números surgen de la auditoría estadística de mercado de Nielsen bimestral de cobertura nacional (la empresa es de verdad, los números son invento nuestro).

El **nivel operacional es la asignación de medios a fines**, la asignación de recursos para lograr los objetivos determinados en el nivel estratégico. El plan es el camino para alcanzarlos, pensado ampliamente. Implica tomar decisiones, que a diferencia de la estrategia, pueden programarse respecto de los productos y su competitividad. Dado que este nivel intermedio articula la cúspide y la base del sistema, su intervención resulta clave, ya que su principal responsabilidad consiste en conectar lo que manda el nivel superior (estrategia) con el nivel inferior (táctica). Por ejemplo, Westeast ha decidido integrarse verticalmente hacia atrás, va a producir el jugo de limón que necesita para hacer mayonesa, en lugar de comprárselo a un proveedor. Y va a integrarse verticalmente hacia adelante haciendo la venta institucional de mayonesa directamente, en lugar de realizarla a través de distribuidores. Recordemos que la venta institucional es la que hacen las empresas a los hoteles o a los sanatorios y hospitales.

En cambio, **el nivel de lo táctico** es el empleo de medios. Son los programas concretos de acción, en los que se definen responsables, tiempos, costos y medidas de desempeño. Por ejemplo, la compañía va a cambiar la línea de envasado antes del 1 de octubre a un costo de $ 450.000, responsable Guillermo Padola, debiendo estar comprada antes del 15 de marzo, instalada antes del 1° de mayo y haciendo la primera prueba en paralelo el 1 de setiembre.

Veamos qué pasa dentro de Pradera Dorada

Dorada es la marca de mayonesa de Pradera Dorada, compañía argentina avícola. Esta es una empresa familiar, fundada en Córdoba por don Damián Rassato en la década del veinte.

Don Damián inició la empresa con una pequeña producción de pollos con la experiencia de haber trabajado con su padre en Génova desde que tuvo uso de razón. Hoy la dirige su hijo Daniel, 68 años, junto con sus hermanos Arturo y Fabián.

La empresa está totalmente concentrada en el mercado avícola. Produce y comercializa pollos y huevos en todo el territorio nacional. Ha logrado un muy fuerte liderazgo en el mercado (no se disponen cifras comparativas, pero intuitivamente Daniel cree que Pradera vende el doble que el competidor que le sigue). El segundo producto de la compañía es la comercialización de huevos y el tercero es mayonesa Dorada, que representa el 20% de la facturación.

> "Es muy importante que crezcamos en mayonesa por dos razones. Primero porque es un producto de mayor valor agregado, segundo porque la calidad es la mejor del mercado (¡quién puede dudarlo!) y tercero porque es lo que nos va a resultar más fácil lanzar en el resto de Mercosur, y en el Mercosur hay que estar o estar", comenta Daniel cada vez que tiene oportunidad de hacer una reunión pacífica con sus hermanos (situación muy poco frecuente). "Nos matamos pero nos queremos. La familia

es la familia y todos respetamos la memoria de papá, pero alguien tiene que mandar, y yo soy el mayor".

El brazo derecho de Daniel es Daniel Toscarna, antiguo consejero de don Damián y hoy jefe de planta. También cercano a la Dirección está don Jorge Ferrara, encargado de la venta en todo el país. Don Jorge empezó como vendedor en la zona sur del Gran Buenos Aires cuando tenía 18 años, y siempre se jacta de "conocer este mercado como la palma de mi mano", "¡Qué daría porque los 55 vendedores que tenemos con relación de dependencia en Capital y GBA y los representantes del interior aprendieran cómo se trabaja!", "¡Aquí no hay tiempo para teorías. La consigna es vender, vender y vender. Lo demás es poesía!".

Pero don Daniel (a pesar de que se pelea con ella más que con sus hermanos) confía ciegamente en Julita, una especie de secretaria, intendente, niñera y –jamás él lo reconocería– consejera personal.

Los estudios de los que dispone Westeast arrojan una participación de mercado de Dorada de un 19%, con una distribución física muy concentrada en los hipermercados, supermercados, autoservicios y carnicerías. El 13% restante corresponde 8% a Fouchet de Calfrance, recién ingresada en el mercado, y 5% a otras marcas no significativas. La concentración de Dorada obedece al fuerte liderazgo de Pradera en pollos y huevos de excelente calidad, que son la primera marca del mercado argentino. Daniel con Daniel Toscarna no dejan un solo día de recorrer las instalaciones productivas, ni siquiera los sábados y domingos.

Ahora veamos Calfrance

Calfrance (*Compagnie Alimentaire de France*), compañía francesa de alimentos recién desembarcada en el país es la productora de Mayonesa Fouchet, uno de los pilares fundamentales de la empresa en su estrategia internacional, especialmente en sus planes de expansión en el Mercosur. La línea de alimentos incluye una muy importante especialización en aceites, vinagres, mostazas, salsas, aderezos para ensaladas y mayonesas. Todas las líneas llevan la marca Fouchet, tanto los productos con fuerte carga simbólica francesa como todos los demás.

La línea de aceites incluye oliva, maíz, girasol y uva, además de una variedad de aceites más sofisticados como los aromatizados al "tartufo nero", al "tartufo bianco", al "funghi porcini", a la "savia", al "peperoncino", al "Rosmarino", además del "Extra Virgin Olive".

Los vinagres presentan una línea sofisticada que incluye "Blanco Apple", "English Style Malt", "Red Wine", "Salad Vinagar", "Balsamic of Modena", "Vinaigre de Vin Rouge" a la frambuesa, al estragón y a la echalotte, vinagre de champagne y de cognac, vinagre a la pimienta verde, a las hierbas de Provence y al ajo.

Las variedades de mostazas son: mostazas de Dijon, al estragón, "Mild Yellow", "Spicy Brown", "Horse Radish" y en polvo, tanto común como la "Ground Double Superfine". Mostazas a las "herbes de Provence", al estragón, de grano entero y a las hierbas y tomate.

Producen salsa de soya, de Jalapeño, salsa tipo Worcestershire y mango chutney, horse radish, tártara y salsa para pescados y mariscos.

Los aderezos para ensaladas son: Caesar Italian, Italian común, Roquefort, Mil Islas, Vinagreta, Ranch, "Salad Green", "Garden Herb French", "Roasted Garlic" e "Italiana Dos Quesos".

Las mayonesas que producen son: mayonesa con y sin jugo de limón, americana con mostaza, clásica, con mostaza y páprika, picante, clara casi blanca, amarilla tradicional, amarilla ocre, a la pimienta, al estragón, con ajo, sin sal, light y especial para pescados y mariscos.

Estas líneas son producidas en las plantas industriales que la compañía tiene en Bordeaux y en Le Havre, plantas que pueden ser consideradas como modelos a imitar por su combinación de altísima tecnología y profunda inspiración artesanal. Esto ha sido sustentado desde la fundación de la empresa en 1943 por una cultura casi fanática de trabajo en equipo, alta motivación individual y ruptura de "silos" o compartimentos estancos, quintas, islas, que generan el síndrome "palomar".

La central de Calfrance se encuentra en París, en un elegantísimo petit hotel en la avenida Victor Hugo a pocos pasos de Champs Elysées. Todo lo que se percibe al entrar en la empresa es elegancia, distinción, camaradería, trabajo en equipo, obsesión por la atención personal (como dicen en Disney "agresivamente amigables") y –fundamentalmente– juventud. Mucha gente se asombra de ver gente que promedia los 30 años de edad tan experta en estas líneas de productos. Algunos miembros del directorio de Calfrance, algunos chefs Cordon Bleu y algunos miembros del "clan" (como les gusta decir) que tienen un poco más de edad, curiosamente se comportan como si fueran los más jóvenes. "La casa privilegia el valor de disfrutar trabajar juntos" (atención con lo de "la casa"), dice Alain Larreche, presidente ejecutivo, 34 años, Master in Business Administration, Harvard Business School, especializado en marketing en el INSEAD de Fontainebleau.

La empresa está totalmente especializada en estas líneas de productos, todos muy fuertemente vinculados entre sí. El portafolio se asemeja a una boutique de productos que se refuerzan los unos a los otros con una muy distinguida imagen. Con una notable identidad gourmet, de alta cocina, de Francia, de campiña, de artesanía, de seriedad, de altísima calidad de producto y hasta "se huele" la preocupación prioritaria por el servicio al cliente. "Estamos para tener resultados económicos a través de la fidelidad de nuestros clientes. El que nos compra un producto una vez, debe sentir que ingresa a un club exclusivo de gente que sabe lo que come. Después no debe querer irse nunca más", sostiene Pierre Lanvin, vicepresidente de Marketing y Relaciones con el Cliente.

La empresa se preocupa muy detalladamente de que su línea de productos sea expuesta en los minoristas como un "sistema", todos los productos están muy próximos entre sí. Para ello ha logrado muy buena relación con el canal, no en el sentido de alianzas estratégicas como Westeast, sino más bien por el vínculo emocional que ha generado gracias a la personalidad de servicio amigable y caluroso.

En algunas ciudades de Francia y en otras capitales de Europa, la empresa abrió locales que parecen boutiques donde exhiben los productos y en los que chicas elegantísimas muy bien entrenadas explican variedad por variedad. En esos locales se hace degustación pero no se vende ningún producto para no generar conflictos con el canal. A fines de los noventa se inauguró una de estas boutiques en Madison Avenue y la calle 75 en Nueva York. Los locales muestran la muy definida identidad de la compañía, todos son idénticos entre sí y se ha estandarizado desde el aroma que se siente al entrar hasta el crujido del piso de madera.

NOTA: todas las marcas se presentan en frascos de 250, 300, 500 gramos y 1 kilo, y en sachets de 125 y pomos de 250 con pico decorador. El precio de Dorada tiende históricamente a estar marcado un 10% debajo de Sunny. El de Fouchet generalmente está a la par de Sunny, salvo en algunas bocas en las puede llegar a costar entre 2 y 5% más.

CAPÍTULO III

MARKETING TÁCTICO

Mayonesa si estuviéramos en 1967 y en 1973
Marketing de primera generación
Marketing de segunda generación

Hace varios años, cuando terminé mi primera carrera en la Universidad de Buenos Aires y di Marketing, el profesor José Otaduy, importante ejecutivo de Coca-Cola gracias a quien me especialicé en los Estados Unidos, nos enseñaba que para hacer el plan de marketing de una mayonesa había que trabajar con las 4Ps:

- La P de Producto era la determinación de cuáles deberían ser las características físicas (organolépticas) de la mayonesa y su envase, su etiqueta, sus diferentes tamaños y sus posibles variedades.
- La P de Plaza consistía en la definición de cuál sería el territorio cubierto, las zonas geográficas en las que la empresa decidiría vender.
- La P de Promoción, que en ese momento era básicamente la publicidad masiva de la mayonesa y la promoción en punto

de venta. Esta última tenía que ver con el *merchandising* o sea la exhibición y reposición de los frascos en góndola, el uso de cenefas con mensajes promocionales, la contratación de punteras de góndola y las degustaciones y promociones con promotoras. En esa época ya varias empresas dedicaban un gran esfuerzo al entrenamiento de las chicas para que supieran argumentar a favor de la marca, en lugar de solo ser una linda cara que le pasa el plumero a los frascos. Esta tercera P incluía la Fuerza de Ventas, a no ser que se tratara de una marca que no necesitara vender sino solo levantar pedidos (como Coca-Cola), con lo cual Ventas pasaba a ser Plaza.

– Y la P de Precio, que tenía que ver con las listas de precios básicos, plazos, bonificaciones por volumen, premios anuales por escala de compra alcanzada y descuentos por cobranza.

Las 4Ps eran las llamadas "variables controlables" con las que se formulaba el plan integral de marketing. Hoy muchísimas empresas continúan usando el criterio de las 4Ps e inclusive cuando estudié ya de mayor en la Harvard Business School, los profesores lo seguían usando. Este tema lo discutí miles de veces en la HBS con Theodore Levitt, otro de los grandes gurúes que me dejaron su marca para siempre.

En 1973 salió mi primer libro, *Estrategia de comercialización* (Ediciones Macchi), en el que cambié –gracias a mi interacción con Levitt– las 4Ps por lo que en ese momento llamé "el PLIP". Y la diferencia no es exclusivamente semántica, sino que había que dar cuenta de los cambios que se estaban produciendo en la disciplina, en ese momento muy influenciada por los métodos cuantitativos como la estadística matemática y la investigación operativa.

La P de Producto siguió siendo lo mismo que antes.

La P de Plaza la cambié por la L de Logística. Ya no solo se trata de decidir el territorio servido. Ahora las decisiones a tomar en el plan de marketing de la mayonesa son, además de cuál sería el territorio, otras tres, para las que ya en 1973 se contaba con los modelos cuantitativos. Ahora en la Argentina todos hablan de logística, hay varias empresas especializadas en este tema haciendo excelentes negocios y hay hasta una asociación profesional de la especialidad.

La primera decisión es la del armado del canal de distribución. A qué clientes llega la empresa directamente con su fuerza de ventas y a cuáles a través de mayoristas o de distribuidores o de representantes. La segunda, muy importante financieramente en momentos de alta inflación, es la definición del despliegue de los stocks de la mayonesa. Por ejemplo, Westeast tiene un depósito central en Capital Federal, que abastece a depósitos regionales, como el que tiene en Córdoba, que a su vez abastece depósitos terminales en Río Cuarto, Villa María y San Francisco. Aquí se usaban "modelos de stock óptimo" que permitían "hundir" el menor capital de trabajo posible, pero sin arriesgar el abastecimiento constante de los puntos de venta. La tercera es la de transporte, es decir, el flujo físico desde la cadena de stocks hacia el canal de distribución.

La P de Promoción la transformé en la I de Impulsión. Me pareció mucho más significativo el verbo "impulsar" la mayonesa que "promover" la mayonesa. Además, ya aparecían muchos medios alternativos que se sumaban a la publicidad masiva y a la promoción, como por ejemplo el marketing directo. Ni hablar hoy en día con la cantidad de canales por cable y ATENCIÓN ¡la interactividad del marketing por la web! ¡Otro MARKETING! (pero de esto vamos a hablar después).

La P de Precio en ese momento la dejé igual. Incluso en *Marketing avanzado*, otro libro de mi autoría, también la dejé igual. La empresa combina el PLIP con el fin de generar una propuesta de valor en el mercado para así implementar la estrategia competitiva.

Al marketing de las 4Ps lo llamo "marketing táctico de orden 1". Al marketing del PLIP lo llamo "marketing táctico de orden 2". El marketing del PLIP sigue siendo de nivel táctico pero el concepto de valor ya lo acerca más a un nivel estratégico, sin que llegue a serlo. Las decisiones referentes a PLIP son operacionales, y no estratégicas. A esos esquemas iniciales los llamo "tácticos" porque, si bien el concepto del marketing era el de la orientación al consumidor, este no estaba incluido en las herramientas técnicas con las que se hacía un plan de verdad. Era más que nada una nueva filosofía declamada pero bastante poco aterrizada a la práctica. **Además, tenía poco de estratégico ya que, como se ve, no se tenía demasiado en cuenta al competidor, al enemigo, esa voluntad opuesta a la nuestra con objetivos simétricos a los nuestros.** Objetivos simétricos quiere decir que son antagónicos a los nuestros. El competidor quiere quedarse con nuestro mercado, ¡y nosotros con el de él!

CAPÍTULO IV

MARKETING ESTRATÉGICO
Como si estuviéramos en 1976
Marketing de tercera generación

El marketing de las 4Ps, el del PLIP y el de la nueva versión del valor
–recordemos la distinción importantísima entre estrategia, operación
y táctica– se consideraba la herramienta para (en esa época) lograr
rentabilidad (hoy en día, crear valor económico), basando el accionar
de la empresa en una filosofía de orientación al mercado no demasiado concreta. Esto es, todos declamando "lo más importante
es satisfacer las necesidades del cliente o del consumidor", pero sin
contar ni con esquemas conceptuales más desarrollados ni con metodología práctica para implementarlo.

En esa época, alrededor del 76, comienza a ponerse más de
relieve el concepto de "posicionamiento", del que ya se venía hablando hacía varios años. La primera vez que lo escuché fue tomando un
curso con el profesor Abe Shukman de la Universidad de Columbia
en ¡1968! (¿viejo, no?). En el 76 pude meterme más en el tema
cuando lo conocí al querido profesor Phillip Kotler, en un encierro
espectacular de tres meses de banquete de marketing en la Graduate
School of Business de la Universidad de California.

Posicionamiento, como vamos a ver con más detalle más ade-lante (además de todos los comentarios nuevos que voy a presentar en este libro) significa qué lugar, qué **posición** ocupa una marca **en la mente** del consumidor, en la mente del no consumidor, en la men-te de Don Chicho que tiene un almacén en Ojo de Agua, Santiago del Estero, o en la mente del vicepresidente de compras de Walmart. Esto es, qué significan las marcas Sunny, Dorada y Fouchet.

En el momento en que escribíamos estos párrafos, Gaby, mi secretaria, entró excitadísima a mi escritorio para contarme que la gente de Compagnie Alimentaire de France había llamado para confirmar que han aceptado nuestra propues-ta de asesoramiento en desarrollo competitivo.

La importancia del desarrollo competitivo como especialidad profesional

Podemos definir al **DESARROLLO COMPETITIVO** como el proceso de incrementar la capacidad de la organización tanto INTELECTUAL (inteligencia colectiva, planeamiento estratégico, gestión de marca, etc.) como FÍSICA (finanzas, procesos, manufactura, etc.) con un úni-co objetivo: optimizar la FORMULACIÓN y la IMPLEMENTACIÓN de la estrategia competitiva de una organización.

El desarrollo competitivo le permite a la empresa incrementar su capacidad de crear valor económico sustentable y sostenible a lo largo del tiempo. Le sirve como instrumento para incrementar sus recursos tangibles e intangibles. El proceso de planeamiento de desarrollo competitivo sirve como catalizador de la innovación, de la calidad del posicionamiento y de la productividad.

Desarrollo competitivo consiste en ayudar a una empresa, a un cluster o a una región geográfica a:

- Determinar cuál es su posición competitiva actual y futura, y formular la estrategia de la organización.
- Determinar cómo asignan sus recursos, potenciando la con-

solidación de habilidades distintivas y activando la generación de ventajas competitivas que logren que la empresa sea preferida por clientes que quieran comprarle a ella, por proveedores que quieran venderle a ella, por bancos que prefieran prestarle a ella, por accionistas que quieran invertir en ella, por empleados que quieran trabajar en ella.

* Crear un clima orientado permanentemente al crecimiento, al cambio y a la mejora permanente de la organización, asegurando de este modo la implementación de la estrategia, y logrando una visión comprendida, compartida y comprometida por cada uno de sus integrantes.

Implementar un proceso de desarrollo competitivo en una organización de cualquier tipo y tamaño, consta de tres fases o etapas claves sucesiva: la **sensibilización**, mediante la cual se analiza la cultura de la organización, se detectan los mapas mentales, los problemas y las áreas de mejora en base a las cuales posteriormente se trabajará; la **transformación** según lo detectado en la etapa previa, implementando mejoras e iniciativas de innovación que permitan optimizar los procesos de productividad y posicionamiento, y posteriormente la **institucionalización** de las soluciones, logrando que la organización tome como propias las soluciones y logrando una mayor creación de valor económico.

Desarrollo competitivo quiere decir "diferenciación para adentro y para afuera", y quiere decir:

* Potenciar el valor de la marca (posicionamiento).
* Optimizar el empleo de los recursos (productividad).
* Instalar un sistema de innovación proliferada (innovación).
* Liderar la integración de la gente con la estrategia (alineamiento).

A estos cuatro ejes los podemos llamar Calidad por todos lados, que no es implantar en la empresa solo las certificaciones ISO de calidad, ni solo el premio Malcolm Baldrige a la calidad (de los Estados Unidos), ni solo el Premio Nacional a la Calidad (premio argentino en el que tuve el honor de participar como asesor de la comisión del Congreso Nacional cuando se redactó la ley que lo creó). Calidad por todos lados es el fuego sagrado que se siente cuando uno vive de adentro una cultura como la de Disney, una de las experiencias más inolvidables de mi vida que después voy a contar.

Entonces, ahora tenemos que pensar fundamentalmente en Fouchet. Posicionamiento es **qué marca la marca Fouchet –por ejemplo, PARA CLAUDIA– mejor que lo que marca la marca Sunny o la marca Dorada**. La marca la entendemos como un significado, como una "construcción subjetiva" que tiene lugar en la mente de Claudia cuando "piensa" "Fouchet" y la compara con su mayonesa ideal y contra Sunny y Dorada.

La marca no existe en el mundo de la "realidad objetiva", la marca (toda marca) solo existe subjetivamente, como una huella psicológica, como un surco mental, como una REALIDAD INVENTADA. Arriba puse con mayúsculas "PARA CLAUDIA", porque la marca Fouchet **marca** –quizás– para Claudia, un significado diferente que lo que **marca** para Valentina o para Elisa.

Por ejemplo, una marca que tiene un fuerte posicionamiento es Volvo. Para casi todos, Volvo es seguridad. **Significa** seguridad. Es decir, posicionar una marca es lograr que el consumidor (o el comprador, o el **comparador**) elegido como blanco a apuntar, asocie a la marca un adjetivo calificativo discriminador. Qué atributos, beneficios y valores **significa** la marca Fouchet, **percibe** en la marca Fouchet diferente de los atributos, beneficios y valores que significan Sunny y Dorada.

El concepto ·de posicionamiento sí es **estratégico** porque ya estamos hablando en el nivel, en la dimensión, de los objetivos. El posicionamiento es un objetivo que formulamos para crear valor económico. El nivel del planeamiento operacional, es decir, el nivel del PLIP = valor (planes de producto, logística, impulsión y precio) quedan subordinados al posicionamiento. Antes decíamos que generar un plan de marketing era tener un plan PLIP-valor para generar rentabilidad. Ahora decimos que formulamos una estrategia competitiva para Fouchet, que luego implementamos con un plan de producto, un plan de logística, un plan de impulsión y un plan de precio (a nivel operacional y luego táctico).

En *Marketing avanzado*, definí Marketing como "el proceso de posicionamiento de una marca para hacer máximo su valor percibido". Después vamos a volver sobre este tema, **y no con buenas noticias**. Pero antes tenemos que hablar sobre uno de los temas más importantes y más controvertidos del marketing: la segmentación del mercado.

CAPÍTULO V
SEGMENTACIÓN DE MERCADO

El desarrollo competitivo debe ser entendido como un proceso orientado hacia los recursos de la empresa, hacia el interior de la misma mediante la **presión** generada por su productividad y hacia el exterior, hacia el consumidor, mediante la **atracción** que generan las marcas de la compañía en el mercado.

Tener en cuenta al consumidor exige un conocimiento profundo de sus necesidades, deseos y demandas presentes y futuras. La comprensión del "modelo decisorio del consumidor" –esto es, cómo percibe una marca de mayonesa cuando la percibe, cómo elige cuando la elige, cómo prefiere cuando la prefiere, cómo es fiel cuando le es fiel– permite con mayor facilidad la formulación de una estrategia exitosa para la marca Fouchet. Esto, unido a una exigencia cada vez mayor de Calfrance, como de cualquiera de las empresas, por tener la definición de sus objetivos competitivos en forma bien precisa, son las dos características principales de la actual situación de los mercados de alta rivalidad. El conflicto entre Westeast, Pradera Dorada y Calfrance en 1998 no es del mismo nivel de intensidad, de densidad, de fricción, de rivalidad competitiva como hubiera sido hace apenas cinco o seis años.

La oligopolización cada vez más marcada de la oferta (menos empresas que dominan el mercado, pero cada vez más enemigas entre sí) obliga a cada compañía a un enfrentamiento con un sistema competitivo compuesto por oponentes racionales cada vez más fuertes, con mayor información y recursos, y con una predisposición más grande a luchar por sus respectivas participaciones del mercado. Para poder ayudar a Calfrance vamos a tener que enfrentar a una Westeast muy diversificada, con grandes recursos internacionales, con una determinación muy definida de quedarse en los mercados de Mercosur y con una fuerte alianza estratégica con los minoristas importantes (entre otras cosas que después analizaremos con profundidad).

Asimismo, debemos enfrentar a Pradera Dorada –compañía totalmente diferente a Westeast– con una cultura familiar casi patriarcal que privilegia la producción de pollos más allá de cualquier objetivo terrenal y que, aunque pareciera que no le da a la mayonesa una prioridad absoluta, esta es una "querida continuación emocional de sus pollitos".

Por otra parte, ¿hay lugar hoy en día en los hipermercados para una tercera marca?

Más aún, ¿qué pasa ahora que casi todos los hipermercados decidieron lanzar su propia marca de mayonesa? ¿No será que lo más probable es que quede la primera marca, Westeast, y la marca propia del hipermercado sin lugar siquiera para Dorada? Hace más de cuarenta años, cuando comenzaron en la Argentina a actuar las cadenas de supermercados, las marcas propias que estos intentaron imponer no funcionaron. Ahora sí funcionan, y cada vez hay más. Cada vez son más creíbles.

Ante esta realidad, descubrir la segmentación del mercado de mayonesa le permite a la empresa precisar el posicionamiento de la marca Fouchet en los segmentos en los que pueda hacer máxima la creación de valor económico. De acuerdo con sus recursos y restricciones, Calfrance evaluará cada uno de esos segmentos y luego podrá concentrar todo su tiempo, energía y recursos en los segmentos elegidos como blanco a apuntar, buscando lograr el mayor retorno posible sobre la inversión.

Pero quiero destacar que estoy diciendo que hay que "descubrir segmentos", no "segmentar el mercado". Un segmento es un PEDA-

ZO de LA DEMANDA. La demanda es "lo que la gente demanda", lo que la gente "requiere". Un segmento es "lo que un grupo determinado y concreto, separado del resto de la gente, demanda", lo que ese grupo requiere.

Es importante destacar la diferencia entre un "SEGMENTO" y un "SECTOR" del mercado. Tal como mencionamos, un *segmento* es (y solo es) un grupo de personas que comparten en su plano mental su concepto de mayonesa ideal, y que se diferencian de todas las demás personas cuyas mayonesas ideales no son como esa.

Un *sector* de la demanda, en cambio, es un conjunto de personas que comparten el nivel de edad, el nivel socioeconómico o la localización geográfica. Las variables que determinan un sector conciernen al plano descriptivo de la demanda a diferencia de las que definen un segmento, que pertenecen a la estructura mental del consumidor.

Ninguna de estas características o particiones me van a asegurar que la demanda sea significativamente similar en cuanto a su percepción del producto ideal. Por ejemplo, el concepto de la mayonesa ideal de Claudia, Elisa y Valentina, pertenecientes al mismo sector socioeconómico es completamente diferente, y por tanto pertenecen a distintos segmentos.

En caso de que esta similitud se manifestara, el sector sería además un segmento.

El mercado de la mayonesa está, entonces, constituido por diferentes segmentos de personas cuyas mayonesas ideales son muy parecidas, dentro de ese segmento, y diferentes de las mayonesas ideales que prefieren las personas de otros segmentos. Si somos 40 millones de argentinos y si todos consumiéramos mayonesa, estaríamos segmentados en tantos segmentos como mayonesas ideales diferentes descubriéramos. Al principio del libro habíamos hablado del CONES. Esto era el CONjunto ESperado de atributos que para Claudia constituyen la mayonesa ideal. Cada segmento demanda un CONES. Habrá tantos CONES como segmentos. Como vemos, los segmentos se diferencian en el plano mental de los consumidores. Son construcciones simbólicas sobre cómo debe ser el producto físico.

POR LO TANTO

Conocer el mercado es descubrir cómo está segmentada la demanda. Si no sabemos esto, no conocemos el mercado.

Para nuestro modelo la primera información estratégica a disponer es **qué** demanda la demanda, cuáles son los CONES (plano mental) y, posteriormente, la descripción de **cómo** son los que demandan esa demanda (plano descriptivo).

Descubrir la segmentación posibilita a Calfrance la innovación en nuevos productos para satisfacer deseos actuales o futuros del mercado de mayonesa. Tiende a evitar el método del ensayo y error y a promover la filosofía de investigar los segmentos constantemente para así poder detectar las variables relevantes de información. ¿Cómo son las preferencias por diferentes tipos de mayonesa? ¿Qué atributos están siendo demandados? ¿Están cambiando las preferencias? ¿Hay un segmento para mayonesa al estragón lo suficientemente interesante como para lanzarla?

Se trata de disminuir el peligro de lanzar productos invendibles o de dirigir productos a segmentos equivocados. Este puede ser el caso de intentar posicionar una mayonesa con una imagen muy pesada, consistente y de alto tenor graso, pretendiendo que funcione bien en un segmento que privilegia fuertemente lo "sano, light, libre de colesterol" (ruego a los especialistas que disculpen esta sobresimplificación).

Descubrir la segmentación puede brindar notables resultados en la gestión competitiva a través de una orientación clara para la inversión publicitaria, qué comunicar sobre Fouchet a qué segmento y cómo hacer esa inversión de manera tal de alcanzar específicamente a ese grupo de personas. Además, permite fijar objetivos más concretos para los esfuerzos de venta y exhibición en el canal de distribución y, por sobre todo, tener un horizonte más claro para el planeamiento del producto.

Por ejemplo, de todas las variedades de mayonesa que Calfrance tiene en Europa, orientadas a diferentes segmentos, ¿cuáles irá la compañía introduciendo en la Argentina y en qué orden? ¿Cuál es la mejor secuencia de lanzamientos para hacer máxima la calidad de la identidad institucional de Calfrance y el patrimonio de marca de Fouchet? ¿Cómo se compara la segmentación del mercado de Europa con la segmentación nuestra?

Algunas empresas apuntan a los segmentos que solo privilegian el menor precio posible, con no demasiada preocupación por el resto de los atributos. En nuestro caso, salvo por la diferencia de ese 10% con la que Pradera Dorada trata de que el canal de distribución ofrezca a Dorada, no podemos decir que haya verdaderas diferenciaciones por precio. Es decir, ninguna de las marcas "apela" a la variable precio como argumento de venta.

En mi opinión, quien compite por precio termina fundiéndose. Esta es la estrategia de diferenciación más rápidamente imitable por cualquier competidor. Quien compite por precio se funde, a no ser que tenga acceso monopólico (en este caso, se dice "monopsónico", que quiere decir "monopolio de demanda") a todos los insumos que integran su producto. Significa que ningún competidor puede ni podrá fabricar ese producto a menores costos. Esto no pasa en el mercado de la mayonesa.

NOTA ANTICIPADA. Con respecto a la relación entre la segmentación de mercado y el plan de impulsión, después de haber sido decidido el mensaje (tema que todavía no hemos tratado), el problema principal es el de la selección de la **programación de medios** de comunicación que asegure la mayor cobertura del blanco de mercado (consumidores-target) elegido. En este sentido, la audiencia general debe ser analizada para la localización de los consumidores actuales y potenciales, según cuáles son sus hábitos como audiencia.

ACLAREMOS. La estrategia de la marca de mayonesa es específicamente cómo se diferencia de las demás para ser elegida por los miembros de algún segmento (recordemos que un segmento es un grupo de gente que comparte la opinión de cuáles son los requerimientos que debe tener una mayonesa ideal: el CONES). Determinada esa diferenciación –**tanto en posicionamiento como en productividad**–, ¿qué hay que comunicar?, ¿qué mensaje se debe enviar al mercado para **construir el significado** de la marca? Lo que se debe comunicar es **LA DIFERENCIA**. Y si no me diferencio, GASTO plata en comunicar. **Si no comunico un significado diferente, mejor me ahorro el dinero. Y si no puedo comunicar un significado diferente de mi mayonesa, ¡¡¡mejor abandono el mercado de la mayonesa y me dedico a otra cosa donde pueda comunicar un significado diferente!!!**

OTRA ACLARACIÓN. Puede suceder que se presente un problema de indefinición de segmentación que denominaremos "suboptimización en segmentación". Esto significa que **cualquier intento de satisfacer las necesidades de dos o más segmentos con el mismo concepto o diseño de producto puede ser peligroso.** La segmentación correcta supone que los distintos grupos de consumidores tienen diferentes necesidades y deseos. Si el segmento fue bien identificado, esas necesidades y deseos deberían ser lo suficientemente distintivas y los requerimientos de producto ideal lo suficientemente concretos.

ENTONCES, la segmentación de mercado es la base del posicionamiento, con lo que se constituye en uno de los aspectos fundamentales de la estrategia de desarrollo competitivo. Como vimos, consiste en el proceso de descubrir las partes que componen la demanda. La demanda no es un espacio homogéneo, sino varios subespacios, en algunos casos cercanos y hasta superpuestos (cuando todas las mayonesas ideales de todos los consumidores son muy parecidas) y en otros distantes y sin contacto entre sí (cuando las características que delinean las mayonesas ideales de distintos grupos de consumidores son notoriamente diferentes entre los grupos). La demanda es la manifestación de una **necesidad** en forma de un **deseo** de un determinado grupo de consumidores.

La segmentación de mercado es:

a) la visualización de los subespacios o segmentos en que se particiona la demanda;

b) el análisis de las características que definen a cada uno de esos segmentos;

c) el análisis de la distancia entre esos segmentos, y

d) la descripción de los participantes que lo componen.

Lo opuesto a la segmentación es la **agregación**, nombre que sugiere el "apilado" de consumidores en una masa, sin detectar las diferencias entre uno y otro o suponiendo que tales diferencias no existen o que no son importantes. Consiste en asumir que todos queremos exactamente la misma mayonesa. La segmentación es el estudio de esas diferencias.

El criterio de la **agregación** fue el supuesto básico de la producción en masa que caracterizó a la industria mundial cuando se buscaba el beneficio de la **economía de escala** ("que me compren cualquier color de auto con tal de que sea negro") y dependiente de la distribución masiva (basada en la economía de escala de distribución) y de la comunicación masiva (basada en la economía de escala de la comunicación).

El criterio de la **segmentación** es el supuesto básico de la **economía de foco**, esta es la producción, distribución y comunicación **selectiva**. Consiste en darnos cuenta de que no todos creemos que la mayonesa ideal es la misma, que tenemos preferencias, que nuestra demanda no es homogénea, que preferimos cosas diferentes, que nos gustan cosas distintas.

También debe ser tenida en cuenta la dimensión **tiempo** en la caracterización de cualquier segmento, dimensión que hace VARIA-BLE la configuración de cualquier mercado. Lo que queremos destacar es que cada segmento cambia, que ese cambio es hoy en día cada vez más rápido y que, por lo tanto, ese cambio significa **cambio en el mercado**. El mercado de la mayonesa se modifica –cada vez más rápido y cada vez más fuerte– porque los segmentos que lo componen cambian, cada vez más rápido y cada vez más fuerte. Esa variación en el mercado puede darse, simultáneamente o no, en los siguientes niveles:

a) **Segmentos constitutivos**. Cambian las expectativas, los requerimientos de cuál es la mayonesa ideal. Gente que comienza a privilegiar atributos como "bajo colesterol" o "más imagen gourmet". La demanda MIGRA. La demanda se transforma. Hoy la demanda DEMANDA atributos diferentes de los que demandó ayer y distintos de los que demandará mañana.

Lo primero que Valerie Lundaine, directora de investigación de mercado de Calfrance, quiere determinar para pelear en serio en el mercado argentino es cómo son las diferentes mayonesas ideales que se buscan en el país. Ella sabe que **seguramente** esas mayonesas ideales (conjuntos de atributos esperados) no son las mismas que en Francia, que en el resto de Europa o que en los Estados Unidos. Cuando vivió la experiencia de invadir el mercado americano, ya había descubierto diferencias entre las mayonesas ideales esperadas en diferentes regiones de los Estados Unidos.

b) **Distancia entre ellos**. "Distancia" quiere decir cuán profunda es la diferencia. Imaginemos que hemos descubierto dos CONES, dos perfiles de atributos de mayonesa ideal de dos grupos de consumidores. Un grupo espera el conjunto de atributos parecido al que demanda Claudia, y el otro, el conjunto de atributos parecido al que demanda Elisa. "Distancia" entre los segmentos quiere decir cuánto se diferencian entre sí esas dos mayonesas ideales. Cuanto más distancia separa a esas dos mayonesas ideales, a esos dos segmentos, más debe cada marca explicitar a quién apunta. **Posicionar es elegir.** Cuanto más trato de posicionarme como la mayonesa que satisface la demanda de Claudia, más me separo −como marca− de Elisa.

Posicionar es elegir. Cuando Volvo se posiciona como "seguridad", es decir, cuanto más le asociamos a la marca **el adjetivo calificativo discriminador** "Volvo es más seguro", más se está especializando Volvo en el segmento cuyo perfil de CONES privilegia el atributo "seguridad". Si **mayor seguridad** implica, por ejemplo, **menos diseño** de moda, el posicionamiento seguridad implica **sacrificar** el posicionamiento moda. **Posicionar es sacrificar.**

Cuando decimos "Posicionar es elegir" estamos sugiriendo que: BUSCAMOS LOGRAR UN POSICIONAMIENTO ELEGIDO. Este punto lo veremos más adelante cuando presentemos el concepto de IMPULSIÓN.

Valerie no está dispuesta a posicionar los productos de Calfrance sin disponer de un análisis bien serio de la segmentación de mayonesa del mercado argentino. Y ella sabe que una vez que este análisis esté disponible, no necesariamente servirá para todo el Mercosur. Los consumidores brasileños, paraguayos y uruguayos no necesariamente demandan lo mismo que los argentinos. Pero, también, sabe que no existe información estratégica de mercado más importante que esta. Tratar de invadir el mercado sin tener esta información es una irresponsabilidad.

Es necesario tener en cuenta el fuerte liderazgo de Westeast con su marca Sunny, basado en su prestigio internacional. "Si la marca está en todo el mundo, cómo no va a ser excelente". Pero también es imprescindible considerar la buena imagen de Pradera, irradiada a la mayonesa por su fuerza en el mercado de los pollos. "Si son los más importantes criadores de pollos, cómo no va a ser buena su mayonesa."

c) **Participantes** (consumidores). Puede pasar que en el tiempo se mantengan los perfiles diferenciados de mayonesas ideales. Esto quiere decir que no cambian los conjuntos esperados, que haya tres o cuatro (o la cantidad que fuera) mayonesas ideales en el mercado argentino que sean bastante constantes en el tiempo. Que existan quienes prefieren un determinado perfil y quienes prefieren otro. Pero puede pasar que si bien no cambian las diferentes mayonesas ideales, UN CONSUMIDOR, un comparador, cambie de preferencia y pase de un ideal a otro.

Valerie tenía la experiencia de haber investigado el consumo en los minishops de las estaciones de servicio y había descubierto en Europa que el mismo consumidor se comportaba diferente eligiendo en un hipermercado que eligiendo en una estación. La **ocasión** diferenciaba el proceso de elección.

En el transcurso de la **evolución** de cualquier mercado, estos tres factores cambian constantemente. La magnitud y la oportunidad de ese cambio definen esa dinámica. Por lo tanto, la evolución de un mercado ha de ser explicada por los cambios en cada una de las tres categorías, tanto en períodos relativamente cortos como en ciclos y tendencias en períodos mayores.

Las diferentes mayonesas ideales

Cada segmento puede ser calificado concretamente por su:

- **Identificación:** distinción como parte significativa de la demanda, separada del resto de la demanda por alguna variable diferenciadora. La mayonesa ideal que nos describió Claudia en el primer capítulo, diferente –quizá– de la que otra consumidora nos describe.
- **Mensurabilidad:** posibilidad de otorgarle un valor o una jerarquía significativa. "Este segmento representa el 45% del mercado."
- **Accesibilidad:** posibilidad de ser alcanzado por un plan específico. Por ejemplo, el segmento muy consciente de diet, light, colesterol, bajo tenor graso, etc., es fácilmente alcanzable con un plan de impulsión especialmente dedicado.
- **Composición:** descripción de sus integrantes. Edad, sexo, educación, ingresos, hábitos de audiencia en televisión, diarios leídos, estilo de vida o cualquier otra variable que nos diga quiénes son los que forman parte de ese segmento y cómo son.
- **Variabilidad:** tasa de cambio de las características distintivas o de sus integrantes. Si hay una característica que define en resumen al segmento, como por ejemplo "consistencia", y si los consumidores no son constantes en su preferencia con respecto al nivel de consistencia esperado, esto me dice que el segmento es variable. Puede pasar cuando se elige mayonesa en diferentes ocasiones de consumo. Se prefiere una mayonesa más consistente para un sándwich y una menos consistente para tomates rellenos con atún.
- **Distancia:** cálculo de cuánto se diferencia de los segmentos restantes. Cuán diferente es el segmento de consumidores que eligen una mayonesa como la que prefiere Claudia, con

respecto a los demás segmentos. Recordemos que un segmento es un grupo de consumidores que buscan una determinada mayonesa ideal.

- **Defendibilidad:** la medida en que es vulnerable competitivamente la marca que pretenda posicionarse (especializarse) en ese segmento. Por ejemplo, si Fouchet decide elegir como blanco-objetivo (como target) al segmento de gente que prefiere una mayonesa como la que nos contó Claudia, cuánto, cómo y por qué puede defender ese posicionamiento si Sunny o Dorada tratan de invadirlo.

En realidad, desde un enfoque extremo, **cada consumidor puede ser considerado como un segmento separado.** La decisión de posicionamiento toma en cuenta un determinado nivel de "parecido" entre las características distintivas que identifican a un segmento como "recortable" del resto del mercado. Más adelante veremos que con la revolución tecnológica de la interactividad, los segmentos de-a-uno ya son una realidad en muchos mercados. En la web, Levi's ya vende jeans a medida y con entrega instantánea.

Una vez que Valerie tenga esta información sobre los segmentos que componen el mercado de la mayonesa, va a estar en condiciones de:

a) Especificar si la interpretación que se ha hecho de cada segmento se traduce en una oportunidad o en una amenaza para Calfrance.

b) Determinar el nivel de rivalidad y la estrategia competitiva de Westeast y de Pradera Dorada en cada segmento en los que opera cada una de las empresas enemigas.

c) Disponer de un análisis de mediano y largo plazo sobre cuáles pueden ser las principales tendencias de cambio –especialmente en los gustos de los consumidores– que generen nuevas oportunidades o amenazas, dadas las fuerzas y debilidades de Calfrance para su marca Fouchet contra Sunny y contra Dorada.

d) Concluir si esa oportunidad es tal que resulta conveniente disponer (diseñar, modificar, abandonar) un producto específicamente dirigido hacia ese segmento.

Una vez que descubrimos cuáles son los conjuntos esperados, los CONES que caracterizan a cada segmento, se debe pasar a la fase descriptiva. Es el momento de explicitar con datos "duros" quiénes son los miembros de ese segmento.

Estos datos pueden ser geográficos (región, tamaño de la población, tamaño del área, densidad de la población, clima); demográficas (edad, sexo, tamaño de la familia, ciclo de vida de la familia, ingreso, ocupación, educación, religión, nacionalidad, clase social); psicográficas (estilo de vida, personalidad); comportamentales (ocasión de compra, tipo de consumo –alto, bajo–, nivel de lealtad, etapa de motivación, sensibilidad a la publicidad, al precio, al packaging).

En realidad, cuando estamos hablando de los diferentes segmentos del mercado de la mayonesa, estamos refiriéndonos a cómo se distribuyen las preferencias de la gente.

Las preferencias pueden ser **homogéneas**, cuando la dispersión, la diferencia entre las distintas "mayonesas ideales" (CONES) es muy baja. Antes habíamos hablado de "distancia". Si las preferencias son homogéneas, la distancia es mínima. También pueden ser **difusas**, cuando no podemos descubrir diferencias sistemáticas constantes entre lo que buscan diferentes consumidores. Al ser consultados sobre la mayonesa ideal no aparece nada que pueda servir para formular una estrategia para la marca. O pueden aparecer como **encapsuladas**: las mayonesas ideales se presentan en grupos de consumidores significativamente separados entre sí.

Esta es la situación más fácil para formular una estrategia competitiva, especialmente cuando todavía no hay marcas fuertemente posicionadas.

CAPÍTULO VI

LA DISPERSIÓN COGNITIVA. IMPORTANCIA DEL ALINEAMIENTO ESTRATÉGICO

Ya nos encontrábamos con mi equipo de trabajo en el hotel. Nos esperaba una larga estadía en París, y estábamos ansiosos por conocer la ciudad y a Calfrance por dentro.

Era necesario que todos los que emprendiéramos esta aventura hablásemos el "mismo idioma", un lenguaje común que facilite la tarea. Por ello, el primer día de trabajo lo dedicamos a presentarles a Alain, y a los principales directivos y mandos medios de Calfrance nuestro modelo estrella: el Penta. Este día íbamos a hacer simplemente una presentación del modelo y una pequeña explicación de cada uno de los pilares, ya que en las semanas posteriores nos dedicaríamos a realizar un análisis exhaustivo de cada uno de ellos.

El Penta es el modelo que reúne toda nuestra visión profesional, por ello para explicarlo me conseguí un tremendo pizarrón que tenía Alain Larreche en su suite de Presidencia. En él comencé a dibujar a nuestro hijito más exitoso (Figura 1).

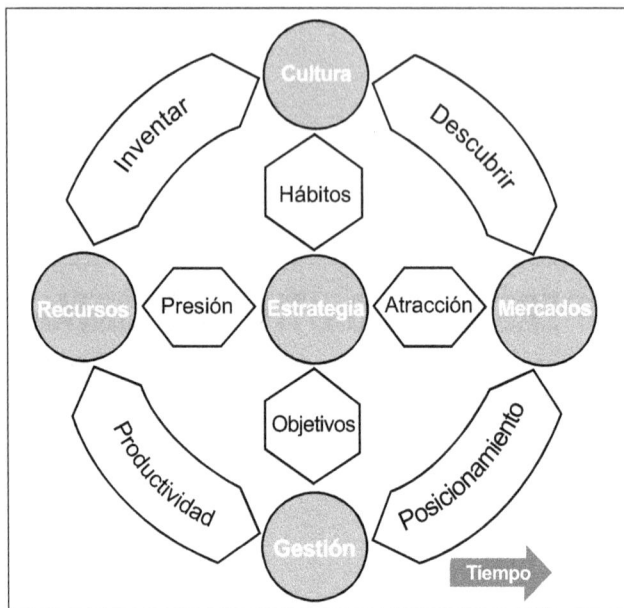

Figura 1. Modelo Penta.

Al Penta lo hemos diseñado como una herramienta técnica para diagnosticar e intervenir en las empresas, con el objetivo de apoyarlas en sus intentos de crear valor económico.

Podemos definir este modelo, siguiendo el razonamiento de Enrique Pichon Rivière, como un esquema conceptual referencial y operativo (ECRO). El ECRO es un conjunto de conceptos teóricos ("conceptual"), que son referidos a un grupo y a una situación concreta ("referencial") para trazar instrumentalmente ("operativo"), sobre esas bases, una estrategia de cambio que se constituye como la tarea de un grupo operativo.

El Penta es un ECRO puesto que es un modelo o **esquema**:

- **Conceptual**: dado que constituye nuestro marco teórico.
- **Referencial**: pues es nuestro método de diagnóstico de un determinado sistema.
- **Operativo**: porque lo empleamos en el desarrollo competitivo de los sistemas, interviniendo en su productividad, en su innovación, en su posicionamiento y en su alineamiento.

El Penta es una plataforma de estándares de enorme utilidad, porque tiene la ventaja de funcionar como un mapa en el que se ven interrelacionadas todas las variables que tenemos que tener en cuenta, analizando Calfrance como empresa, para formular la mejor estrategia posible para su marca Fouchet.

El modelo ha surgido de la complementación entre los conceptos fundamentales de la economía empresarial y los de la psicología organizacional, esta última basada en la corriente sistémica del Mental Research Institute de Palo Alto, California, y especialmente, en la psicología cognitiva.

El Penta es la interacción entre los cinco pilares básicos: la Estrategia, la Cultura, los Recursos, la Gestión y los Mercados de Calfrance.

La interacción de estos cinco elementos funciona como un tejido. Como las hebras de una soga que se van entrelazando para constituir **la empresa**. Entender este tejido es comprender toda Calfrance. En cada momento Calfrance es lo que ese tejido sea.

El Penta constituye un mapa completo de todas las áreas en las cuales Calfrance puede innovar para incrementar su competitividad. Si quiere innovar debe hacerlo en la estrategia, en la cultura, en los recursos, en la gestión y/o en los mercados.

El Penta la organiza, ya que mediante el análisis de los cinco pilares y sus interrelaciones puede detectar dónde le conviene o tiene la oportunidad de innovar. Dado su carácter sistémico, el Penta obliga a la empresa, una vez que decide innovar en uno de los pilares, por ejemplo en los mercados, mediante la creación de una novedosa forma de comunicación con su público, a asegurarse de que no exista una reverberación negativa en otro de los pilares.

Estrategia

La estrategia constituye el corazón del modelo. Determinar la estrategia de Calfrance implica establecer cuál será el modo en que va a crear valor económico sostenible a lo largo del tiempo en el marco de un riesgo aceptable, compatible con su cultura interna. Implica determinar en qué negocios va a crear ese valor y cómo va a asignar sus recursos entre ellos (estrategia de portafolio) y con qué habilidades distintivas y ventajas competitivas lo hará (estrategia competitiva).

Cultura

Por cultura entendemos los valores, las creencias, las aspiraciones con las que conducimos a Calfrance, la forma como las cosas **deben ser**, el futuro manifestado en el presente.

Recursos

Su gente, sus recursos tangibles (financieros, productivos, de infraestructura) e intangibles (información, tecnología, mística, imagen, crédito, tiempo, capacidad de maniobra, organicidad y estabilidad).

Gestión

La gestión de Calfrance tiene que ver con su diseño organizacional, sus sistemas de información y sus procesos.

Mercados

Incluye posicionamiento, marca e imagen, construcción y mantenimiento de ventajas competitivas y detección de nuevos mercados atractivos. Tiene que ver además con el impacto del escenario, la envergadura y la tasa de crecimiento, el poder de negociación de los proveedores, los distribuidores y el cliente final, las barreras de entradas y salida, la compatibilidad tecnológica y cultural, la sinergia y el riesgo.

El día siguiente al que presentamos el Penta el despertador sonó a las 6:30, y con mi equipo de trabajo nos encontramos en el restaurante para compartir el desayuno y ponernos de acuerdo sobre cómo nos dividiríamos la tarea ese día. A las siete en punto Alain nos pasó a buscar para ir a conocer la filial parisina de Calfrance. Nos acompañaron en el recorrido Pierre, en representación del área de Marketing, y Jean-Paul, el gerente de planificación y control de la producción. Mientras recorríamos la planta nos explicaron cuál era el proceso de elaboración de la mayonesa y nos presentaron a los empleados clave de cada una de las áreas.

Pero con este recorrido no era suficiente. Necesitábamos conocer en profundidad el Penta de Calfrance, cómo eran su estrategia, su cultura, sus recursos, su gestión y su mercado, pero sobre todo cómo percibían estas cinco dimensiones los integrantes clave de la empresa.

Teníamos que identificar el paradigma dominante en Calfrance, pero también los paradigmas que tiene cada uno sobre cómo cree que la empresa ES, cómo "inventó" la que cree que es la realidad.

Si no se identifica el paradigma grupal dominante y los paradigmas individuales de los miembros de Calfrance, no se puede esperar el nivel de comunicación interna, de alineamiento, de integración, que requiere la capacidad de cambio y de supervivencia de la organización. ¡Ni hablar en escenarios de megacompetitividad!

Es por ello que los próximos cinco días serían dedicados a unos de los primeros trabajos que realizamos en la mayoría de las empresas que nos convocan: el proceso de entrevistas a los miembros de Calfrance.

Carolina Baravalle (una de las integrantes del equipo que se encontraba dando sus primeros pasos junto a nosotros) y Carola Bédouret (una de las personas que tiene más de 15 años de experiencia trabajando a mi lado) serían las encargadas de organizar el trabajo.

Citamos a las ocho de la mañana en la sala de convenciones del hotel a Alain, Leonore Lemoine, vicepresidente de Calfrance, Valerie (directora de Investigación y Mercado), Pierre, Jean-Paul, Charles Signoret (gerente de Finanzas), Margot Rousseau (gerente de Planeamiento y Control de Gestión), Maximilien Candau (gerente de Control de Calidad), Marc Fournier (director de Mística), Lucien Bertrand (gerente de Administración del Personal), Lucien Perrau (directora de Abastecimiento) y a diez ejecutivos clave representantes del resto de la áreas de Calfrance.

Carola les explicó en qué consistiría la actividad y la importancia que tendría en el resto de nuestro proceso, ya que nos permitiría conocer más en profundidad el Penta de Calfrance pero fundamentalmente cómo lo perciben cada uno de los integrantes de la empresa desde el rol que asumen en la misma, pudiendo determinar posteriormente el grado de dispersión cognitiva entre las arquitecturas mentales de los miembros de la organización.

El objetivo de este trabajo era potenciar la coordinación y la sinergia a través del alineamiento estratégico de todos los integrantes de la compañía.

Durante cinco días Carola y Carolina realizaron entrevistas individuales y confidenciales a Alain y a los 68 ejecutivos clave de Calfrance. Se realizó un relevamiento a cada uno de ellos para determinar cómo percibían a la organización en cuanto a su estrategia, su cultura, sus recursos, su gestión y sus mercados y para conocer sus iniciativas personales de mejora de competitividad.

Estas entrevistas constan de tres partes:

- **Primera parte**: estructurada, cuantitativa. Les pedimos que nos califiquen la respuesta en una escala de 1 a 6 puntos, teniendo en cuenta que 1 es lo peor, y 6, lo mejor que puede calificar esa variable.

1	2	3	4	5	6	NS / NC
Muy malo	Malo	Regular/ Malo	Regular/ Bueno	Bueno	Muy Bueno	No sabe No contesta

Las variables a calificar tenían que ver con los cinco pilares de Penta. A modo de ejemplo trascribimos algunas:

Estrategia

Visión, misión, posicionamiento de marca, objetivos del portafolio, diferenciación, diversificación, habilidades distintivas, ventajas competitivas, asignación estratégica de recursos, vector fuerza, libertad de acción.

Cultura

Cómo se trabaja en función de los objetivos y del futuro, cuál es la política en cuanto a la asunción de riesgos, si existe o no proactividad, si se promueve la interacción entre las diferentes áreas, cuál es el sentido de pertenencia, si se promueve la capacitación, importancia de la efectividad (hacer las cosas correctas) y eficiencia (hacer correctamente las cosas).

Recursos

Gente, infraestructura, recursos operativos, financieros, de información.

Gestión

Planeamiento, programación, control de gestión, comunicación interna, sistema de información, políticas de premios y castigo.

Mercados

Compatibilidad cultural, compatibilidad tecnológica, sinergia, correlación.

- **Segunda parte**: más abierta y creativa. En esta etapa, mediante la utilización de metáforas y comparaciones, indagamos a los entrevistados acerca de cuáles consideraban que eran los factores críticos de éxito de Calfrance, los objetivos y recursos clave, tanto actuales como futuros, qué cosas se deben y no se deben hacer en Calfrance de acuerdo con su cultura, qué personalidades se valoran, entre otras.

• **Tercera parte**: se entregaron tarjetas con objetivos estratégicos a cada uno de los entrevistados.

Una vez finalizadas las entrevistas, realizamos un análisis exhaustivo de las mismas y preparamos un informe que sería entregado a Alain y presentado al resto de los ejecutivos, manteniendo la confidencialidad de las respuestas.

Era fundamental que los entrevistados fuesen conscientes de la importancia que tenía este proceso para nuestro trabajo de Desarrollo Competitivo, ya que nos permitiría no solo detectar las concepciones que tenían respecto de los pilares de Penta, sino además el grado de dispersión cognitiva presente en la organización.

La **dispersión cognitiva** se genera como consecuencia de que cada miembro de la organización tiene solo una comprensión parcial del "total", y por tanto, hay tantas "realidades" como miembros de la organización. Hay tantas "verdades" como percepciones individuales.

Cada uno de los integrantes tiene una percepción individual del conjunto construida en base a su rol y a su situación dentro de la organización. Lo que cada persona percibe depende de la posición desde donde lo hace. Es por ello que es necesaria una perspectiva que vaya más allá de los límites de la parcialidad individual y que permita capitalizar y alinear lo que cada miembro percibe.

Muy pocos dominan "la figura completa". Especialmente los mandos medios.

Para solucionar este problema y lograr que todos y cada uno de los miembros de la organización tengan una visión comprendida, compartida y comprometida, es necesario implementar un proceso de "Alineamiento Estratégico y Gestión del Cambio". Esto es, para la fase de implementación o ejecución, la estrategia tiene que estar alineada con la cultura y con la gestión. Es decir, con la gente, con los procesos y con la tecnología. Esto es *alineamiento estratégico*. Pero como siempre surgen cientos de innovaciones, de nuevas iniciativas, estas deben ser consideradas como proyectos. Esto es *gestión del cambio*, que incluye lo psicosocial, como la resistencia al cambio, el entrenamiento de todos los niveles involucrados, pero también lo "duro", como una modificación de un producto o de un proceso. Entonces se debe usar la metodología de project management y potenciar el "liderazgo transformacional proliferado".

Pero no solo es necesario alinear las tareas, los objetivos, los procesos. Lo fundamental (y muchas veces lo más complejo) es el alineamiento de los modelos mentales de los integrantes de la empresa.

Los modelos mentales son representaciones de una situación real o imaginaria que construye el individuo.

En todos los grupos humanos, y obviamente Calfrance no es la excepción, estos modelos mentales que rigen las decisiones tienden a ser divergentes y, como consecuencia de ello, se manifiesta la **dispersión cognitiva**.

Alinear estos modelos supone relevar y armonizar los mapas mentales que cada uno de los miembros tiene en su memoria (de trabajo y de largo plazo) y que influyen fuertemente en sus decisiones. El alineamiento constituye un requisito clave no solo para el diseño, sino además para la ejecución de la estrategia.

La *efectividad* y *eficiencia* de la dirección estratégica se relacionan de modo directo con la calidad de sus decisiones, y estas, a su vez, con los mapas mentales propios y su alineamiento respecto de los construidos por los demás miembros del sistema.

Calfrance, de acuerdo con lo que mi experiencia me indicaba, era un organización muy propensa a la dispersión, sobre todo por su tamaño y por contar con múltiples localizaciones geográficas que facilitaban una altísima especialización por área y por nivel, que favorecía la atomización cultural. El análisis de las repuestas a las entrevistas confirmó mis sospechas. Existía un grado importante de dispersión.

Una vez terminada la etapa de análisis, recolección y procesamiento de la información reunimos en la sala de convenciones del hotel a los ejecutivos clave y les entregamos a cada uno una carpeta con las conclusiones del proceso de entrevistas para cada una de las variables analizadas, siempre manteniendo la confidencialidad de las mismas.

Les pedí que abrieran el informe en la página 23 y que juntos analizáramos el grafico referente a la pregunta: según su opinión, la misión de Calfrance, tal cual se encuentra definida, ¿se encuentra adaptada a la realidad organizacional actual de la empresa y ha sido correctamente transitida a cada uno de los integrantes de la organización?

A continuación de la pregunta, se encontraban trascriptas algunas de las respuestas más relevantes:

- Considero que se encuentra perfectamente adaptada y transmitida.
- Para nada, en realidad Calfrance está en un negocio que no coincide con el que se menciona en la misión.
- Te aseguro que si le preguntás a cualquiera de los integrantes de la empresa, muy pocos sabrán decirte cuál es la misión de Calfrance.
- Es muy general, parece tomada de un libro de administración, pero no se adapta a la realidad.
- Sí, es totalmente a medida.

En la página siguiente del informe, se presentaba este gráfico:

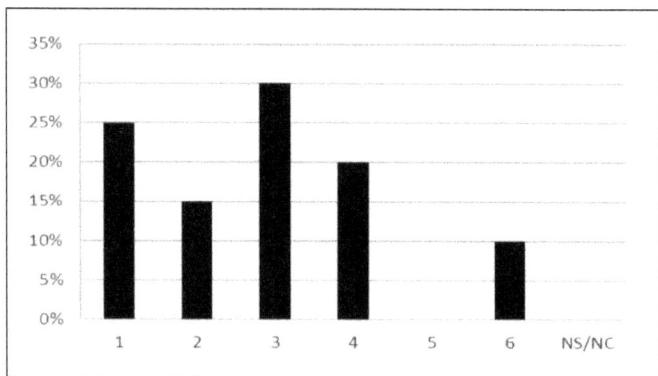

Figura 2. Dispersión de las percepciones sobre la misión.

"Mediante el análisis del gráfico podemos ver cómo, en lo que refiere a esta variable, la percepción de los entrevistados es completamente diferente. Esto nos deja en claro que existe un alto grado de dispersión sobre cómo ustedes perciben la misión de Calfrance", les dije.

En este momento Pierre interrumpe mi exposición, y dice:

– ¿Puede explicarnos un poco mejor a qué se refiere cuando habla de dispersión?

Entonces, coloco sobre la pizarra el siguiente triciclo que representa gráficamente al proceso de dispersión cognitiva.

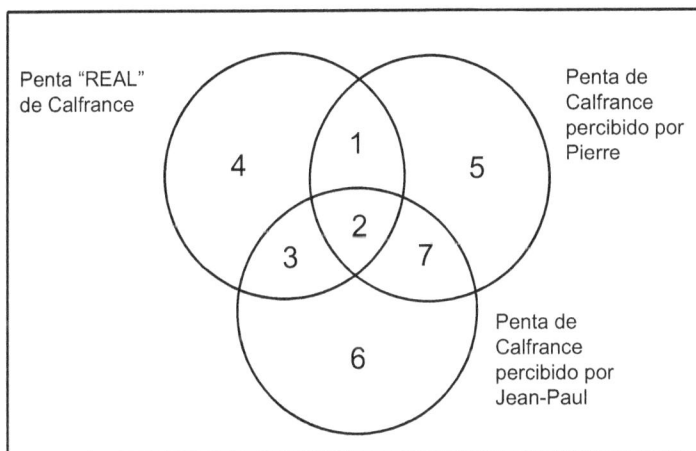

Penta "REAL" de Calfrance

4

1

Penta de Calfrance percibido por Pierre

5

3

2

7

6

Penta de Calfrance percibido por Jean-Paul

Figura 3. Dispersión entre el Penta "real" y los Pentas percibidos.

Vemos cómo quedan determinados tres conjuntos y siete campos. El conjunto de la izquierda representa el Penta "real" de Calfrance; el de la derecha, la percepción individual de Pierre desde su rol de gerente de Marketing (cómo percibe él desde su posición al Penta de la organización), y el inferior, a la percepción individual de Jean-Paul desde su rol de gerente de Planeamiento y Control de la Producción.

El campo 4 corresponde a aspectos del Penta real de Calfrance que probablemente nunca captarán en su totalidad Pierre y Jean-Paul. Se trata de su zona ciega.

Los campos 5 y 6 contienen aspectos que Pierre y Jean-Paul respectivamente atribuyen al Penta real de Calfrance. Son características que cada uno de ellos CREE reales, pero que en realidad no se relacionan con el Penta real de Calfrance. Las del campo 5 solo las percibe Pierre, y las del 6 solo Jean-Paul. Sin embargo, es probable que ambos formen sus opiniones, formulen hipótesis y tomen sus decisiones como si estas características fueran objetivas, ya que cada uno de los integrantes de la organización tiende a construir una representación del "todo" a partir de las partes a las que cognitivamente acceden. Es por ello que, por ejemplo, Pierre y toda la gente que trabaja en el área de Marketing tiene su interpretación de lo que pasa en el área de Producción, aun cuando el contacto con ella sea mínimo.

El campo 7 contiene las representaciones que tanto Pierre como Jean-Paul atribuyen a Calfrance, pero que no tienen correlato con el Penta real.

El campo 2 representa las construcciones cognitivas alineadas (pues la perciben tanto Pierre como Jean-Paul) y que encajan parcialmente con el Penta real. Es el foco cognitivo eficiente, un espacio representacional donde la comunicación intrasistema opera con fluidez, y que constituye una condición que posibilita la ejecución de la estrategia.

Finalmente, el campo 1 refiere a las características del Penta real de Calfrance que percibe Pierre pero no Jean-Paul. Del mismo modo, el campo 3 representa las características del Penta real percibidas por Jean-Paul pero no por Pierre.

Era fundamental que todos los miembros de Calfrance comprendieran la importancia de este esquema y supieran con nuestra ayuda cómo alinear las percepciones, dado que la calidad de la estrategia dependería de la capacidad que desarrollaran Pierre y Jean-Paul en este ejemplo, pero en general todos los miembros de la organización para en un principio articular los campos 1 y 3, luego incorporarlos al campo 2 y reiniciar esta dinámica de ampliación e incorporación.

Se trata de dispersar y alinear de manera recurrente y recursiva, de modo de avanzar hacia la construcción de una visión comprendida, compartida y comprometida. De esta manera, el desempeño del grupo mejora gracias a la reducción de la dispersión cognitiva y al alineamiento estratégico.

Calfrance debía tratar de reducir la brecha entre las representaciones de cada uno de sus integrantes y el Penta real para que sus decisiones y acciones resulten viables, sobre todo en la etapa de ejecución de la estrategia. Pero, ¡cuidado! Al mismo tiempo es imprescindible que mantengan cierto grado de dispersión **suficiente y controlada** que le permita no solo a Pierre, a Jean-Paul o a Valerie, sino a Calfrance como sistema completo, aprender a desaprender, desaprender lo aprendido por todos (adaptándose de una mejor manera a los cambios tanto internos como externos) e incluso desafiar las reglas y posibilitar un cambio en la arquitectura mental de la organización que le posibilite armar un "nuevo Penta". Porque si todos piensan lo mismo quiere decir que nadie está pensando. Lograr este equilibrio entre dispersión y alineamiento es sin dudas uno de los principales desafíos que se plantea el desarrollo de toda organización. Fácil de decir, difícil de hacer. Pero debe ser hecho.

En ese momento, les pregunté a Pierre y Jean-Paul cuál era para ellos la principal fortaleza del Penta de Calfrance, el pilar que de acuerdo con la percepción de cada uno de ellos permitiría él éxito, y cuáles podrían ser potenciales debilidades que podrían llevarnos al fracaso, y en qué pilar creían que se centraban.

- El 90% de los problemas de Calfrance están centrados en su cultura interna, mientras que los méritos del sistema se fundan en la excelente tecnología de información y la comunicación con que cuenta, comenta Pierre.
- Para mí, por el contrario, el pilar de la gestión y la ineficiencia de sus sistemas de comunicación es el principal obstáculo de Calfrance, mientras que a diferencia de la opinión de Pierre, considero que es justamente la cultura de esfuerzo que desarrolló el sistema lo que posibilitará el éxito, respondió Jean-Paul.

Casi sin pensarlo pude mostrarles, con lo que cada uno contestó a mi pregunta, un claro ejemplo de dispersión cognitiva. Claramente el Penta de Calfrance es visto, al menos en lo que a estos dos pilares se refiere, de un modo diferente por Pierre y Jean-Paul. Les expliqué que si la dispersión fuera incontrolada, constituiría una disfunción del sistema que se tornaría grave si condujera a la construcción de visiones túnel que se caractericen por la adopción repetitiva de una perspectiva de abordaje de los problemas que se centre en una dimensión en particular del Penta (la estrategia, la cultura, los recursos, la gestión o los mercados).

Sin dudas, nos quedaba un largo trabajo por delante, y el alineamiento estratégico sería parte fundamental del éxito.

CAPÍTULO VII

PENTA TIERRA, AGUA, AIRE Y FUEGO

El marketing estratégico de la década
de los 80

Uno de los problemas que ha tenido que enfrentar el marketing como disciplina empresarial es que debe ser entendido en tres niveles lógicos.

Por un lado, debe ser entendido como un valor **cultural**. Como la orientación al mercado, al cliente, a la satisfacción del consumidor. Así entendido como valor cultural, se espera que deba ser sostenido por todos los miembros de la organización, por todos los sectores y por todos los niveles.

La compañía Disney logró subir de manera impresionante en la lista de las 500 empresas más importantes de la revista *Fortune*, una de las publicaciones empresariales más importantes del mundo. Hoy es una de las organizaciones más admiradas, según la encuesta anual de esta revista. Disney sabe que el 70% de la gente que llega a Disney, ya estuvo antes. Casi 40 millones de personas visitan por año los parques de Disney en Florida. Las acciones en la bolsa y los resultados financieros logran cifras espectaculares. ¿Quién puede ser mejor en sus relaciones con el cliente que una organización que promedia de 50 a 70.000 invitados por día, de los cuales casi todos quedan fascinados?

"Jamás Disneyland estará completada… en tanto aún quede imaginación en el mundo" (Walt Disney).

"De alguna forma, creo que no existen alturas que no puedan ser escaladas por alguien que conoce el secreto de que los sueños se hagan realidad. Este secreto especial, me parece, puede ser sintetizado en cuatro C's, Estas son Curiosidad, Confianza, Coraje y Constancia" (Walt Disney).

Más adelante, vamos a ver que esto es lo que distingue fuertemente la cultura interna de Calfrance. Westeast, a pesar de ser una compañía americana y, como tal, muy acostumbrada a la cultura del marketing, se caracteriza más por una cultura orientada a la venta. Está mucho más preocupada por el volumen de venta del trimestre, para informar si cumplió el presupuesto que prometió a Saint Paul, que con el concepto de "patrimonio de marca".

Es una paradoja que muchas veces no hay peor enemigo del marketing que la venta. En numerosas ocasiones se daña el valor de la marca con tal de cumplir una cifra de venta. Esto no quiere decir que no se puedan hacer promociones. Lo que no se debe hacer es que una promoción deteriore el patrimonio de marca a largo plazo.

En cambio, Pradera Dorada es una compañía muy orientada a la producción. Su muy buena calidad en pollos logró "sinergizar" la venta de mayonesa, pero su cultura está orientada hacia el criadero.

Marketing, además de operar en el plano cultural, trabaja en el **estratégico**. Consiste en la formulación de la estrategia competitiva de la marca. Qué marca la marca Fouchet mejor que lo que marca la marca Sunny y la marca Dorada. En el plano de la estrategia se decide la diferenciación de la marca y el posicionamiento en el o los segmentos elegidos como blancos de mercado o *"targets"*. En este capítulo, vamos a ver este tema con profundidad. El plano estratégico corresponde a la Alta Dirección, excede el área de Marketing ya que se trata –nada menos– que de la **definición del negocio**.

"Disneyland siempre va a seguir construyendo y creciendo y agregando cosas nuevas... nuevas maneras de divertirse, de aprender cosas y de compartir las muchas aventuras excitantes que puedan ser aquí compartidas junto a la familia y a los amigos", Walt Disney.

"EPCOT (*Experimental Prototype Community of Tomorrow*) se va a basar en las nuevas ideas y en las nuevas tecnologías que ahora están emergiendo de los centros de creatividad de la industria americana. Va a ser una comunidad del mañana que jamás podrá considerarse terminada, sino que para siempre seguirá introduciendo, testeando y demostrando nuevos materiales y nuevos sistemas... muestra viviente para el mundo del ingenio y de la imaginación de la libre empresa americana. No creo que haya un desafío en el mundo más importante para toda la gente que el de encontrar soluciones para los problemas de nuestras ciudades" (Walt Disney).

Por último, Marketing también opera en el nivel de lo **táctico**, el marketing del área de Marketing. El marketing que implementa la decisión estratégica de posicionamiento y la transforma en un plan de Producto, un plan de Logística, un plan de Impulsión y un plan de Precio.

"Una parte del éxito de Disney es nuestra habilidad de crear un creíble mundo de sueños que apele a todas las edades" (Walt Disney).

Si bien ya hemos presentado varias veces el concepto, todo este proceso, toda nuestra metodología, toda nuestra preocupación, toda nuestra PARANOIA (Andrew Grove escribió un libro que se llama *Only the Paranoid Survive*[1]*) depende, se basa, se concentra, se focaliza, se especializa, se **DESESPERA** por el activo intangible más difícil de explicar, de entender, de evaluar, de comprar, de vender. Este es el **patrimonio de marca**. Como digo siempre en mis conferencias o a mis alumnos de las universidades, como la Universidad

---

1 Edición en español: *Solo los paranoides sobreviven*, Ediciones Granica, Barcelona, 1997.

de Buenos Aires, o trabajando en las empresas, ¿cuánto valen esas impresionantes ocho letras, separadas de a cuatro por un guioncito, que dicen nada menos que "**Coca-Cola**"?

Nuestro enfoque central en Marketing, siguiendo en el nivel de Marketing Estratégico o de tercera generación, es que la decisión fundamental que debe tomar Calfrance para que funcione su marca de mayonesa Fouchet en la Argentina, compitiendo contra Sunny y Dorada, es la de cuál ha de ser su posicionamiento. Como hemos visto, posicionar es elegir un segmento-blanco (target) y especializarse en satisfacer mejor que nadie lo que ese segmento espera. Esto quiere decir, DIFERENCIARSE de las demás marcas, para que Fouchet SIGNIFIQUE ser la marca para ese segmento. Como ya ejemplificamos, si "Volvo es seguridad", significa que la automotriz se posiciona en el segmento que privilegia la seguridad, diferenciándose de las demás marcas como la más segura.

Pero diferenciación no es solo diferenciarse en posicionamiento, es diferenciarse en **PRODUCTIVIDAD** y en **POSICIONAMIENTO**. Así como se necesitan dos alas para volar, y dos personas para bailar el tango, Calfrance requiere mirar de manera simultánea y complementaria hacia el afuera, hacia el mercado y hacia el adentro, hacia sus recursos. Diferenciación no es como se pensaba tradicionalmente un tema de Marketing, que consistía básicamente en determinar cuál era la mejor forma de comunicar una ventaja competitiva. Es un asunto que involucra a todas las áreas funcionales de la compañía. Finanzas, por ejemplo, debe controlar los costos y presupuestos, ya que tal vez Calfrance puede delinear una estrategia competitiva extraordinaria, basada en una excelente diferenciación, pero estar perdiendo plata. Del mismo modo, Producción juega un papel fundamental, pues tal vez Calfrance desarrolle una diferenciación espectacular, con buenos márgenes pero técnicamente imposible de producir. Es por ello que la diferenciación es un problema horizontal que abarca a todas las áreas de la empresa.

En este punto es fundamental nuestra intervención para ayudarle a Calfrance a pensar, revisar y descubrir nuevas habilidades distintivas, competencias que influyan en su productividad y de nuevas oportunidades de ventajas competitivas que influyan en su posicionamiento.

Es de vital importancia conocer a los clientes, a los consumidores que forman parte del segmento target al que quiero apuntar, de modo de elaborar una oferta que reúna dentro de nuestras posibilidades las características que dicho segmento atribuye al producto ideal. Sin embargo, además de permitir lograr un posicionamiento excelente basado en las Ventajas Competitivas, Operación Poincaré debe ser rentable. Podríamos fabricar una mayonesa que le encante al mercado, pero manejar mal el negocio y perder dinero, o alcanzar una productividad extraordinaria pero no colocar la oferta adecuadamente. La viabilidad estratégica del negocio depende de estas dos variables complementarias e imprescindibles no solo para determinar cuál será la diferenciación de la empresa, sino además para decidir cuál será el portafolio de negocios y cómo asignará los recursos entre cada uno de ellos.

Cuando hablábamos de estrategia empresarial habíamos dicho que Calfrance (y toda compañía) debe tomar dos decisiones estratégicas. La de **portafolio** (en cuáles productos o negocios decide Calfrance trabajar para crear valor económico y cómo asigna sus recursos entre estos) es la estrategia económico-financiera, y la **competitiva** (el planteo estratégico competitivo para cada uno de los productos que componen ese portafolio).

Estas dos decisiones –el grado de **Diversificación** del portafolio y la **Diferenciación** en cada uno de los negocios– son simultáneas, una depende de la otra y son claves a la hora de crear valor económico.

Recordemos que la creación de valor económico es la razón de ser o restricción ontológica de toda empresa que debe buscar, en forma permanente, incrementar su valor patrimonial. Pero obviamente, esta creación de valor siempre será dentro de un riesgo aceptable.

Muchas veces me preguntan: ¿qué es un riesgo aceptable? Indudablemente no hay una sola respuesta. El nivel de riesgo estará determinado por la cultura interna de Calfrance. Será un punto intermedio entre la total propensión o la aversión al riesgo.

En caso de que la cultura de Calfrance sea totalmente propensa al riesgo, seguramente sus propietarios no invertirían en una empresa. Directamente apostarían todo su dinero en el casino o en juegos de azar. Por otro lado, si tuvieran una total aversión al riesgo, tampoco invertirían en una empresa. Utilizarían ese dinero para comprar letras del Tesoro de los Estados Unidos.

Entre estos dos extremos, seguramente Calfrance encontrará el nivel de riesgo que sea compatible con su cultura interna.

Pero ¿cómo logro aumentar el valor del patrimonio día a día? De una sola manera: logrando el mejor paradigma vincular posible, la mejor combinación de productividad y posicionamiento que me permita aprovechar y consolidar mis ventajas competitivas y mis habilidades distintivas, logrando que sean preferidas por sobre las de la competencia.

El empuje estratégico y, en definitiva, el desarrollo competitivo tienen que ver con la búsqueda constante de ventajas competitivas en los mercados y de habilidades distintivas en el manejo de los recursos, respetando cuatro axiomas fundamentales:

1. Rentabilidad del portafolio.
2. Riesgo del portafolio.
3. Rentabilidad del negocio (producto o servicio individual).
4. Riesgo del negocio.

Vamos a considerar que los dos primeros, rentabilidad y riesgo del portafolio, son "metaobjetivos" correspondientes al plano de la estrategia económica (de portafolio de negocios) y que los "metaobjetivos" de rentabilidad y riesgo del negocio corresponden a la estrategia competitiva.

Un producto debe ser incorporado o no en el portafolio si tiene viabilidad competitiva considerado individualmente, si es positiva la sinergia que genera a los otros productos de ese portafolio, y si es adecuada la asignación de recursos que va a recibir. Por otro lado, la viabilidad competitiva va a depender de cuántos recursos se le asignan y de qué sinergia le brinda a los otros negocios que integran el portafolio.

Roque redactó un memorándum para el grupo que aclaraba este punto.

El memo decía: "Estimados amigos, notemos que el primer direccionador de recursos es la estrategia de la compañía, lo que algunos autores denominan la estrategia corporativa, mucho antes que las decisiones financieras que bajan al plano operacional. No es posible analizar un portafolio de negocios de una compañía de la misma manera en que se analiza un portafolio de inversión de un *trader*, o de una sociedad bursátil. Las relaciones entre las distintas unidades de negocios son mucho más complejas y comprender el emergente sistémico es una tarea mucho mayor a la que se enfrenta, por ejemplo, un fondo de inversión que debe armar una cartera de inversiones que busque un determinado rendimiento frente a un nivel de riesgo.

Es decir que la aplicación de un modelo financiero tradicional, disociado de las definiciones estratégicas de una compañía, podría inducir a un erróneo proceso decisorio. Y el problema es que esto no es siempre claro. Por citar un ejemplo, puede ser medianamente sencillo valorizar la creación de valor económico de una nueva unidad estratégica de negocios; sin embargo, ¿cómo es posible medir el agregado de riesgo que tal unidad añade al total del portafolio? Suponer que una mera medición de varianzas ponderadas será suficiente sería una irresponsabilidad. Deberíamos preguntarnos cuál es el impacto en términos de posicionamiento de marca que generará la nueva unidad, cuáles son los desafíos que plantea a la gestión, cuáles son los recursos que se asignarán y cómo se logrará el alineamiento cultural de la nueva unidad. Notemos que en los cinco pilares del Penta existen factores de riesgo que difícilmente puedan encontrar abrigo en los modelos tradicionales de valorización financiera. Un abrazo para todos. Roque."

Concentrémonos un poco en la estrategia competitiva. Esta decisión estratégica tiene dos "riendas" con las cuales se formula. Una externa, que es la de *posicionamiento* o cómo se diferencia Fouchet para posicionarse contra la competencia en la mente del consumidor (comparador). Esta consiste en cómo se transforma un frasco físico y tangible de mayonesa en un conjunto de atributos valorados por los miembros de un segmento del mercado (por ejemplo, Claudia).

La otra es la de *productividad o presión de los recursos,* que consiste en **cómo se organiza internamente** Calfrance para realizar todos los procesos de abastecimiento, logística de ingreso de materias primas y materiales, fabricación, tecnología, administración, ventas, logística de distribución física y servicios de posventa.

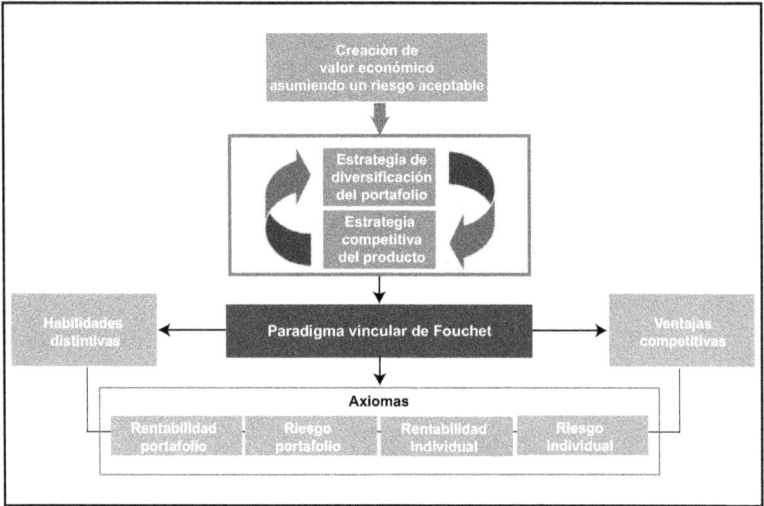

Figura 4. La dimensión de la estrategia de portafolio de Calfrance y la estrategia competitiva de Fouchet.

Aquí no debemos confundir esta decisión de "armado" de la empresa con los planes operacionales de producto, logística, impulsión y precio. Al decidir su **estrategia competitiva,** Calfrance piensa para adentro y para afuera. Después, a nivel planeamiento operacional, formulamos el PLIP (y, más tarde, los programas de acción táctica para implementar esos planes). Por ejemplo, vamos a hacer publicidad en el programa "Doctor House".

Confrontación de nuestro modelo con las propuesta de Porter

Michael Porter, a quien todos conocemos por sus libros y por sus conferencias, cuando viene a Buenos Aires de la mano de mis queridos amigos de HSM, una de las empresas más brillantes que hemos visto surgir en los últimos años en Brasil y luego en la Argentina, tiene una idea un poco diferente que la de nuestro equipo. En 1997, tuve el honor de presentar en la Harvard Business School nuestra opinión y han coincidido conmigo, con lo cual quiero tranquilizar al lector ya que no se trata de un alocado disparate.

Porter sostiene que existen tres estrategias genéricas y no solo una –la de diferenciación– como sostenemos nosotros. Él dice que estas son: 1. Diferenciación (de acuerdo), 2. Liderazgo en costos (no de acuerdo) y 3. Nicho o focalización (menos de acuerdo). Veamos por qué no estamos de acuerdo con la segunda ni con la tercera y por qué creemos que la única estrategia que puede desarrollar Calfrance para Fouchet es diferenciarse.

Comencemos con la de Liderazgo en Costos. Si, siguiendo con el ejemplo de Calfrance con su mayonesa Fouchet, la compañía ha conseguido optimizar de tal forma su proceso de productividad que sus costos son menores que los de Westeast o de Pradera, ahora se le presentan dos posibilidades.

La primera es trasladar esa ventaja operativa al precio de venta. Si es esta la decisión, entonces se DIFERENCIA por **precio**. Con lo cual, desde el punto de vista estratégico, volvemos a la que para nosotros es la única estrategia posible: la diferenciación.

Si NO traslada su liderazgo en costos al precio y se queda con mayor margen de utilidad, ¿cuál es la razón por la cual Fouchet será elegida, consumida y retenida como marca preferida? ¿Alguien va a comprar mayonesa Fouchet porque es la mayonesa que le hace ganar más plata a la empresa que la produce? ¿Quién la va a preferir porque le genere más utilidad a la compañía? Necesariamente tengo que **argumentar una razón** por la cual espero que elijan Fouchet. No puedo **no** diferenciarla porque si no la diferencio por algún atributo que no sea el precio, solo me queda diferenciarme por precio, ¡QUE ES DIFERENCIARSE! Con lo cual, volvemos a la única estrategia posible. Por otro lado, la búsqueda de un liderazgo en costos es obligatoria y permanente. La búsqueda de minimizar los costos, ya sea por efecto escala o por efecto experiencia, es una constante porque está íntimamente ligada con la palanca competitiva de la productividad.

Ahora veamos la tercera alternativa de Porter, que él llama "estrategia de nicho" o "de focalización". Para ello recordemos la diferencia que existe técnicamente entre un segmento y un nicho. Un nicho es un segmento lo suficientemente **chico** como para que **no** resulte atractivo para las empresas que están **grandes**, pero lo suficientemente **grande** para sí ser atractivo para las compañías que están **chicas**.

Por ejemplo, un segmento de gente cuya mayonesa ideal fuera demasiado sofisticada podría ser poco atractivo como para que Westeast o Calfrance inviertan recursos en producir una variedad de mayonesa especializada en ese nicho. Pero quizá Pradera, empresa mucho más chica que las otras dos compañías globales, puede decidir posicionar una variedad en ese nicho. Pradera puede pensar que tener una variedad tan exclusiva y sofisticada puede mejorar su imagen en el resto de los segmentos importantes del mercado, aunque no le genere mucha rentabilidad (o valor económico agregado).

¿Esto no significa que Pradera lanzó una variedad DIFERENCIADA para posicionarla en ese nicho? Sí. Significa exactamente eso. Por lo tanto, **en todos los casos** estamos hablando de **diferenciación**, como queríamos demostrar.

No obstante, el posicionamiento relativo de Fouchet respecto de Sunny o de Dorada puede ser altísimo, pero Calfrance podría estar perdiendo plata. Es por ello que la diferenciación, entendida tal como la define Porter, solo para tener una marca diferenciada en el mercado, no alcanza para ser considerada como una estrategia competitiva formulada para crear valor económico sustentable y sostenible (recordemos que esta es la razón de ser o restricción ontológica de toda empresa). Es necesaria la palanca complementaria de la productividad.

En resumen: **la única estrategia competitiva posible es lograr la mejor relación entre el posicionamiento de mis marcas, basado en mis ventajas competitivas, y la productividad de mis recursos basada en mis habilidades distintivas, es decir, el mejor paradigma vincular posible.**

Otra de las diferencias con la propuesta de Porter es que para él la diferenciación es una barrera de entrada para nuevos competidores a un determinado mercado, mientras que para nuestro modelo la diferenciación es, en casi todos los casos, la barrera de entrada más importante para los competidores **ya incumbentes**.

En la noción de productividad incluimos como recursos a todos los insumos que la mayonesa necesita para competir en un mercado específico. Esto significa una determinada combinación de los trece tipos diferentes de recursos: recursos **tangibles**, como plantas y camiones, recursos **intangibles**, como marcas y know-how y, fundamentalmente, **gente**, recursos humanos (este tema lo vamos a ampliar más adelante).

Por otro lado, dijimos que el posicionamiento no debe ser entendido exclusivamente como una responsabilidad del área de Marketing, sino que es una decisión completa de **definición del negocio**.

Como hemos dicho, significa decidir el **concepto** de ese negocio. Y decidir el "concepto de un negocio" (por qué Fouchet) es decidir un acople entre una constelación de requerimientos de un segmento del mercado y una constelación de atributos que diferencian al producto (Fouchet) con respecto a las marcas competitivas (Sunny y Dorada).

Cada sector de la economía, dadas sus condiciones competitivas, requiere una determinada inversión mínima o masa crítica de posicionamiento (más cercano al marketing) y una determinada masa crítica de productividad (más cercano a lo industrial). Decimos que si no invertimos –por lo menos– la masa crítica necesaria, es una irresponsabilidad tratar de competir en ese sector.

La masa crítica de posicionamiento y la masa crítica de productividad son, ambas, consecuencia de la **intensidad** competitiva de ese sector económico. Entendamos por intensidad competitiva al nivel de rivalidad que existe entre los competidores que disputan ese mercado. En términos militares, podemos decir nivel de **fricción** o de **densidad** del conflicto.

Con los conceptos de masa crítica de posicionamiento y de masa crítica de productividad, hemos clasificado a los sectores económicos de acuerdo con la inversión requerida de ambas riendas de la estrategia competitiva: productividad y posicionamiento. Esta perspectiva de

un sector industrial nos va a permitir comprender el nivel de rivalidad que debe enfrentar Calfrance para competir con Fouchet contra
Westeast y Pradera, como también cuáles son los factores críticos de
éxito, qué debe hacer Calfrance para ganar.

Partimos de la premisa de que las empresas constantemente buscan incrementar su valor económico, su valor patrimonial, y que por
lo tanto no dejan de buscar nunca nuevas oportunidades de generar
ganancias y alto retorno para sus inversiones. La innovación en un mercado actual siempre estará compitiendo por obtener una parte total de
los recursos de Calfrance para seguir compitiendo en el mercado de las
mayonesas y Calfrance deberá confrontar la conveniencia de asignarlos
a Fouchet o derivarlos hacia otros negocios. Seguir invirtiendo en el
sector de la mayonesa implica continuar asignando recursos totales para
mantener el mismo paradigma vincular, innovando constantemente, ya
sea generando nuevas diferenciaciones desde el lado de la oferta o
atacando nuevos segmentos desde el lado de la demanda.

A esta clasificación la basamos en las cuatro combinaciones entre alta o baja masa crítica de inversión en productividad relativa y
alta o baja masa crítica de inversión en posicionamiento relativo.
Para recordar mejor estas combinaciones, hemos empleado calificativos para cada tipo de mercado, caracterizándolos como "Tierra",
"Aire", "Agua" y "Fuego", y lo mostramos en la figura 5.

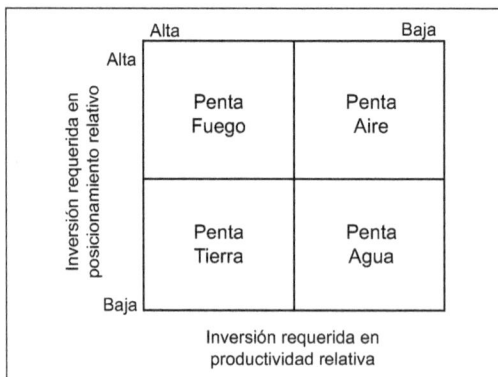

Figura 5. Matriz de intensidad e innovación.

- **Penta Tierra**: es el resultado de una alta masa crítica requerida de productividad, con baja masa crítica requerida de posicionamiento. Implica una ventana estratégica para un ingresante que, disponiendo de la masa requerida de Productividad, pudiera mejorar la "fuerza" de posicionamiento que el sector está empleando. Un ejemplo típico es la siderurgia, salvo en el caso de los aceros especiales, que requieren más esfuerzo de posicionamiento.

- **Penta Agua:** el sector económico –en el momento del análisis– opera con un nivel bajo de inversión requerida de ambas dimensiones. La detección de un sector económico que cayera en esta categoría implica una alta probabilidad de encontrar "ventanas estratégicas" (oportunidades no explotadas), dada la "liquidez" de la situación competitiva de los competidores actuales. Un ejemplo típico son los *commodities* agropecuarios como trigo o carne. Este sector es llamado "agua" por su volatilidad.

- **Penta Aire**: inversamente al caso Tierra, el sector se caracteriza por una baja inversión requerida en productividad y una alta inversión en posicionamiento. Al estar orientadas más al posicionamiento relativo que tiene que ver con la innovación en producto pareciera ser un cuadrante "duro", ya que se trata de un producto concreto, pero debemos recordar que lo que compite no es el producto concreto sino la representación subjetiva que el consumidor construye de ese producto "concreto" en su estructura mental. Es por ello que este sector es básicamente definible por sus características "simbólicas". Las ventajas diferenciales con las que estos productos compiten no están basadas en fuertes diferenciaciones técnicas físicas, o estas son muy fácilmente imitables. El nivel tecnológico de producción es bajo y no especializado, y la inversión total es también baja. Pero las inversiones en concepto de imagen, diferenciación, significado e identidad son altas. En un sector Aire puede presentarse una ventana estratégica si se detecta una ventaja competitiva proveniente de una fuerza importante de productividad que fuera difícil de imitar. Por ejemplo, el descubrimiento de una tecnología industrial revolucionaria que los competidores tardarán mucho tiempo en incorporar en sus fábricas. Típicamente este cuadrante es ocupado por productos de consumo masivo fuertemente basados en el manejo de la marca, pero sin necesidad de una gran inversión en complicada tecnología o capacidad de planta. Un ejemplo puede ser el del champú.

– **Penta Fuego:** este sector es el de mayor complejidad estratégica. El nivel de efervescencia en todo tipo y grado de innovación y de temperatura competitiva es máximo. Las ventajas competitivas consisten en sólidas diferenciaciones simbólicas, amparadas por complejas instalaciones y sistemas tecnológico-físicos de productividad. Asimismo, a esta alta y complicada rivalidad se le suma una fuerte variabilidad de los requerimientos combinados de oferta y de demanda. Mucha y constante innovación en las características de los productos, y mucha y constante innovación en los requerimientos de los diferentes segmentos del mercado, segmentos que cambian velozmente, esperando cada vez **más** y cada vez **nuevo**.

El sector construye constantemente fuertes barreras de ingreso contra nuevos competidores potenciales, difíciles de sobrepasar o eludir. Asimismo, construye barreras de protección contra los competidores actuales, para impedirles realizar maniobras agresivas de intento de conquista. Dada esta intensidad, cada vez más común en cada vez más mercados, la aparición de una ventana estratégica es muy esporádica y muy breve. Esto indica que para el posible ingresante no ha de ser suficiente disponer de un alto potencial financiero, tecnológico o productivo.

Necesariamente, alguna "**habilidad distintiva**" debe operar como palanca. Esta habilidad debe ser obtenida por una combinación entre todos los recursos: humanos, tangibles e intangibles. Por ejemplo, Cannon ingresó en el mercado de las copiadoras aprovechando su habilidad distintiva de miniaturización, que traía de su dominio del mercado de la fotografía. ¿Qué sabemos hacer mejor que nadie? ¿Qué nos copiaría cualquier otra empresa? Según el concepto de paradigma vincular, esa habilidad distintiva debe poder traducirse en una ventaja competitiva para obtener un resultado competitivo que agregue valor al cliente y que cree valor económico para la empresa. Computadoras, automóviles, tractores, banca minorista y todo lo que requiera mucha masa crítica de las dos riendas son los negocios tipo Fuego.

Seguramente es unos de los sectores más complicados para competir y más aún para liderar. Las organizaciones con Penta Fuego son empresas que están trabajando fuertemente con el *push* generado por la presión de la productividad de los recursos, y además con el *pull* desde afuera hacia adentro que genera la atracción de las marcas en el mercado. Se caracterizan por la búsqueda constante de nuevas ventajas competitivas que satisfagan a una demanda cada vez más exigente y por la permanente creación y cultivo de habilidades distintivas que le permitan posicionarse en los segmentos más atractivos y en los menos satisfechos. Estas son las dos "puntas de lanza" del paradigma vincular.

Es importante destacar que el tipo de competitividad del sector influye en la cultura de las empresas que en él operan. Así es que hay culturas Tierra, culturas Agua, culturas Aire y culturas Fuego. El problema es si el sector cambia de tipo de competitividad, pero la empresa no se anticipa y no modifica su cultura. El Penta completo de la empresa debe ser adecuado en su totalidad para poder operar en el tipo de sector en el que desea competir. *No obstante la principal recomendación es tratar de convertir a cualquier empresa en Penta FUEGO, ya que esto le genera una ventaja competitiva* **sistémica** *por la estructura completa de su estrategia, su cultura, sus recursos, su gestión y sus mercados.*

¿Qué podemos decir de **nuestro** caso? ¿Qué tipo de sector económico es el del mercado de la mayonesa? El requerimiento de inversión en productividad, en lo más industrial, parecería no ser demasiado alto si es que la empresa se dedica, como Westeast y Pradera, a competir con los dos o tres tipos de mayonesas más masivas. El requerimiento en posicionamiento, en cambio, es extremadamente alto. Con no muchos miles de dólares se instala una planta de mayonesa y se la fabrica y distribuye (si el canal de distribución acepta exhibirla en góndola), pero ¿quién la compra?

Es muy común escuchar "con la cantidad de locales minoristas que hay en la Argentina, si colocas una cajita de 12 frascos en cada local, lo que vendes es infernal". ¡ERROR! Suponiendo que sí pudiera convencer al canal que me exhiba la marca, ¿cómo consigo que Elisa pase el frasco de la góndola al carrito, del carrito a la mesa, de la mesa a la barriga y, cuando se acabe el frasco, que el proceso se repita sin que ella piense en cambiar de marca porque **quiere** sernos FIEL?

Sin embargo, Calfrance no ha adoptado una estrategia de productividad del tipo de Westeast y de Pradera. Su estrategia competitiva se basa en un muy amplio portafolio de líneas, pero todas girando en torno a las categorías de condimentos: mayonesas, mostazas, salsas, aceites, vinagres, en todos los casos con muchísimas variedades. Esta estrategia puede definirse como:

- Decisión de portafolio (estrategia económico-financiera): foco actual y futuro de concentración, exclusivamente diversificando dentro de estas categorías.
- Decisión de postura (estrategia competitiva): alta versatilidad de productividad para diferenciarse a través de un posicionamiento monomarca que signifique el más alto nivel de conocimiento experto y de alta sofisticación en la elaboración de estas especialidades.

En las condiciones expuestas hasta este punto en nuestro caso, parecería que este es el único "modelo de negocio" (*business model*) que, dadas las fortalezas y debilidades de Calfrance contra Westeast y Pradera, presenta más oportunidades (ventana estratégica) y menos amenazas presentes y futuras. Sin embargo, nuestra recomendación a Jean-Jacques Rotman, presidente de la filial Argentina de Calfrance, desde el principio de nuestro trabajo ha sido profundizar el estudio. Para ello se ha decidido un viaje a Europa para discutir con Alain Larreche, Número 1 de la compañía, Pierre Lanvin, Marketing y Relaciones con el Cliente, y Valerie Lundaine, Investigación de mercado.

Además, el viaje nos permitió analizar las líneas en los puntos de venta, conocer "en vivo" las boutiques de Calfrance, analizar las ofertas competitivas de Westeast en Europa y de los demás competidores y visitar las fábricas de la empresa. Siempre decimos que no se puede trabajar solo en marketing sin conocer lo interno. Esta es la diferencia entre una intervención de Marketing (o cualquier área funcional aislada) y una intervención en desarrollo competitivo. Uno de los temas que más nos interesa es comprender la cultura interna. Más que nada, lo que es importantísimo comprobar es si hay **alineamiento**, esto *es* si hay una visión comprendida, compartida y comprometida por todos los miembros de la organización.

CAPÍTULO VIII

EL ADENTRO Y EL AFUERA

Posicionamiento y productividad

Una visión diferente de marketing estratégico

El análisis operativo interno en Francia, en la administración central de París y en las plantas industriales, se hizo empleando una versión modificada del modelo de Porter de Cadena de Valor (Porter, Michael, *Competitive advantage*, The Free Press, Mac Millan, 1985, pág. 37).

Este esquema ve a la empresa como una cadena de cinco actividades principales sucesivas, organizadas linealmente de manera horizontal y de cuatro actividades de soporte que alimentan a la primeras cinco, una arriba de la otra, ubicadas verticalmente (Figura 6).

Formamos un equipo entre mi gente, Paula Macedo Albornoz y Jimena Faena (expertas en Marketing Operacional), Carola Bédouret (experta en Alineamiento Organizacional), Diego Levy (experto en Posicionamiento de Marca e Identidad Corporativa), Carolina Baravalle (experta en Planeamiento y Gestión de Proyectos), Roque Spidalieri (experto en Finanzas y Productividad), y gente de Calfrance (como equipo de contraparte), integrado por Valerie (aunque vive en París por estos meses está en la Argentina), Jean-Paul Borlain,

gerente de Planeamiento y Control de la Producción, Maurice Guthman, gerente de Ventas de Gran París, y Charles Badin, subgerente
de Distribución Física para toda Francia.

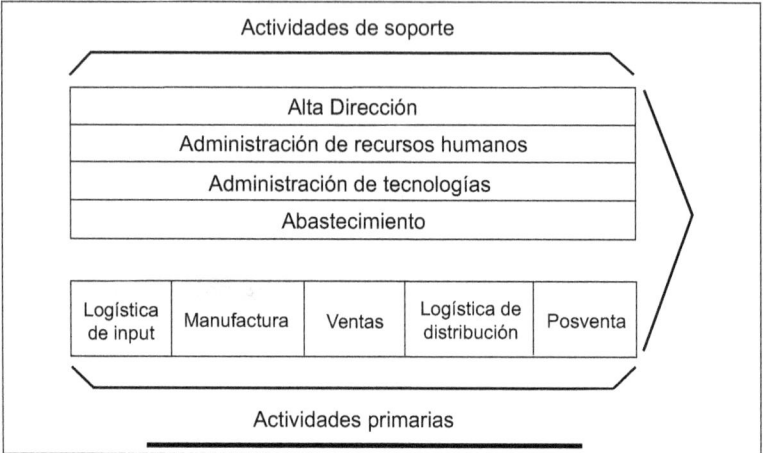

```
Actividades de soporte

    ┌──────────────────────────────────────┐
    │ Alta Dirección                       │
    │ Administración de recursos humanos   │
    │ Administración de tecnologías        │
    │ Abastecimiento                       │
    └──────────────────────────────────────┘

    ┌────────┬───────────┬────────┬────────────┬──────────┐
    │Logística│Manufactura│ Ventas │ Logística de│ Posventa │
    │de input │           │        │ distribución│          │
    └────────┴───────────┴────────┴────────────┴──────────┘

Actividades primarias
```

Figura 6. Adaptación de la cadena de valor de Porter.

(NOTA: Es importante destacar que hemos incluido esta parte
para contar cómo se debe armar una fuerza de tareas especiales y
cómo se desarrolla una típica intervención de asesoramiento cuando
nos toca salir de Buenos Aires, ya sea hacia Mendoza o hacia Nueva
York. Los nombres de los miembros de mi equipo corresponden a
profesionales reales por quienes siento admiración y cariño.)

El grupo de la empresa fue armado personalmente por Alain Larreche antes de nuestra llegada, de forma tal que hubiera un represen-
tante de cada una de las áreas funcionales. Pero cuando nos presentaron
la lista, nosotros reclamamos que resultaba de suma importancia que
también lo integrara un miembro del área de Recursos Humanos que
conociera la cultura interna lo más profundamente posible.

En este momento, consideré necesario realizar uno de los primeros cambios que hacemos con mi equipo al ingresar a una empresa:
reestructurar el área de Recursos Humanos.

Recursos Humanos es reemplazado por CIGDI (Centro de Integración Grupal y Desarrollo Individual), dejando reservada a la

tradicional área de Administración de Personal las funciones de liqui-
dación de sueldos y reclutamiento.

Así es que se integró al grupo Marc Fornier, gerente de Mística.
Si bien toda la vida nuestro equipo consideró que la mística interna
de una organización es la clave hoy en día para lograr satisfacción y
fidelización de los clientes, nunca habíamos conocido una empresa
que tuviera una posición gerencial con este título. Esto nos pareció
una pauta cultural sumamente significativa, especialmente cuando
nos enteramos que Marc se había integrado a Calfrance hacía tres
años, pero que había trabajado nueve años nada menos que en Disneyworld, en Orlando, que había empezado como un simple "miembro del elenco" (en Disney no se llaman empleados) y que había
trabajado tanto en Parks como en Resorts, o sea, en los parques
y en los hoteles de la propiedad de Disney, y que había hecho una
carrera espectacular.

Cuando lo conocí a Marc y le conté que nuestro equipo está entrenado con la metodología de Disney de calidad de servicio al cliente, y le pregunté si no extrañaba a la compañía, me respondió: "Me
pueden sacar a mí de Disney, pero no pueden sacar a Disney de mí"
(comprendido, seguía el fuego sagrado). Entonces pusimos manos a
la obra. Nos dieron una sala de reuniones para el equipo conjunto y
disparamos el inicio del estudio. Se llamó "la sala de guerra".

Debemos tener en cuenta que entre las actividades de la cadena
de valor se invierten recursos tangibles e intangibles y se asigna gente. Los 13 elementos del pilar de los recursos del Penta.

Lo que nos interesa al estudiar la cadena de valor de Calfrance es
tanto su operación interna, como también hacer inteligencia estratégica, si es posible, de *cada* competidor, controlando los siguientes
puntos:

* Evaluar la situación de **cada actividad** en el negocio **de cada
  variedad** de mayonesa, así como también analizar el funcionamiento de esa actividad con el resto de los negocios. Esto es,
  ver cómo opera, por ejemplo, **Logística de Input** (cómo está
  organizada la empresa para ser eficiente al recibir los insumos

al pie de la máquina, una vez que **Abastecimiento** –actividad de soporte– compró esos insumos. Es muy importante no confundir estas dos actividades entre sí). El relevamiento hay que hacerlo **para cada** variedad de la línea de mayonesa, pero también hay que estudiar cómo funciona esa actividad en las líneas, por ejemplo, mostazas. Siempre es buena esta comparación porque muchas veces un ojo independiente no comprometido con el día a día, como el de mi equipo, puede ver cosas que **el que mira todos los días no ve**.

- La interacción de cada actividad con las demás. Sigamos el ejemplo de la interacción de Abastecimiento y Logística de Input. Abastecimiento compra los insumos eficientemente, pero quizá los procesos de Logística de Input de recepción física, depósito de materias primas y materiales, y el flujo desde el depósito hasta las máquinas mezcladoras, son ineficientes, lo cual torna ineficiente a todo el resto de la cadena de valor. Esta ineficiencia puede significar pérdida de calidad del producto o pérdida de productividad debido a un incremento del costo, por ejemplo, por merma de los insumos (deterioros, desperdicios).

- De la relación entre las actividades principales y las de soporte puede surgir eso que hemos llamado "habilidad distintiva", lo que la empresa **sabe hacer** mejor que nadie. Muchas veces la habilidad distintiva es **una** de las actividades individualmente considerada. Por ejemplo, nadie sabe el proceso de producción masiva pero conservando "lo artesanal" de la mayonesa mejor que Calfrance, o nadie sabe operar la distribución física, la logística de output mejor que Westeast. Sin embargo, muchas veces vemos en las empresas que las habilidades distintivas más sólidas surgen de la mejor **interacción**, si es posible, entre TODAS las actividades principales y de soporte.

- La situación de costos de cada actividad y el efecto combinado.

- El nivel de productividad de cada actividad y el efecto combinado de productividad total.

* El nivel de calidad de cada actividad y el efecto combinado de la calidad total.
* La determinación de fuerzas y debilidades, y los programas de acción táctica necesarios para consolidar unas y superar las otras.
* El paradigma vincular. La relación entre la ventaja competitiva requerida en la función posicionamiento y las actividades de la cadena de valor. Esto es, cuál debe ser la habilidad distintiva de productividad que sustente la ventaja competitiva de posicionamiento. Aquí se debe prestar muchísima atención, ya que si el posicionamiento a lograr fuese el de alta especialización, sofisticación, tradición y distinción, los procesos de Presión que integran la cadena de valor deben demostrar que se dispone de las habilidades distintivas requeridas. **Las ventajas competitivas que diferencian la marca en el afuera, en la mente del consumidor, deben estar sustentadas por habilidades distintivas en el adentro, en la cadena de valor de la compañía. Del mismo modo, toda habilidad distintiva surgida como consecuencia de la interrelación de los recursos de la empresa internamente debe ser transformada en una ventaja competitiva valorada y preferida por el consumidor.**

El valor de una unidad de negocio en particular, como la línea de mayonesas de Calfrance, no debe ser estudiado de manera aislada, sino también como la capacidad de ese negocio –la línea de mayonesas– de generar una acción de "palanca estratégica" en el resto del portafolio de líneas de la compañía. **Cómo la línea de mayonesas potencia a todas las demás líneas y cómo estas potencian a la línea de las mayonesas.** Esto significa que el valor de cada negocio, considerado como **un elemento** de un SISTEMA de negocios, es su **efecto sistémico** con respecto al total y no solo su resultado individual.

Veamos el concepto de "emergente sistémico" con el ejemplo que uso siempre. Ponemos en el cielo cuatro turbinas Rolls Royce de última generación, fuselaje, alas, timón, sistema neumático, flaps, computadoras, altímetro, radar, sistemas eléctricos, un comandante con 100.000 horas de vuelo, un primer oficial con 80.000 horas de vuelo, un ingeniero de vuelo con 85.000 horas de vuelo, dos comisarios, un jefe de cabina y una docena de auxiliares de a bordo divinas, elegantes, simpáticas y monísimas.

NADA DE TODO ESTO SUELTO VUELA.
VOLAR ES UN EMERGENTE SISTÉMICO.
LA COMPETITIVIDAD DE CALFRANCE ES UN EMERGENTE SISTÉMICO,
LA RENTABILIDAD TAMBIÉN.
LA CREACIÓN DE VALOR ECONÓMICO TAMBIÉN.

Los resultados de Calfrance son un emergente sistémico que surge de la relación entre todos los recursos tangibles e intangibles; entre todos los valores y creencias que constituyen su cultura interna, entre los requerimientos demandados por todos los segmentos del mercado; entre todas las **funciones** de la compañía, como las que componen la cadena de valor; entre todos los **procesos**, por ejemplo todo el proceso de fidelización de clientes; entre todos los **productos**, mayonesas, mostazas, aceites y demás, y entre todos los **servicios**, por caso, el servicio de recuperación de clientes insatisfechos o el servicio de consejos de recetas que se brinda en las boutiques de la compañía y, fundamentalmente, entre toda su gente.

Tenemos que hacer el esfuerzo de no pensar solo en una de cualquiera de esas partes, sino TAMBIÉN en la **interacción**. Cuando lo logramos, podemos decir que hemos desarrollado la habilidad de "captar" las vinculaciones sistémicas. Cada vez que compramos en la farmacia un medicamento, lo abrimos y leemos el folleto donde dice "contraindicaciones", estamos ante una demostración más de la visión sistémica.

Si Calfrance, por ejemplo, solo se dedicara al negocio de las mayonesas, el valor de esa unidad de negocio estaría dado por el emergente que logra entre las actividades de productividad (en el empleo de sus recursos, de su cadena de valor) ya que esto va a influir **directamente** en sus costos y en su eficiencia, y de posicionamiento (su diferenciación competitiva en la mente del cliente) puesto que incidirá **directamente** en sus ingresos y en su efectividad. Pero como también se dedica, por caso, al negocio de las mostazas, el valor de cada una de las dos unidades de negocio también debe tener en cuenta cuánto cada uno de los dos negocios potencia al total. Esto es, cuál es el emergente sistémico global.

Por ejemplo, cómo la unidad de negocio "Mayonesas" logra mejorar el nivel de competitividad, de posicionamiento y productividad de toda Calfrance. En este sentido, el valor económico de toda la empresa surge como el emergente sistémico que todas sus unidades de negocios logran combinadas.

La cadena de valor agregado es una representación gráfica de las actividades que agregan valor al ser un producto convertido desde los insumos que lo componen hasta que es entregado al cliente final. Cuantas más actividades componen la cadena de valor de una empresa, cuantas más actividades desarrolla internamente Calfrance, en lugar de depender de proveedores o de intermediarios que la distancien del consumidor final, mayor será su nivel **de integración vertical**.

Esta medida del nivel de integración vertical es un elemento importante en el análisis estratégico. Resulta fundamental evaluar el **nivel relativo** de integración vertical **comparando el nivel propio de Calfrance contra el de los competidores**. El nivel de integración vertical está considerado como parte de la evaluación de los recursos operacionales, pero tiene efectos sistémicos en el resto de la base de recursos. Por ejemplo, impacta en los niveles de productividad, posicionamiento, innovación y alineamiento.

El diagrama de la cadena de valor especialmente nos va a servir para detectar fortalezas, debilidades, oportunidades y amenazas de la línea Mayonesas, al compararla con la de los competidores. La diferente configuración de la cadena de valor de los competidores individuales sirve para detectar **ventajas competitivas** y **áreas de mejora**, ya sea en términos de costos o de diferenciación.

Con respecto a los costos, debemos considerar que el costo de cualquier variedad de mayonesa Fouchet es el resultado de la cadena de actividades que componen el proceso desde la compra de insumos hasta la fidelización de Claudia, Valentina o Elisa. Llamamos "condicionantes de costo" a los factores que pueden afectar el costo de **esa** variedad de mayonesa. Lo primero que hizo el grupo conjunto (la *taskforce* que armamos para formular la estrategia competitiva y la estrategia económico-financiera de Calfrance para el Mercosur), fue considerar todos los diferentes condicionantes típicos de los costos.

Analizamos el impacto en el costo de la participación de mercado que ha logrado la marca en cada país, la economía de escala que se ha conseguido industrialmente, la capacidad productiva empleada, la interdependencia entre todas las actividades, la interdependencia entre las diferentes unidades de negocios, la integración vertical, la actualización de la tecnología empleada, los métodos y procedimientos administrativos, la localización física, o los impactos no controlables del escenario externo y todo lo que se nos iba ocurriendo en las tres semanas de trabajo frenético que vivimos durante ese viaje. Estas podían ser palancas para mejorar los costos.

Aquí debemos hacer dos comentarios de orden sistémico. El primero es que el costo total de una unidad de negocio, tal como la línea de mayonesas, es el **emergente sistémico** de la **interacción** entre los diferentes **condicionantes de costos** que Calfrance enfrenta al producirla y comercializarla. Es importante notar que esa interacción puede diferir con respecto a la de los competidores. Por lo tanto, de aquí surgen fortalezas, debilidades, oportunidades y amenazas.

El segundo comentario es que pueden generarse condicionantes de costos en la cadena de valor de **una** unidad de negocio, como la mayonesa, pero también en la interacción de esa unidad de negocio **con las demás** unidades de negocios de la empresa. Un caso típico es el de los costos promocionales y publicitarios. Si analizamos el costo de cada boutique de Calfrance, si se lo imputáramos completo a la línea de mayonesas, sería delirante. Pero al ser distribuido entre todas las líneas, el costo de tan excelente promoción y vehículo de relacionamiento y fidelización del cliente, es realmente mínimo.

CAPÍTULO IX

LOS MOLINOS DE LA MENTE

Primeros pasos desde el marketing estratégico
hacia el Desarrollo Competitivo

En la primera reunión del grupo conjunto comenzamos por ponernos de acuerdo en relación con lo que creíamos que eran los puntos conceptuales básicos. Concordamos en que la estrategia competitiva de un negocio es una configuración de decisiones que articula tanto las decisiones de productividad como las de posicionamiento en el llamado "paradigma vincular". Que estas son las dos dimensiones de la estrategia de Fouchet que liga a Calfrance con su mercado y que consisten en una "traducción" en términos competitivos de los procesos realizados interna y externamente por todas las áreas funcionales, tanto en el nivel estratégico de la Alta Dirección como en los niveles de mando operacional y táctico.

a) La estrategia de mayonesa Fouchet debe ser orientada hacia un determinado segmento de clientes con el objetivo de que estos, por formar parte del blanco de mercado seleccionado (segmento o segmentos), elija, prefiera y **quiera ser fiel** a nuestra marca.

b) Para ello, la estrategia debe penetrar distintas capas (socioló-
gicas, antropológicas, psicológicas) que "encapsulan" al consumidor que pertenece a ese segmento y que lo categorizan
y lo distinguen de los clientes de otros segmentos.

c) Al penetrar esas capas, la estrategia (vista desde Calfrance,
desde el lado de la oferta) se transforma o traduce en una
"interpretación", "percepción" o "significado" (vista desde
Claudia, Valentina o Elisa) desde el lado de la demanda. El
grupo conjunto ha acordado que el problema estratégico
consiste en el planteo competitivo **entre percepciones del
consumidor** con respecto a las marcas de mayonesa, las
"realidades inventadas", las "construcciones subjetivas", los
"significados" de las marcas, **NO** solo entre las mayonesas
FÍSICAS de las empresas competidoras. Lógicamente, lo físico es parte de lo que compite, pero Claudia, Valentina y
Elisa consideran muchas cosas más. Por otro lado, **la misma característica física, el tenor graso o la forma antideslizante del frasco, pueden significar cosas diferentes
para las tres. ¡Solo podemos saber qué significan pre-
guntándoles a ellas!**

d) Coincidimos en que el consumidor "**construye**" una interpretación del producto mayonesa Fouchet (o Sunny, o Dorada)
y de la empresa Calfrance (o Westeast, o Pradera Dorada).
Esta es una determinada configuración entre los diversos atributos que percibe. Que la **percepción** de cada marca no
está integrada por los atributos con los que se ha "armado"
la mayonesa, sino por la **interpretación** que de los atributos
percibidos realiza el cliente, conscientemente o no.

e) Que cada marca, Fouchet, Sunny y Dorada, es, entonces,
un **Conjunto Percibido** o una **estructura de** atributos que
"**significa**" algo para el consumidor. Que dos mayonesas estén diferenciadas entre sí solo puede ser entendido como que
sus respectivas marcas o Conjuntos Percibidos "**significan**"
distintas cosas para Claudia, Valentina o Elisa. Que en sus
correspondientes marcas ellas perciban uno o más atributos

diferenciadores por los que eligen una de ellas (o no) y luego le son fieles (o no).

f) Coincidimos en que el conjunto percibido en Fouchet es "contrastado" por el cliente no directamente contra las marcas Sunny o Dorada, sino contra una estructura ideal de atributos, que hemos llamado "conjunto esperado" (CONES). Esta estructura de mayonesa ideal es una "configuración simbólica" de atributos esperados que a Claudia (por ejemplo) le "significa" la expectativa que **ELLA** considera óptima para satisfacer su deseo. Es **SU** mayonesa ideal.

g) Y coincidimos en que la marca (el "conjunto percibido") que le "signifique" a Claudia la configuración de atributos más parecida a su conjunto esperado, ha de ser la que logre más motivación en Claudia a ser elegida.

h) Y que si Fouchet logra **seguir** significándole a Claudia que **SIEMPRE SERÁ** la que más se aproxime a su conjunto esperado, **aunque Claudia vaya cambiando**, incorporando nuevos atributos a su mayonesa ideal y, **además**, superando a Sunny y a Dorada, **hagan la maniobra de imitación o de innovación que hagan**, podemos esperar que Claudia sienta fidelidad a Fouchet.

i) Pero como mencionamos anteriormente no basta solo con que Fouchet logre un posicionamiento basado en sus ventajas competitivas que haga que Claudia la prefiera y le sea fiel. Es necesario, además, articular esta palanca con la otra fuerza de creación de valor: con la productividad de Calfrance basada en sus habilidades sistémicas distintivas que generará la presión necesaria para crear valor económico.

Ya nos estamos poniendo de acuerdo con el concepto de "significado", entendiendo que la relación entre la oferta y la demanda, entre la promesa y la ilusión, entre Fouchet y Claudia, **es una "conversación"**. Entre Fouchet y Claudia "conversando", se va **coconstruyendo** un significado. No estamos queriendo decir que se llaman todos los días por teléfono ni que toman el té todas las tardes, sino que **viajan señales** desde la mayonesa hacia Claudia y desde Claudia hacia la mayonesa. Viajan infinitas señales desde un encuentro casual con un frasco en la heladera de la casa de Cristina Padilla hasta un comercial de televisión, desde un comentario de mi tía Ivonne hasta una mirada lejana de Claudia, desde un taxi, a una exhibición de Fouchet en la vidriera de Hydra, de la calle Callao.

En el campo de la lingüística, las palabras –como signos o símbolos– significan aquello en lo que nos hacen pensar. Decir algo requiere codificar un pensamiento y comprender qué dice otro requiere decodificar y tratar de recuperar el mismo pensamiento.

La base de la teoría psicológica de la significación es que existe una correlación entre ciertos elementos recurrentes tales como las palabras, y los conceptos o las ideas. En lingüística, un signo tiene siempre dos aspectos: el del **contenido** y el de la **explicitación de la relación** entre los que hablan. Gregory Bateson habló de *"double-bind"* (doble vínculo o doble mensaje), para referirse a lo que puede suceder cuando estos dos aspectos no coinciden. Por ejemplo, la mamá le dice a la hija "te quiero", y cuando la hija se acerca para besarla, la mamá la frena secamente con su brazo, mientras le dice "cuidado, no me despeines".

No solo importa el contenido del mensaje, sino también importa tener en cuenta que ese mensaje lleva asociada la forma de relación que el que lo dijo quiere establecer con su destinatario, produciendo de esta manera, un significado específico.

Tanto cuando Calfrance trata de establecer con Claudia un mensaje sobre Fouchet como cuando Daniel Rassato da órdenes a su gente en Pradera Dorada, SIEMPRE el mensaje es contenido y explicitación de la relación. Siempre que te digo algo (o que no te lo digo), no solo te digo algo, también te estoy explicitando qué siento por vos por la forma –verbal o no– como te lo digo. Si en una reunión entre diez personas de un día *full-time* en una empresa, que me toca conducir a mí como copensor, en todo el día no hice ni siquiera contacto visual con Juan Schleper, le estoy diciendo (aunque no le hable) "me importas un pito".

¡Muchas empresas cuando tratan de comunicar al mercado, no saben qué están comunicando! ¡Muchos gerentes cuando tratan de comunicar a su propia gente, no saben qué están comunicando!

SIGAMOS ADELANTE. El grupo conjunto, reunido en su "sala de guerra", decidió que era imprescindible no solo tomar decisiones estratégicas para la invasión al Mercosur, sino que esto sería una irresponsabilidad si no se ponían de acuerdo en los fundamentos conceptuales del Desarrollo Competitivo moderno. El día prometía ser muy instructivo. Tanto a los más "marketineros" de mi equipo como a Valerie (Investigación de Mercado), Marc (Mística) y Maurice (Ventas Gran París), les encantaba la idea de que los demás, más lejanos del consumidor final, compartieran un montón de conceptos nuevos. Teníamos que ponernos de acuerdo y, para ello, debíamos hablar el mismo lenguaje.

Lo primero que salió, apenas comenzada la reunión fue que, para seguir hablando de diferenciación y de posicionamiento, tenemos que saber que **el valor** de cualquier signo (la marca Fouchet) no está dado nada más que por su significado propio. Solo **el sistema completo** del lenguaje puede darle su carácter particular por comparación con otros signos. Cualquier palabra en castellano **significa** dentro de todo el sistema de signos que integran el castellano. "Cualquier cosa que nos dice algo sobre otra cosa que no sea ella misma es un SIGNO". La luz roja de un semáforo no está allí en la esquina para hacernos pensar sobre la "rojitud", sino para que detengamos el auto (De Saussure, Ferdinand, *Curso de lingüística general*, Losada, 1945). La marca *es* un signo que significa por *oposición* a las otras marcas (signos) y por *complementariedad* con el conjunto esperado del consumidor objetivo.

Aplicando este concepto a la estrategia competitiva de Calfrance, mayonesa Fouchet, como signo, solo adquiere valor para Claudia en su relación con las expectativas de Claudia y en relación con los significados que Claudia construyó mentalmente de Sunny y de Dorada. (Las ideas solo tienen sentido dentro del sistema en el que asumen su propia identidad por oposición con otras ideas.)

El mercado es "el lenguaje" con el que los demandantes y los oferentes hablan a través de marcas. En esta analogía, cada producto es una combinación de palabras de ese lenguaje. Por esto decimos que debemos distinguir la **estructura de signos**, que es construida en la oferta, de la **estructura de significado** que la demanda interpreta. Calfrance "dice" cosas. Arma conjuntos de signos. Su frasco, sus boutiques, sus piezas publicitarias, sus camiones, sus tarjetas y membretes, su edificio en Avenue Victor Hugo, sus plantas, la forma como contesta la telefonista y miles de cosas más. Esta es la estructura de signos que construye la oferta (Calfrance). La diferenciación de Fouchet consiste en el proceso de distinguir significados que tiene lugar en la mente de Claudia.

Un producto es diferenciado solo si significa algo diferente que el resto en la mente de alguien.

De aquí surge la idea de "valor". Y, de esta idea de valor, surge la noción de *ventaja* **competitiva**. El valor será una función de la oposición de diferencias. Estas diferencias son las que llamamos "ventajas diferenciales de valor".

PARA PODER SER CONSIDERADO EL MEJOR,
PRIMERO TENGO QUE SER CONSIDERADO DIFERENTE.

Como parte integrante del desarrollo competitivo, el marketing es una batalla por la legitimidad de la significación de las marcas.

El propósito de presentar en la reunión nuestro modelo sobre el proceso decisorio del consumidor fue mostrar su conexión con la estrategia. Todos coincidimos en que no podíamos hablar de estrategia competitiva si no estábamos de acuerdo en cómo decide, cómo elige y cómo es fiel un consumidor. Ya habíamos hablado muchísimo sobre el tema. Pero nosotros queríamos presentarles lo que llamamos "los triciclos", que es un esquema muy útil para entender la salud competitiva de una marca, entonces faltaban muchas cosas sobre las que debíamos charlar.

Queríamos que estuvieran preparados para escuchar la presentación de los triciclos. Este modelito, extremadamente fácil, en toda nuestra experiencia ha resultado contundente. La primera vez que lo presentamos fue en 1973 y nunca lo hemos abandonado. En un primer momento solo hacíamos referencia al triciclo de la demanda, pero con el transcurso del tiempo incorporamos a nuestro análisis el triciclo de la oferta. Así quedó conformado nuestro modelo sistémico de desarrollo competitivo.

ENTONCES SEGUIMOS UN PASO MÁS. Nos hemos puesto de acuerdo en que el tema prioritario de la estrategia competitiva es el valor dado a la marca. Hemos visto que el valor de la marca Fouchet, como satisfactora de un deseo, nace de un efecto sinérgico entre numerosos atributos. Este efecto sinérgico configura una "totalidad".

Por otro lado, vimos que tanto la percepción de una marca como la comparación **de esa** marca con el conjunto esperado, es **procesamiento de "significado" y no de "información"**. Este consiste en procesar signos y obtener significados a través de su interpretación. Si consideramos a la mayonesa Fouchet como "satisfactora de una necesidad", han de ser las diferencias percibidas entre este significado y otros significados (Sunny y Dorada) las que harán relevante el valor de Fouchet para Claudia. Este es el criterio de diferenciación desde el punto de vista de la demanda. La competencia no existe entre productos objetivos, sino entre estructuras de significado de atributos diferenciados.

Aclaremos que esto no pasa exclusivamente con los productos masivos. Como la competencia entre productos solo tiene lugar en la mente del que compra, lo que compite son las percepciones que él tiene. Esto pasa sea quien fuere el comprador.

Desde la perspectiva de la oferta, desde el punto de vista de Calfrance, la estrategia competitiva para Fouchet es cómo la compañía "arma" la estructura de atributos que la va a diferenciar contra Sunny y contra Dorada, de manera tal que el mercado la considere de mayor **valor** que las otras dos, dados los atributos que distingan a cada una de las dos marcas enemigas. El campo de batalla es la mente del consumidor.

Desde la perspectiva de la demanda, mayonesa Fouchet es lo que es percibido e interpretado como un **sistema de atributos** al que el cliente le otorga significado. **Posicionar** es **vincular** a través del **significado** de la **marca** un **sistema** de atributos que la compañía integra en la mayonesa con un **sistema** de atributos que el consumidor espera. Por favor, recuerde el concepto de "sistema" (el ejemplo del avión). Y recuerde que "posicionar" es un proceso mental ejecutado por el consumidor en función de los mensajes que interpreta enviados por la empresa y por la competencia y por el resto del entorno.

El concepto completo del CONES queda ejemplificado en las palabras de Revson de Revlon: "No vendemos lápices labiales, nos compran esperanza". El CONES es el paquete de atributos esperados por el consumidor. Pero las expectativas no son los requerimientos y especificaciones técnicas de "un instrumento con el cual pueden ser pintados los labios con una pasta"; son la explicitación de esa esperanza. Es el objetivo real del cliente. Todo lo que el cliente ambiciona recibir de nuestro producto o servicio para que este sea útil para satisfacer lo que desea. Para que tenga valor.

El CONES es la "configuración simbólica" de cómo el consumidor imagina que debe ser la "cosa" mayonesa para satisfacer esa necesidad. Es cómo imagina el lápiz labial, la mayonesa, el restaurante, la computadora, el vuelo Buenos Aires-Boston o, como en el ejemplo de Levitt, "la barra de acero de 72 pulgadas número 302" (Levitt, Theodore, "Marketing success through differentiation of anything", en *Harvard Business Review*, enero-febrero 1990, pág. 85).

Es el "complejo conjunto de satisfacciones de valor" que él o ella esperan obtener de la "cosa" mayonesa. Y esto es lo que hace que la "cosa" mayonesa valga o no la pena. Es decir, que tenga valor. Esta representación no es estática. Los requerimientos, los atributos esperados cambian, algunos son incorporados y otros mueren. La demanda MIGRA. Estos cambios son producidos por numerosas influencias que pueden ser tanto económicas o tecnológicas, como sociales, psicológicas o culturales.

La incorporación de un nuevo requerimiento en el CONES de la mayonesa de un determinado segmento del mercado (el segmento en el que está Claudia) puede suceder porque ese atributo se pone de moda en un cierto círculo social o porque ahora a Claudia se le antojó hacer dieta y cambia a light. Algún competidor lanza una mayonesa revolucionaria con nuevos atributos que nos resultan interesantes y, por lo tanto, ahora los queremos. Ahora los deseamos.

La máquina de escribir eléctrica hizo obsoleta a la manual porque hemos incorporado en nuestra representación el requerimiento de que la máquina de escribir debe ser eléctrica. Tal vez el requerimiento de alta velocidad de escritura previamente existía en algunos segmentos, pero el segmento no requería "electricidad", en realidad, deseaba "velocidad".

La máquina de escribir eléctrica satisfacía mejor las expectativas del segmento, hasta que la IBM de cabeza rotativa transformó en obsoleta a la maquina eléctrica común. Para el segmento, la "cosa" es ahora "representada" con una cabeza rotativa. Este atributo quedó incorporado en el conjunto esperado y, por lo tanto, se espera encontrarlo en cualquier marca. Luego todo eso fue reemplazado por una computadora personal aplicando un procesador de palabras, y ahora por una *tablet*.

¿Cuánta gente sigue haciendo mayonesa casera? ¿Cuánto cambió la mayonesa envasada desde que la vimos por primera vez en la góndola de un supermercado? ¿Cómo será la mayonesa dentro de cinco años? ¿Qué DEBE hacer HOY Calfrance para pretender participar en la región Mercosur en el 2020? ¿Y para liderar?

Es así como se escribe la historia de un mercado y de un producto. Esta dinámica, estas transformaciones, estas mutaciones, estos "deslizamientos" del deseo son los que causan la modificación de la "configuración simbólica" de la "cosa" deseada.

Nada muere, todo se transforma: la "cosa" válvula se convirtió en un transistor que se convirtió en un circuito integrado que se convirtió en... ¿Qué estamos haciendo para que nuestra "cosa" Mayonesa Fouchet signifique la satisfacción del deseo que tenemos que satisfacer para poder seguir operando en ese segmento del mercado? ¿Qué debemos incorporar a nuestra "cosa" mayonesa Fouchet para que "signifique" esa satisfacción? ¿Cómo podemos contestar estas preguntas si no sabemos cómo "imagina" el cliente que la "cosa" mayonesa **debe ser**? ¿Cómo podemos sobrevivir si no entendemos las mutaciones, transformaciones o deslizamientos de esa imagen?

Nuestra "cosa" mayonesa Fouchet será un producto VIABLE si significa una alternativa válida que compatibilice dinámicamente con los requerimientos que el cliente "imagina". Si es posible, para siempre. Aquí se produce la liga entre la función **Productividad** y la función **Posicionamiento**. En este punto crítico de contacto es en el que una **habilidad distintiva** de Calfrance debe ser traducida en una **ventaja competitiva diferencial** de Fouchet. En su paradigma vincular, esta es la chispa de ignición de la competitividad y de la creación de valor económico. Al mismo tiempo, toda ventaja competitiva de Fouchet debe estar respalda por una habilidad distintiva de Calfrance.

Pero aún más importante, ¿qué hacemos para que nuestra "cosa" mayonesa **signifique algo mejor** que las "cosas" contra las que competimos? La guerra entre "cosas" no es la estrategia competitiva. La estrategia competitiva, vista desde el lado del posicionamiento, es la guerra entre las interpretaciones o significados que el consumidor tiene de las "cosas". Recordemos que la marca es una construcción subjetiva en la mente del consumidor según cómo percibe los diferentes atributos al compararla con su CONES, y con la competencia. Además recordemos que Claudia no compara atributo por atributo, sino un conjunto de atributos contra otro. La mayonesa que gana es aquella que más se acerca a la imagen ideal (CONES) que el cliente tiene construida subjetivamente de cómo su deseo de mayonesa debe ser satisfecho y cómo cambia dinámicamente la relación entre la marca y esa imagen ideal. El producto es la **interpretación**, no la "cosa"; por lo tanto, el campo de batalla donde colisionan las estrategias opuestas se localiza en un nivel simbólico y subjetivo, no en una "realidad tangible". Una "diferenciación" ha de ser considerada diferente si y solo si es percibida como diferente por el consumidor en su arquitectura mental.

Levitt escribió: "Los datos no brindan información excepto con la intervención de la mente. La información no brinda significado excepto con la intervención de la imaginación" (Levitt, Theodore, "The globalization of markets", en *Harvard Business Review*, mayo-junio, 1943, pág. 99). La estrategia de la mayonesa es solo un conjunto de datos que tienen significado cuando son interpretados en el campo subjetivo del cliente. Desde el punto de vista de la oferta, de Calfrance, la estrategia de Fouchet es solamente un sistema de signos diseñado para que el cliente lo interprete, dándole significado. El problema estratégico es, entonces, la confrontación entre interpretaciones y significados. Las estrategias opuestas de empresas competidoras solo son los vehículos que vinculan signos con el campo de la demanda, donde estos signos son convertidos en "interpretaciones" que "significan".

Los triciclos

La competencia desde el punto de vista de la demanda: posicionamiento relativo

Las estrategias de productos que logran penetrar los campos cultural, social, lingüístico y psicológico que "encapsulan" al cliente se decodifican como conjuntos percibidos. Las mayonesas que compiten son comparadas en la mente del consumidor no como "cosas tangibles y objetivas", sino como percepciones surgidas de un proceso de interpretación que transforma la cosa en significado de marca.

El consumidor percibe estos conjuntos, uno por cada producto que consigue penetrar las barreras de su atención, y los filtros almacenados en su memoria que operan como mapas mentales con los cuales interpreta lo que "ingresa" a su arquitectura mental captado por las redes neuronales de sus sentidos. Y elige entre uno de ellos o les son todos absolutamente indiferentes.

Para determinar el "valor" de una marca se requiere:

1. Conocer el conjunto esperado o la estructura ideal de atributos. Esto es, cómo **ese** consumidor considera que debe ser su "mayonesa ideal", incluyendo el precio que estima adecuado. Como vemos ya y después profundizaremos, el "rango de precio adecuado" es uno de los atributos de la calidad. Al principio del libro, cuando Claudia nos contó cómo era su mayonesa ideal, nos dijo que una de las características esperadas era que el frasco de 500 gramos costara entre 8 y 12 pesos.

2. Conocer cómo el cliente interpreta a los conjuntos competitivos que "le significan" las diferentes marcas (conjuntos contrastantes). Solo aquí puede darse la diferenciación de productos. Esto es, cómo el consumidor percibe e interpreta cada marca que compite y cómo las compara con el significado que le otorgó a la nuestra. De aquí surge el posicionamiento de cada marca.

Un producto o conjunto percibido solo adquiere valor por oposición. Los productos no son nada fuera del mercado en el que cobran su propia identidad en contraposición con los demás. Fouchet "vale" por comparación con Sunny que "vale" por comparación con Fouchet en la arquitectura mental de Claudia.

El consumidor contrasta cada marca de mayonesa con su expectativa de mayonesa ideal y elige la que más se aproxima. La que está mejor diferenciada en su mente. Nuestra postura sistémica considera que el consumidor no compara atributo por atributo de la marca Fouchet, sino que lo que percibe de cada marca es un "emergente sistémico". El consumidor "interpreta" un conjunto percibido, una "constelación" integrada en la marca, que incluye todos los atributos percibidos y valorados (o no). Una "*Gestalt*".

Esto es, todas las características de la mayonesa Fouchet tales como la consistencia, el color, el tenor graso, la etiqueta del frasco, el aceite con el que fue elaborada, pero también la experiencia que tuvo con la mostaza Fouchet, la satisfacción que está teniendo con la salsa para mariscos, el recuerdo de haber visto la marca Fouchet cuando comió en Cipriani, la publicidad de la mayonesa Fouchet, pero también la del vinagre Fouchet y la apariencia de los camiones.

Con respecto al precio –como dijimos, uno más de los atributos percibidos–, el consumidor lo contrasta contra su expectativa de precio. Esta expectativa es uno de los atributos esperados que forman parte del conjunto esperado. El precio se integra en la percepción de cada marca, integrando el sistema al que el consumidor otorga significado.

Grado de foco de Fouchet

La Figura 7 muestra un conjunto percibido de los atributos de la Mayonesa Fouchet y el conjunto de atributos esperados por Claudia como su mayonesa ideal (CONES). Cada conjunto percibido, cada marca, es un **sistema** de *atributos percibidos* y tiene un determinado significado. El conjunto esperado es el **sistema** de atributos esperados.

Podemos definir como "Grado de foco" de la marca Fouchet a la intersección entre el conjunto esperado por Claudia y el conjunto percibido en la marca. Designamos "percepción de Fouchet" al conjunto percibido de la marca y CONES al conjunto esperado por Claudia.

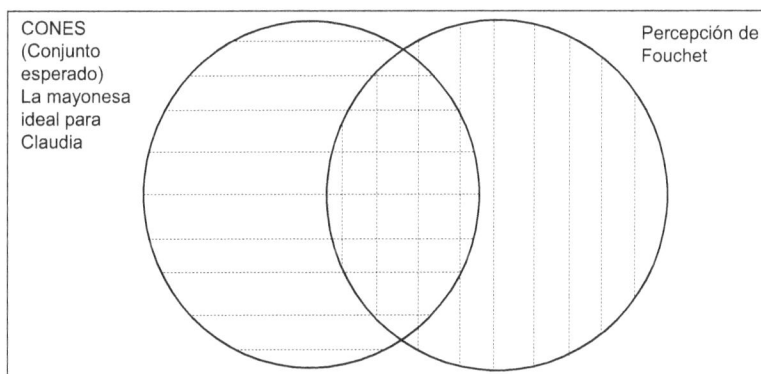

Figura 7. Lo esperado y lo percibido.

En la Figura 7 analizamos **tres** campos distintos. El rayado vertical corresponde a los atributos percibidos en la marca Fouchet. El rayado horizontal corresponde a los atributos esperados por Claudia en su mayonesa ideal.

El cruce corresponde a los atributos esperados por Claudia y que ella percibe que Fouchet le ofrece. Los atributos que no forman parte de la intersección y que quedan rayados verticalmente son atributos que Claudia percibe que Fouchet le ofrece (o que ella cree que le ofrece), pero que **no valora** porque **no forman parte de su mayonesa ideal**.

Los que quedan rayados horizontalmente, sin formar parte de la intersección, son atributos **esperados** por Claudia, pero que ella no percibe que Fouchet le ofrece (aunque desde el punto de vista de la productividad, Fouchet en realidad los ofrezca). **Si no los percibe, para Claudia NO EXISTEN. La realidad "objetiva" no existe en su mente. ¡"Conocer", "percibir" son actividades subjetivas!**

Índice de saliencia de Fouchet

La Figura 8 (llegamos al triciclo de la demanda) nos muestra el conjunto percibido por Claudia en la marca Sunny, su relación con el conjunto esperado por ella y con el conjunto percibido en Fouchet.

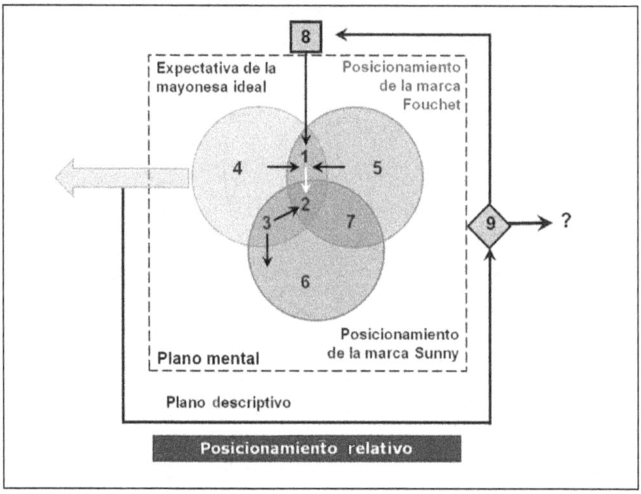

Figura 8. Triciclo del posicionamiento relativo.

La mayonesa ideal (el conjunto esperado) es el sistema de todos los atributos que caigan en los campos 1, 2, 3 y 4.

El conjunto percibido en Fouchet es el sistema de todos los atributos que caigan en los campos 1, 2, 5 y 7. Es la interpretación que Claudia hizo de la marca Fouchet.

El conjunto percibido en Sunny es el sistema de todos los atributos que caigan en los campos 2, 3, 6 y 7. Es la interpretación que Claudia hizo de la marca Sunny.

El grado de foco de Fouchet es el conjunto de atributos de los campos 1 y 2. Es el campo de atributos esperados en la mayonesa ideal y percibidos en Fouchet. Es el verdadero concepto de "**calidad**". **¡LA CALIDAD ESTÁ EN LA MENTE DEL CLIENTE!**

La calidad es cuánto el cliente percibe que la marca satisface su requerimiento. Pero atención, esta es la calidad de la marca Fouchet para Claudia, en este momento. Al comprender que la demanda no es homogénea, que el mercado está compuesto por diferentes segmentos y, por tanto, por diferentes CONES, se produce un cambio radical en el concepto de calidad entendida como "cero defecto" tal como lo hacía el enfoque six-sigma. En esta nueva etapa es el SUJETO quien asume un papel fundamental en la definición de calidad. Ya no solo se trata del objeto (el frasco de mayonesa, su tapa), sino además del sujeto (el grupo de personas que prefieren la mayonesa con tapa metálica y frasco antideslizante) y el vínculo entre el producto y el sujeto. Es por ello que surge una nueva fase en el concepto de calidad. Si bien es necesario medir la durabilidad y conservación de la mayonesa, tal como lo indica el concepto clásico de calidad, ya no es para cualquier mayonesa sino para aquella que tenga el sabor y la consistencia que el segmento considerado por la empresa como blanco de mercado considera como su preferida.

En la arquitectura mental del consumidor la calidad surge como confrontación de su expectativa sobre el producto ideal, su "ilusión", con su percepción de la marca, la "promesa". La calidad es la intersección entre la promesa y la ilusión.

Al lanzar Calfrance la mayonesa al mercado, tratará de ponerse en lugar del cliente para entender qué es lo quiere y tratar de satisfacerlo, pero no tiene la seguridad de poder lograrlo. Sobre todo porque, además, en su percepción influye no solo que lo que Calfrance hace, sino además lo que ofrece Westeast y Pradera, lo que hacen los productos sustitutos y todos los elementos relevantes en la constitución de significado del contexto dentro del cual opera.

El grado de foco de Sunny es el conjunto de atributos de los campos 2 y 3. Es el campo de atributos esperados en la mayonesa ideal y percibidos en Sunny. Es la calidad de Sunny.

La ventaja competitiva de FOUCHET para CLAUDIA es el conjunto de atributos qu+frelacióe integran su grado de foco pero **no** el de Sunny en Claudia. Estos son los atributos del campo 1. Son los atributos esperados en la mayonesa y percibidos en Fouchet, pero no percibidos por Claudia en Sunny.

La ventaja competitiva de Sunny es el conjunto de atributos que integran su grado de foco pero no el de Fouchet. Estos son los atributos del campo 3. Son los atributos esperados en la mayonesa ideal por Claudia y que ella percibe en Sunny, pero no en Fouchet.

Los atributos que integran el campo 2 forman parte del foco. **Son necesarios para competir, pero no alcanzan para que Fouchet sea elegida.** El cliente los valora, pero los percibe en las dos marcas. Competitivamente, están neutralizados. Para este consumidor y en este momento ambas marcas están indiferenciadas, por lo que lo colocan en un estado de indiferencia, que hace que no prefiera ni elija a ninguna de ellas.

Los atributos del campo 4 son esperados por Claudia en la mayonesa, en ese momento (recordemos que la demanda migra), pero no son percibidos ni en Fouchet ni en Sunny. Puede ser que una o las dos marcas los tengan, pero si Claudia no los percibe, entonces es como si no los tuvieran.

Los atributos del campo 5 son percibidos en Fouchet, pero no son valorados. Puede suceder que "en realidad" Fouchet no los tenga. Pero si Claudia los percibe, entonces es como si Fouchet los tuviera.

Los atributos del campo 6 son percibidos por Claudia en Sunny pero no los valora porque no están incluidos en su mayonesa ideal. También puede ser que Sunny no los tenga. Pero si Claudia se los atribuyó a la marca, es como si la marca los tuviera.

Los atributos del campo 7 son percibidos en Fouchet y en Sunny, pero tampoco son valorados. No integran el conjunto esperado por Claudia. Puede ser que no "existan en la realidad", pero si Claudia los percibe, entonces es como si existieran.

El triciclo de la demanda tiene lugar en el plano simbólico, en la mente de Claudia. Fuera del **plano simbólico o mental**, delimitado por el cuadrado de la figura, podemos decir que se encuentra el plano físico. En **el plano físico o descriptivo** se localiza lo que sucede en Calfrance, y no en la mente de Claudia.

Los atributos tipo 8 son características de la mayonesa que Calfrance ya dispone y que puede incorporar en Fouchet pero que a) aún no lo ha hecho, b) todavía Claudia no los espera ni los percibe en ninguna marca de mayonesa, y c) todavía Claudia ni siquiera imagina que una mayonesa los puede tener. Son **lo nuevo** que ya está por llegar, pero que aún no demanda la demanda ni ofrece la oferta. Si Calfrance logra incorporarlos en la arquitectura mental de Claudia, pasará a ser un atributo de tipo 1, una ventaja competitiva de Fouchet respecto de Sunny.

Los atributos del campo 9 surgen cuando incorporamos la variable tiempo a nuestro análisis. Con el paso del mismo, la demanda migrará, se transformará y seguramente incorporará nuevos atributos a su CONES. Si Calfrance logra anticiparse a ese cambio, puede descubrir cuáles son esos nuevos atributos que debe tratar de desarrollar. Son iguales que los tipo 8, solo que Calfrance todavía **no los dispone**. La compañía sabe que los va a tener a corto o mediano plazo, los está desarrollando, pero todavía no los puede incorporar en Fouchet. Son el futuro. Son lo nuevo. Son la innovación siguiente a la tipo 8. Si logra desarrollarlos los incluye en el campo 8 y si puede en el 1, manteniendo de este modo su viabilidad competitiva con respecto a la demanda de ese consumidor.

El signo de interrogación (en el rombo con el número 9) quiere decir que Claudia puede, en su CONES, no valorar esos nuevos atributos tipo, o directamente no percibirlos.

Con respecto al **precio**, el mismo debe ser considerado como un atributo más de la calidad. Un atributo que no puede ser medido como un número sino dentro de un rango con un piso y un techo. Para Claudia, por ejemplo, uno de los atributos de su mayonesa ideal es que su precio no sea menor a 8 pesos, ni mayor a 12. Pero no debemos considerar al precio como una cualidad única e independiente, sino siempre en relación con el conjunto de atributos que forman parte la mayonesa ideal. Recordemos que de acuerdo con nuestra visión sistémica, Claudia percibe a la mayonesa como un emergente sistémico, como un paquete de atributos esperados o no. No solo espera que la mayonesa ideal tenga determinadas características organolépticas, de sabor, de textura, sino además que tenga un rango de precio acorde al resto de los atributos.

El precio puede ser un atributo que aparezca en cualquiera de los 9 campos. Puede ser tipo 4, todos queremos un Rolls Royce de US$ 10.000. Sí, pero no hay. Puede ser tipo 5, 6 o 7 si no nos fijamos en el precio. Todos los que tenemos hijos y que alguna vez salimos corriendo a las cuatro de la mañana a la farmacia a comprar un antibiótico pediátrico, la mayoría de las veces no creo que nos fijemos en el precio. En estos casos el atributo precio **no** forma parte de la calidad, ya sea porque no lo encontramos (como sucede con el Rolls Royce) o porque no nos importa (como en el caso del antibiótico). Puede ser tipo 1, si nos diferenciamos por precio. Puede ser tipo 3, si el que se diferenció por precio es nuestro competidor. Puede ser tipo, 2 si los dos tenemos un precio que el consumidor percibe como igual (aunque solo lo sea aproximadamente). Puede ser tipo 8, si estoy a punto de poder bajarlo porque —por ejemplo— logré eficiencias de costos. Puede ser tipo 9, si todavía no las logré pero las voy a lograr próximamente. En aquellos casos en los que el precio esperado es un atributo de tipo 1, 2 o 3, podemos afirmar que forma parte de la calidad, ya que el producto está satisfaciendo el atributo precio dentro del rango esperado.

Lo primero que debemos preguntarnos al tratar de descubrir la fuerza competitiva de Fouchet contra Sunny y contra Dorada (haciendo el mismo análisis que realizamos entre Fouchet y Sunny, pero ahora entre Fouchet y Dorada) es cuáles y cuántos son los atributos tipo 1, sus ventajas competitivas y su **peso relativo** en relación con los atributos tipo 3 de Sunny (o de Dorada). Estas son las ventajas competitivas de Sunny o de Dorada (haciendo el análisis contra cada una de las otras dos).

Al configurarse en la mente del consumidor el posicionamiento de Sunny y el de Fouchet quedan definidos los posicionamientos relativos de ambas marcas, de Fouchet contra Sunny y de Sunny contra Fouchet. **Claudia elegirá aquel posicionamiento relativo al que le genere mayor valor.**

Si el posicionamiento de la marca Fouchet no posee atributos tipo 1, **no tiene por qué ser elegida ya que no tiene ninguna ventaja competitiva.** Como dice una de mis frases favoritas (disculpen el argentinismo): *"Si no tenés una ventaja competitiva no compitas, si la tenés la vas a perder. Si no sos el mejor en lo que hacés no podrás hacerlo por mucho tiempo, porque cada vez es tarde más temprano. No podés conformarte con menos que ser el mejor. Tenés que cambiar antes de que tengas que cambiar".*

En resumen: el primer paso es descubrir qué demanda la demanda, y el segundo es identificar los segmentos. El tercer paso es comprender qué "marcan" nuestra marca y la de los competidores para los segmentos que consideramos atractivos. Por último, debemos organizar toda la información relevada de acuerdo con los nueve campos del triciclo para idear cómo hacer que nuestra diferenciación concuerde con lo que prefiere el consumidor target elegido como objetivo de nuestra oferta.

Fácil de decir, pero extremadamente difícil de hacer. Si bien una exhaustiva investigación de mercado puede darnos datos certeros muy útiles, surgirán una serie de imprecisiones e imprevistos. En muchos casos, los participantes de la misma pueden verse motivados a dar determinadas repuestas porque son lo que consideran que deben decir. Recordemos el caso que comentamos en el primer capítulo, en el que Claudia nos mencionaba como uno de los atributos que formaban parte de su CONES "que Hannah quiera comerla a cucharadas", seguramente por considerar que es lo que una buena madre debería responder. Además, otro de los problemas que seguramente se nos presentarán es que no podremos determinar con exactitud de todos los atributos que conforman su CONES cuál tiene mayor peso relativo y cuál será el que finalmente decidirá la compra.

El **índice de saliencia** de Fouchet es expresado como el valor que Claudia le otorga a las ventajas competitivas de esa marca *versus* las ventajas competitivas de las demás. Es **el valor relativo** que

Claudia le da a las ventajas competitivas que percibe en Fouchet, comparadas con ellució valor que le da a las que percibe en Sunny o en Dorada. **La marca que domina es aquella que logra que sus ventajas competitivas sean más valoradas por Claudia. Es la de mayor saliencia.**

Ampliación a más de un consumidor

Este análisis debe ser realizado para cada segmento y en cada momento, de modo de conocer el mercado, su constitución y su evolución, lo cual permitirá mantener la viabilidad competitiva en el transcurso del tiempo.

El supuesto de fondo de nuestra postura es que cada consumidor construye una determinada configuración óptima en la búsqueda de satisfacción de una determinada necesidad (en realidad, lo correcto sería hablar de **deseo** en lugar de **necesidad**, pero en este trabajo es preferible no introducirnos en ese nivel técnico). Esa configuración ideal es el sistema de atributos buscados por ese cliente. Podemos agrupar a los distintos consumidores en base a la semejanza de sus conjuntos esperados ante la misma necesidad. Esto es, podemos considerar que todos aquellos clientes cuyas mayonesas ideales son muy semejantes forman parte de un conjunto. Este conjunto es lo que en los primeros capítulos hemos llamado **segmento** de un mercado.

Que haya diferentes segmentos en un mercado significa que los distintos consumidores tienen conjuntos esperados que pueden ser considerados **significativamente** diferentes. Esto es, mayonesas ideales **diferentes** entre sí. Resulta altamente probable que muchos atributos esperados estén incluidos en varios conjuntos esperados. Por ejemplo, lo más probable es que un atributo como la buena calidad del aceite sea esperado por todo el mercado.

Resulta interesante destacar que uno puede creer que todos los segmentos esperan lo mismo. Sin embargo, la experiencia demuestra que esto no es así, que la gente no valora todo del mismo modo. Un ejemplo sencillo es la importancia otorgada a la imagen institucional de la marca, a la sensación de frescura, al precio o a la experiencia con otros productos de la misma marca. Pero lo más importante es que la gente valora estas características en "paquetes". El valor es resultado de la interacción entre los atributos percibidos. Esto quiere decir que el valor de Fouchet es un emergente sistémico de lo que cada consumidor percibe en Fouchet.

El resultado es la detección de segmentos de mercado definidos según los conjuntos esperados y no en base a variables descriptivas tales como la edad, el sexo, el nivel de educación o el nivel de ingresos, que nada indican sobre las expectativas de cada consumidor o de cada segmento, sino que –como mencionamos– definen distintos *sectores* del mercado.

Presentado el primer triciclo en la reunión del grupo conjunto, la propuesta de nuestro equipo fue que discutiéramos cuáles podrían ser los segmentos que constituyen el mercado argentino de mayonesa y qué ventajas diferenciales competitivas (atributos tipo 1 o beneficios básicos) podría presentar Fouchet en esos segmentos.

Valerie nos dio algunos datos demográficos y de volúmenes, pero ahora todos comprendían que esa información no era suficiente para poder decir que habíamos descubierto los segmentos con claridad.

Pierre Lanvin trajo a la sala de guerra información de mercado de toda Francia, y de Bélgica, Mónaco y Luxemburgo en la que se describía a la población según su estilo de vida, según los valores que caracterizaban a los diferentes "tipos" de personas.

No obstante, cuando tratamos de cruzar esas tipologías de la gente con sus posibles gustos de mayonesa, no salía nada concreto. El mismo personaje que hacía una vida muy sofisticada, socialmente imparable, viajes, reuniones, conciertos y comidas, bien podría preferir una mayonesa light, mientras que un tranquilo jefe de estación de tren podría convertirse en un exigente gourmet al elegir una mayonesa al estragón con páprika. Por otra parte, la información que pudiéramos disponer de Europa no tenía por qué ser representativa del Mercosur. Ni siquiera del mercado argentino. Además, ¿por qué iban a ser los segmentos del mercado de Buenos Aires los mismos que los del mercado de Corrientes o de Neuquén?

Por otra parte, con el concepto del triciclo en mano, Carolina Baravalle les señaló que lo que teníamos que descubrir antes que nada era cómo se segmentaba la gente en relación con su MAYONE-SA IDEAL, su conjunto esperado, que podía suceder –como en todos los mercados desde que comenzó a pensarse en el concepto de "globalización"– que hubiera "segmentos globales". Es decir, gente de todo el mundo, de cualquier edad, de cualquier grupo social o de cualquier nivel de educación o económico, cuya mayonesa ideal fuera la misma. Aquí por fin comenzaron a entender nuestro criterio de qué es un segmento. La misma mayonesa ideal podía ser esperada por el rey Juan Carlos de España, por su chofer, por un electricista jubilado de Bruselas, por mi tía Ivonne, o por Sarita Peripenko, profesora de piano de Basavilbaso, Entre Ríos. Era hora de avanzar un paso más en nuestro análisis y presentarles al segundo de los triciclos.

La competencia desde el lado de la oferta: productividad relativa

Tener ventajas competitivas consolidadas que sean preferidas por los consumidores de nuestros productos es sin dudas una condición necesaria para liderar pero no es suficiente por sí sola. Dada nuestra visión del paradigma vincular, concepto que explicaremos con mayor detenimiento más adelante, es necesario incorporar este análisis a la oferta; no concentrarnos solo en lo que pasa en la mente de Claudia, sino ver qué sucede dentro de Calfrance. Entonces Jimena propuso que nos dieran una breve descripción de la mayonesa desde la visión industrial y no desde la perspectiva de la demanda.

Nos explicaron con mucho entusiasmo que la mayonesa es una emulsión estable de microgotas de aceite, hecha primariamente con aceite vegetal y yemas de huevo que se transforma en una salsa espesa, generalmente saborizada con sal, pimienta, vinagre y/o jugo de limón y, frecuentemente, con mostaza, que proveen sabor, partículas estabilizadoras y carbohidratos. Que constituye una de las "salsas madre" (*sauces mère*) de la cocina francesa clásica, de la cual otras varias salsas han sido creadas al agregarle condimentos adicionales.

También nos explicó que, generalmente, esta "dispersión coloidal" es hecha agregando lentamente aceite al líquido de yemas de huevo, mostaza, vinagre y condimentos, batiendo vigorosamente para dispersar el aceite en el líquido. Que las dispersiones coloidales, como la mayonesa, las gelatinas, las pinturas y la leche, son mezclas heterogéneas donde no podemos ver sus componentes directamente, sino solo a través de un microscopio. Que esto significa que el tamaño de las partículas dispersadas es tan pequeño como para que no se puedan ver en forma directa, pero lo suficientemente grandes como para ser vistas como una disolución nítida.

Con respecto a su composición química y nutritiva, nos comentaron que si bien el huevo ha enfrentado una fuerte campaña para limitar y reducir su consumo por su elevado contenido de colesterol, el huevo se mantiene como una de las principales fuentes proteicas de origen animal por su alto contenido alimenticio y por su bajo precio. Que entonces, para contrarrestar su imagen negativa, en los últimos años los avicultores han introducido huevo con suplemento de "Omega-3", huevo enriquecido con ácidos grasos DHA-Omega con propiedades cardioprotectoras, logrado gracias a los cambios en la alimentación de las aves ponedoras. Y terminaron explicándonos que esto ha permitido demostrar una mejor digestión y un adecuado desecho de colesterol.

Para seguir con la aplicación de nuestra metodología, Paula le explica al grupo que resulta de vital importancia descubrir cuáles son las **habilidades distintivas** de Calfrance, es decir, aquellas capacidades diferenciales que posee la empresa en el manejo de sus recursos, desplegados en su cadena de valor, comparada con las habilidades de las empresas competidoras, para pretender actuar en el negocio de la mayonesa y lograr crear valor económico asumiendo un nivel de riesgo aceptable por la cultura de Calfrance. La habilidad distintiva puede consistir en un manejo de la tecnología más eficaz que los competidores, trabajar con los costos más bajos del sector, gozar de la mejor imagen, acceder a mejores fuentes de aprovisionamiento, entre otras.

Estas habilidades distintivas no solo habrán de guiar la política de diversificación, sino que también se transforman en el patrón de decisión sobre las prioridades en la asignación de recursos.

Nuestra tesis, dada la visión sistémica que adoptamos, plantea que el output o producto generado por Calfrance es determinado por la articulación de un conjunto de habilidades disponibles (o *skills*) que surgen de la interrelación de las cinco variables que constituyen el Penta completo de la empresa. Por cómo esté constituida su plataforma de **recursos** tangibles e intangibles en su cadena de valor. Por los valores **culturales** que rigen a la organización, por su propensión o aversión al riesgo, la cual se encontrará en un punto intermedio entre ambas, por los hábitos que favorecen o dificultan la implementación de la estrategia y a la innovación entre otros. Por cómo perciba que son sus **mercados** y por la atracción que generan sus marcas en esos mercados. Por cómo sea su **gestión**, los procesos, sistemas de información y el organigrama de la organización y por cuál sea su **estrategia** de Portafolio y su estrategia competitiva.

En la búsqueda de habilidades distintivas no debemos centrarnos solamente en el proceso productivo, debemos analizar la cadena de valor completa de la empresa y estudiar las interrelaciones que se producen entre las diferentes áreas de la misma. Muchas veces sucede que lo que puede ser una fuente importante de habilidades distintivas considerando a una actividad individualmente, al considerar la influencia de otra área, la misma sea contrarrestada.

Les conté una experiencia que tuvimos con mi equipo de trabajo hace años en una compañía de otro país. Esta empresa, una petroquímica, utilizaba en su proceso productivo un insumo muy específico al cual solamente podían acceder muy pocas empresas en el sector y las que lo lograban lo hacían a un costo altísimo. Dada la excelente relación comercial desarrollada por años por el área de abastecimiento de la compañía, esta había podido acceder a este insumo en condiciones mucho más ventajosas que la competencia. Pero sin embargo, esto que podría ser una fuente legítima de habilidades distintivas en la práctica no era aprovechado, ya que como consecuencia de ineficiencias en el área de Logística de Input esta habilidad era contrarrestada. Una vez detectada cuáles eran esas ineficiencias pudimos erradicarlas y lograr convertir esta condición en una verdadera habilidad distintiva de productividad, que además, dadas las características del mercado en el cual se desarrollaba la empresa, sería una fuente genuina de ventajas competitivas.

Todo sector industrial, en cada una de sus etapas de evolución, requiere una serie de competencias o habilidades necesarias para poder operar competitivamente con productividad en el mismo, con alguna probabilidad de éxito en la creación de valor asumiendo un riesgo aceptable (si además logra un buen posicionamiento).

Consideramos como **HABILIDADES SISTÉMICAS** a la capacidad de una empresa, en este caso Calfrance, de articular su Penta completo –y no solo habilidades tecnológicas como sugieren algunos autores– para operar en el sector en el que quiere competir y crear valor económico ante un nivel de riesgo compatible con su cultura interna.

En esta búsqueda siempre tenemos que pensar sistémicamente. No solo en cuanto a la consideración de la cadena de valor en toda su longitud, sino además analizando desde Penta cada posible habilidad distintiva y pasándola por el filtro de este modelo. Muchas veces sucede que lo que podría ser una habilidad distintiva en una empresa con un determinado Penta, en otra con un Penta diferente es simplemente una condición o habilidad que no puede ser aprovechada, por ejemplo porque la cultura interna de la empresa no se lo permite, porque no es compatible con su estrategia o como consecuencia de que no es acorde a los mercados en los cuales la empresa pretende desempeñarse.

La habilidad distintiva es **sistémica** por ser el conocimiento superior de articular como un sistema a todo el paquete completo de recursos tangibles e intangibles, de forma tal de optimizar el empleo de estos en la cadena de valor.

Una vez que les expliqué qué era una habilidad distintiva, tomé el segundo de los triciclos y lo pegué en la pizarra de la sala de guerra. En este caso, a diferencia del triciclo de la demanda, en el cual nos centramos en el plano mental del consumidor y analizamos a la marca Fouchet, el análisis se centró en las empresas no comparando "marca contra marca", sino "empresa contra empresa". Puse especial énfasis en lo de "CONTRA", pues les recordé que Pradera o Westeast no son solamente nuestros competidores, son nuestros enemigos, que quieren quedarse con nuestros mercados.

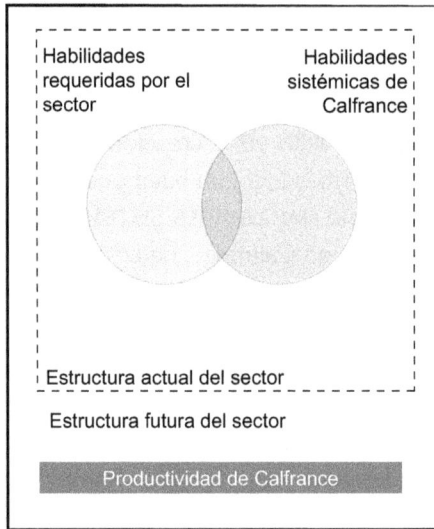

Figura 9. Productividad de Calfrance al elaborar mayonesa.

Nuevamente les mostré la existencia de dos conjuntos en el gráfico de la productividad de Calfrance. El de la izquierda representa las habilidades sistémicas que requiere cualquier empresa para tener éxito en un sector, en este caso en el de las mayonesas, entendiendo como éxito al nivel de productividad en el empleo de sus recursos que le asegure niveles de rentabilidad y riesgo acordes con su cultura interna. Recordemos que el nivel de riesgo se encontrará en algún punto intermedio entre una total propensión o aversión al mismo.

El conjunto de la derecha representa las habilidades sistémicas de que dispone Calfrance, sean utilizables o no en el sector de las mayonesas. Incluye, por ejemplo, las habilidades que tiene la empresa para operar en el sector de los vinagres o aceites. La intersección entre ambos conjuntos es la proporción de habilidades disponibles por Calfrance y que son necesarias para operar en el mercado de las mayonesas. Cuanto mayor sea esta intersección, más grande será la probabilidad de Calfrance de lograr **Productividad**.

En este punto es fundamental conocer un poco más acerca del proceso productivo de la mayonesa.

Le pedí a Jean-Paul que nos explique cómo es este proceso, de modo de conocer cuáles son las habilidades requeridas (al menos en lo que al proceso productivo se refiere) para poder operar con alguna probabilidad de éxito en el sector de las mayonesas.

Habilidades requeridas para operar en este sector industrial

Las habilidades requeridas de cualquier competidor para poder operar en este sector industrial son:

* Saber combinar los ingredientes típicos para hacer la mayonesa en las proporciones adecuadas según se trate de la variedad común o light.

	Mayonesa común	Mayonesa light
Aceite	70-80%	20-30%
Huevo	10-11%	3-4%
Agua	8-10%	60-70%
Vinagre	4%	4%
Sal	1%	4%
Azúcar	1%	1%
Jugo de limón	0,5%	0,5%
Especias (aceites esenciales)	0,5%	0,5%

Saber elegir el proceso productivo: *batch* o proceso en continuo.

Se tiene que disponer de cinco depósitos con las cantidades necesarias de los diferentes ingredientes.

- Aceite: de ser posible a una temperatura baja (7-8 °C).
- Agua: donde previamente se haya disuelto el azúcar.
- Vinagre: donde antes se haya disuelto la sal y el jugo de limón.
- Huevo: va a estar a unos 4 °C.
- Especias.

Se puede hacer solamente con tres tanques y disolver previamente las especias en el aceite y tener la fase acuosa en un solo depósito (agua + vinagre).

Ambos procesos son aptos también para la fabricación de mayonesa light pero, en este caso, previamente se debe realizar una mezcla de agua con almidón.

Habilidades requeridas para el proceso en *batch* en mayonesa común

El proceso en *batch* es adecuado para producciones pequeñas de hasta unos 1.000 kg/h:

- Primero se añade el huevo en el depósito de mezcla.
- Luego se añade el agua con el azúcar.
- Posteriormente se pone en marcha el agitador del depósito de mezcla y se va añadiendo el aceite poco a poco; allí donde se va a realizar una preemulsión.
- Se añade el vinagre donde previamente se ha disuelto la sal y el zumo de limón.
- Una vez realizada la preemulsión, se conecta la bomba y el mixer, recirculando el producto hasta obtener la mayonesa.
- Cuando ya está preparada la mayonesa, se bombea hasta un depósito pulmón y está lista para ser envasada.

Habilidades requeridas para el proceso en continuo en la mayonesa común

El proceso en continuo es adecuado para producciones grandes a partir de 1.000 kg/h.:
Se parte de los mismos depósitos de ingredientes.

– Mediante unas bombas dosificadoras se van añadiendo al mismo tiempo los diferentes ingredientes a un tanque de premix en la proporción requerida.
– Se bombea la mezcla a través de un mezclador en línea y con una sola pasada se forma la mayonesa y se envía a un depósito pulmón lista para ser envasada.

Habilidades requeridas para ambos procesos en caso de mayonesa light

Este tipo de mayonesa también se puede preparar mediante un sistema *batch* o en línea, pero previamente se tiene que preparar la mezcla de agua con almidón.

– Se parte de un depósito con agua, y se dispersa el almidón mediante un mezclador en línea.
– Con una bomba lobular se bombea el almidón a través de un intercambiador tubular, donde se calienta hasta unos 90 °C y en otra fase se enfría hasta unos 10 °C. En este proceso el almidón se hidrata, tomando la mezcla una viscosidad importante.
– Se deposita la mezcla de almidón en un depósito, a partir del cual ya se va a preparar la mayonesa.

Ya conocíamos el proceso productivo, pero Roque consideró que no era suficiente. En ese momento, nos entregó a cada uno de los integrantes de la reunión una carpeta con un resumen con todo lo que había investigado acerca de la composición nutricional de la mayonesa. Como cada vez que una nueva empresa nos convocaba, había dedicado varios días a investigar y conocer más acerca del producto. Si bien no debíamos convertirnos en expertos en mayonesa era necesario que conociéramos lo más posible acerca de las características del producto para que nuestro trabajo fuera más productivo para el cliente.

A continuación, transcribo parte del resumen:

"La mayonesa es un alimento que cuenta con importantes propiedades nutricionales. Es rica en vitamina K. Cien gramos de Fouchet contienen 81 ug de vitamina K, lo cual favorece la correcta coagulación de la sangre.

Con una cantidad de 35 mg por cada 100 gramos, Fouchet es también uno de los alimentos con más yodo, lo cual es beneficioso para el metabolismo humano, ya que regula el nivel de energía y el correcto funcionamiento de las células. Por otro lado, el yodo que contiene ayuda a regular nuestro colesterol y a procesar los hidratos de carbono, fortalecer la piel, el cabello y las uñas.

Por su elevada cantidad de vitamina E −15,5 mg por cada 100 g− es un alimento beneficioso para nuestro sistema circulatorio. Tiene propiedades antioxidantes, es beneficioso para la vista y puede ayudar en la prevención de la enfermedad de Parkinson.

Información nutricional cada 100 g de Mayonesa Fouchet:

Energía: 709 Kcal

Proteínas: 1,3 g

Hidratos de carbono: 5,8 g

Fibra: 0 g

Lípidos: 75,6 g

Colesterol: 100 mg

AGP (Ácidos grasos poliinsaturados): 42,4 g

AGS (Ácidos grasos saturados): 11,4 g

AGM (Ácidos grasos monosaturados): 18,2 g

Vitamina A: 36,2 µg

Vitamina B_1: 0,02 mg

Vitamina B_2: 0,05 mg

Vitamina B$_6$: 0,1 mg
Vitamina B$_{12}$: 0,48 µg
Vitamina C: 0 mg
Vitamina D: 0,25 µg
Vitamina E: 15 mg
Vitamina K: 0,81 µg
Hierro: 10 mg
Calcio: 12 mg
Sodio: 580 mg
Ácido fólico: 10 µg
Retinol: 32 µg
Yodo: 35 mg
Potasio: 18 mg
Fósforo: 48 mg."

Ahora que conocíamos más acerca del proceso productivo y de la composición nutricional de la mayonesa (qué es lo que hay que saber), ya estábamos en condiciones de comenzar a completar el gráfico con las habilidades que se requieren para operar competitivamente en el sector y las habilidades para "saber eso que hay que saber".

Pero demos un paso más en el análisis e incorporemos en el gráfico a uno de nuestros competidores Westeast o Pradera. En este caso, Pierre sugiere que incorporemos a Westeast en concordancia con el análisis que hicimos en el triciclo de la demanda. Es decir, lo que nosotros creemos que Westeast sabe de lo que hay que saber.

De este modo, al incorporar un tercer conjunto constituido por las habilidades sistémicas de Westeast, nuevamente surgen nueve campos de análisis (ver Figura 10).

El campo **D** representa a las habilidades requeridas para operar en el sector de las mayonesas, pero que no disponen ni Calfrance ni Westeast, es decir, lo que deben saber pero que ninguna de las dos empresas sabe.

El campo **E** representa las habilidades que posee Calfrance, pero que no utiliza en el sector de la mayonesa. Lo mismo representa **F**, aunque en este caso para Westeast.

El campo **G** representa habilidades disponibles por ambas empresas, pero que no son útiles en el sector de la mayonesa.

El campo **B** representa habilidades de las dos compañías que son necesarias y útiles para competir en este sector, pero no suficientes para liderar, dado que son habilidades que tienen ambas empresas.

¡Por fin llegamos al campo **A**! Este campo representa habilidades **DISTINTIVAS** de Calfrance para competir en el sector de la mayonesa (aquello que la compañía sabe hacer mejor que nadie, que todos sus competidores desearían imitarle y que le sirve en este sector), del mismo modo que **C** representa las habilidades distintivas de Westeast. Representan habilidades necesarias para operar en este sector y que posee solamente una de las dos empresas. Les expliqué la importancia de encontrar y consolidar estas habilidades que asegurarían el éxito de nuestra operación. La habilidad distintiva es un recurso crítico que debe ser continuamente protegido, consolidado y ampliamente comunicado entre todos los miembros de la organización, atravesando áreas de negocio, funciones y niveles.

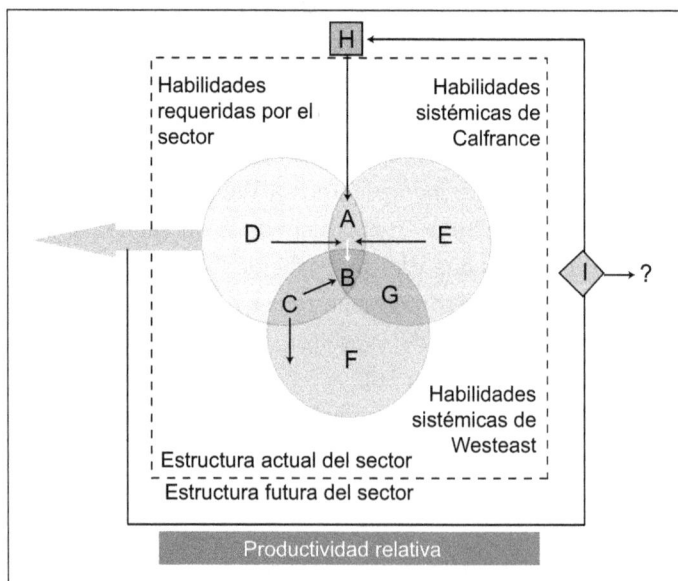

Figura 10. Productividad relativa de Calfrance vs. Westeast en la producción de mayonesas.

La búsqueda de habilidades distintivas es un punto clave en la competitividad de la empresa.

La competitividad de Calfrance depende de la habilidad de innovar, a menor costo y con más velocidad que sus competidores, para lanzar productos que representen rupturas con respecto a lo habitualmente disponible en el mercado y con un nivel aceptable de productividad.

Al determinarse la productividad de Calfrance en función de sus habilidades sistémicas distintivas y la productividad de Westeast dadas las suyas, podemos determinar también la **productividad relativa de Calfrance** en este sector industrial contra el resto de incumbentes y nuevos ingresantes.

Pero del mismo modo que sucede en el triciclo del posicionamiento relativo, todo sector migra con el transcurso del tiempo, se transforma, por lo que surgen las habilidades del campo **H**, que representan habilidades que ya dispone Calfrance pero que aún no empleó en sus procesos competitivos en el sector de la mayonesa. El campo **I** representa habilidades que Calfrance recién está adquiriendo, investigando, que se encuentran en una etapa de desarrollo pero que todavía no tiene disponibles para incorporar. El signo de interrogación quiere decir que esas habilidades pueden no ser útiles o que puede ser que las incorporemos sin dominarlas mejor que los competidores.

Al determinar la productividad de Calfrance y la productividad de Westeast en el sector de la mayonesa quedan definidas las productividades relativas de empresas, de Calfrance contra Westeast y de Westeast contra Calfrance.

Como podemos apreciar en el gráfico (y mencionamos en varias oportunidades en este libro), toda ventaja competitiva de una marca (atributo tipo 1) debe estar sustentada en una habilidad distintiva de la empresa (habilidad tipo A). Del mismo modo, la empresa debe tratar de incorporar habilidades distintivas que puedan ser transformadas en ventajas competitivas en la arquitectura mental del consumidor. En este momento, los invité a reflexionar acerca de cómo podíamos aproximarnos a completar los campos de los triciclos.

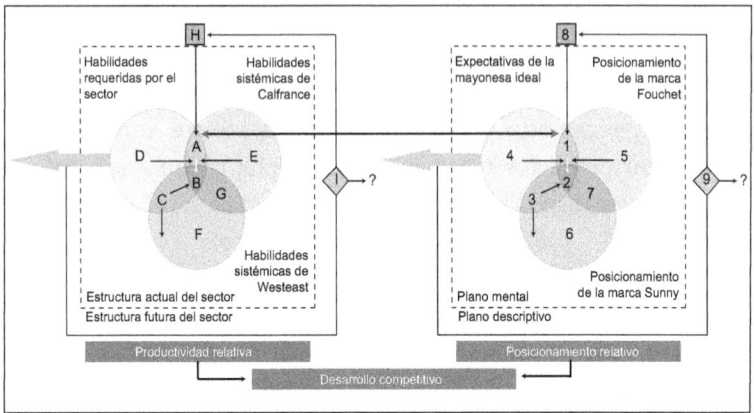

Figura 11. El paradigma vincular.

Ya estábamos en condiciones de presentarles uno de los conceptos clave en el desarrollo de nuestros estándares: el **paradigma vincular**. El paradigma vincular es la liga, la unión que cada empresa genera (o no), en un momento específico, en un determinado sector, entre sus **habilidades distintivas** y sus **ventajas competitivas**, entre su posicionamiento y su productividad, entre lo que demanda la demanda, su función de valor, su concepción de calidad y lo que le propone la oferta en ese momento como producto satisfactor. El paradigma vincular de Calfrance se encuentra representado en el gráfico por la flecha que une a las habilidades tipo **A** y las ventajas tipo **1**.

Determinar la estrategia competitiva de la empresa es establecer cómo articulo mi paradigma vincular, cómo puedo lograr una óptima relación entre mis habilidades distintivas y mis ventajas competitivas.

Calfrance deberá diseñar su paradigma vincular mediante la **segmentación de los mercados**. Deberá tener una cultura orientada a *descubrir* los diferentes segmentos presentes en el mercado y detectar cuáles son los atributos que forman parte del CONES de los integrantes del segmento elegido como blanco.

Mediante la **diferenciación de sus productos**, deberá tratar de *inventar* una variedad "diferente", pero que se convertirá en una verdadera "diferenciación" si y solo si el consumidor de acuerdo con su percepción en su estructura mental la considera diferente. Calfrance debe tener una cultura caracterizada por la innovación constante orientada a "inventar" satisfactores.

Su gestión debe potenciar simultánea y complementariamente la palanca de la productividad y la del posicionamiento.

Calfrance debe tratar de optimizar su paradigma vincular mediante, en el triciclo de la demanda:

1. La incorporación de los atributos tipo 4 que Claudia valora y no percibe (puede ser que los tengamos, pero que estén mal comunicados).
2. Incorporar al CONES, un atributo tipo 5 existente en la percepción de la marca Fouchet, pero que Claudia no valora porque no forma parte de su mayonesa ideal, convirtiendo un atributo de tipo 5 en tipo 1 (o 2, en caso de que el consumidor perciba ese atributo en ambas marcas). Esto podemos lograrlo explicándole mejor al consumidor las ventajas y utilidades de dicho atributo.
3. La neutralización de los atributos tipo 3, imitándolos.
4. En el marco de la ética y la ley, demostrarle a Claudia que no le sirven los atributos tipo 3 (si fuera verdad).
5. Incorporar de la forma más veloz posible los atributos tipo 8 para que se conviertan en atributos tipo 1.
6. Rápidamente desarrollar nuevos atributos tipo 9, para que se transformen en 8, para llevarlos al campo 1.

Y en el triciclo de la oferta:

1. Incorporar habilidades tipo A.
2. Intentar que sirvan en el negocio de la mayonesa las habilidades tipo E.
3. Adquirir y neutralizar las habilidades tipo C disponibles en Westeast.
4. Transformar el modelo de negocio para que las habilidades tipo C de Westeast ya no sean útiles.

5. Incorporar rápidamente las habilidades tipo H.
6. Desarrollar habilidades tipo I para que se transformen en habilidades tipo H y luego en habilidades distintivas tipo A.

El desarrollo competitivo es una función directa de la dominancia o saliencia de nuestro paradigma vincular respecto al de nuestros competidores en los segmentos elegidos como objetivo.

En este punto consideramos relevante destacar la importancia de la innovación en toda empresa, tanto en posicionamiento relativo (innovación en producto) como en productividad relativa (innovación en recursos aplicados), de modo de consolidar el paradigma vincular. La búsqueda de fidelización es la búsqueda de consolidación del vínculo, del mismo modo que el incremento de la rentabilidad pasa por buscar consolidar el paradigma.

Al hablar de innovación debemos hacer una diferenciación entre los tres grados posibles:

- **Innovación incremental**: consiste en hacer un poco mejor aquello que estás haciendo; en el caso de la mayonesa, por ejemplo, mejorar su aspecto, su sabor, su textura, haciendo modificaciones, pero a un mismo concepto. Este tipo de innovación es lo que caracteriza a los procesos de mejora continua.
- **Innovación radical**: se caracteriza por un salto, un cambio, aunque dentro de una fuerte continuidad de las reglas de juego. Viéndolo desde el punto de vista de los triciclos, con este tipo de innovación haríamos una modificación en uno de los triciclos. Por ejemplo, pasar de la producción de leche tradicional a leche larga vida.
- **Innovación disruptiva**: constituye el más alto grado de innovación. A diferencia de la radical, sí implica un gran cambio de la reglas de juego, tan fuerte que no solo produce transformaciones en el Penta de la empresa, sino que además cambia la cadena de valor completa y, por ende, el Penta de las organizaciones que la forman, ya que recordemos que una cadena de valor es una cadena de Pentas. En este caso, lo que

se modifica es el paradigma, cambian los dos triciclos. Podemos mencionar a la cadena de cafeterías Starbucks como la creadora de una disrupción en la forma de tomar café, ya sea en casa o en el bar de la esquina. También lo fue el paso de la hoja de afeitar a la máquina eléctrica, o en el caso que nos atañe, la creación del frasco de mayonesa fue una tremenda disrupción dejando de ser la mayonesa solo fabricada en casa por mamá o la abuela (Christensen, Clayton, 2008, *Disrupting class*, McGraw-Hill, New York).

Era de vital importancia que Calfrance tuviera una cultura que privilegiara la innovación en cualquiera de sus tres grados, pero fundamentalmente en la disrupción.

La capacidad de innovación, de transformación del paradigma vincular puede ser considerada como la principal variable de la competitividad en un contexto como el actual, caracterizado por la cada vez más rápida y más grande commoditización y gemelización de los productos como consecuencia de la imitación competitiva.

Los invité a pensar cuáles son las habilidades distintivas de Calfrance en el *cluster* completo de la mayonesa. Pero ya era hora de comer. Decidimos terminar. Nos esperaba al día siguiente una larga jornada de trabajo en la cual los ayudaríamos a repensar cuál es la habilidad que distingue a Calfrance y cómo podríamos transformarla en una ventaja competitiva valorada y preferida por nuestros consumidores.

CAPÍTULO X

LA MARCA LÍDER
Y LA MARCA VIRTUOSA

Marc Fornier comenzaba a darse cuenta de que su Área de Mística podía verse afectada con este dilema. Si no descubríamos cuáles eran las ventajas competitivas de Fouchet como producto y las habilidades distintivas de Calfrance como empresa, los miembros de la empresa podrían perder el sentido de pertenencia, de orgullo por la camiseta que sentían por la compañía. ¿En qué somos mejores? Marc sabía que había que encontrar esta respuesta y que la gente de Calfrance no se conformaría con que la respuesta fuera una comunicación interna, sino que tenía que provenir del mercado. En el encuentro con un vecino en el ascensor o en un comentario en la farmacia.

Nosotros creíamos que la imagen de superespecialización que mostraba Calfrance con sus líneas tan **sinérgicamente** relacionadas entre sí, sumada al origen francés, a un packaging realmente impecable, a una constante habilidad distintiva en las plantas productivas porque los estándares de especificaciones técnicas nadie lograba superarlos, podía ser un camino de diferenciación importante. Pero no podíamos asegurarlo sin una investigación de mercado cuantitativa, con mucho rigor estadístico, que nos lo confirmara.

Por otra parte, si hubiera un segmento de mercado que valorara esta diferenciación en el posicionamiento de la marca, ¿sería ese segmento lo suficientemente importante como para que su volumen de compra repetida significara para Calfrance una capacidad sustancial de crear valor económico para sus accionistas? Más aún, si esta fuera la diferenciación del posicionamiento de Fouchet, ¿cuánto podía tardar Westeast o Pradera Dorada en imitarlo, en neutralizarlo, lanzando una línea parecida?

En este momento de la discusión, Carola Bédouret, más acostumbrada a entender las culturas organizacionales de las empresas, ya que trabaja en nuestra Área de Alineamiento, introdujo un comentario muy valioso. Si hasta ahora el enemigo más temido era Westeast, y dado el posicionamiento de Fouchet "como sistema integrado especializado y de alto nivel", no creía que fuese la gente de Westeast la que lo fuera a imitar. Su cultura estaba muy influida por la búsqueda de economía de escala, de masividad, de eficiencia. Louis Kleinmen era fanático de la producción en serie. Él comentaba orgulloso cómo en la línea de envasado no se podía distinguir entre frasco y frasco debido a la velocidad de las máquinas envasadoras.

¡El peligro era Pradera Dorada! Carola no pensaba que Daniel Rassato fuera a soportar el hecho de quedar disminuido en esos términos. Solo los huevos de sus gallinas podían ser el manantial de la mejor mayonesa del mundo.

Entonces, pidió intervenir Jean-Paul Borlain. Desde su rol de gerente de Planeamiento y Control de la Producción veía un tema que el resto del grupo no estaba focalizando. Nos estábamos olvidando de la dinámica competitiva que caracterizaba a Calfrance. Esto generó una nueva orientación de la discusión.

"Primero concentrémonos en el hoy", dijo Jean-Paul, y entonces, parándose junto a los triciclos que teníamos dibujados a todo color en la pizarra blanca, comenzó a preguntar al grupo:

¿Qué maniobras competitivas podemos hacer a corto plazo para perforar la fortaleza de Sunny y de Dorada? Creíamos que teníamos que concentrarnos en el triciclo de la demanda ya que considerábamos que en el de la oferta éramos más fuertes que la competencia, salvo en las ventajas de economía de escala y de logística de Westeast y la de integración vertical de Pradera Dorada. Podemos incorporar como atributos tipo 1 cosas que hoy espera el mercado y que no percibe en Fouchet. Estos son los atributos tipo 4. Muchos de ellos YA LOS TENEMOS, pero el mercado no los percibe. No los hemos comunicado bien.

Tenemos muchos atributos tipo 5 que son percibidos en Fouchet y no son valorados. Tampoco los hemos comunicado bien. Podemos tratar de comunicarlos mejor para que la gente los valore o podemos eliminarlos para que la gente no piense que está pagando por cosas que no valora. Esto nos permitiría mejorar los costos.

Podemos neutralizar el valor como ventaja competitiva de los atributos tipo 3 de Sunny y de Dorada, imitándolos y convirtiéndolos en atributos de tipo 2, salvo la tremenda fuerza distributiva que genera su relación con los canales. Esto hace que el consumidor vea exhibiciones espectaculares en el supermercado, y a esto lo relaciona inmediatamente con el liderazgo de Sunny. Tampoco podemos neutralizar el origen de productor avícola de Pradera, si es que las investigaciones que tenemos que encargar en Buenos Aires demuestran que este atributo es valorado.

Podemos convertir en atributo de tipo 6 un atributo 3 de Sunny o de Dorada, demostrándole al consumidor que estas ventajas competitivas de nuestros competidores no le sirven. ¡Pero cuidado! No debemos olvidarnos de las maniobras enemigas, Sunny o Dorada pueden imitarnos, copiando nuestros atributos de tipo 1 y por tanto neutralizándolos como ventaja competitiva y convirtiéndolos en atributos de tipo 2.

Pero lo más importante de todo es el futuro. Nadie puede seguirnos en nuestros atributos tipo 8 y tipo 9."

En el transcurso del tiempo, dado que la demanda migra y se transforma y que la imitación por parte de la competencia y la commoditización de las marcas es una realidad cada vez más frecuente, se producirá en repetidas ocasiones un paso de atributos tipo 9 a tipo 8 que posteriormente serán 1 y al ser imitados por la competencia se convertirán en 2.

En este punto, nos pareció que resultaría bueno recapitular. Era necesario dar un paso adelante del triciclo y que el equipo francés viera otro instrumento con el que siempre trabajamos y que llamamos la "matriz de liderazgo". Mediante la utilización de esta matriz podíamos determinar dónde estamos, cuál es la posición que ocupa Calfrance en el mercado considerando simultánea y complementariamente al consumidor y a la competencia. Una vez que compartiéramos esta herramienta, podíamos presentarle otra más, la matriz de maniobra, que tenía que ver con la dinámica que planteaba Jean-Paul.

La matriz de liderazgo

Con los conceptos de grado de foco y de índice de saliencia podemos construir la matriz de la figura 12. El foco puede ser alto o bajo, la saliencia, positiva o negativa. No hay alternativa, o dominamos o nos dominan. Recordemos que tanto el foco como la saliencia tienen lugar en el plano simbólico, en la mente de Claudia. Pero también recordemos que lo que definamos para cada marca en la mente de Claudia, puede ser diferente en la de Elisa. Lo que estamos haciendo es generar "hipótesis de trabajo" que nos ayuden a pensar, para después encarar una investigación EN SERIO.

En la matriz de liderazgo pueden ser categorizadas seis tipologías competitivas para el análisis de cada marca:

a) Liderazgo real: esta categoría implica alto foco y saliencia positiva. Significa que la marca se ha alejado de la presión competitiva de las demás y cuenta con ventajas competitivas que la distancian del resto. Dicho de otro modo, la empresa propone una diferenciación que los consumidores valoran y prefieren por sobre las marcas de los competidores.

b) Fuerte seguidor: alto foco con respecto a los atributos esperados por el consumidor pero saliencia negativa, lo que indica que otra marca dispone de ventajas competitivas más valoradas que las de esa marca. En este caso, es probable que una innovación en los atributos, que pueda ser percibida y que esté incluida en el conjunto esperado, produzca una importante mejora en la competitividad de esta marca. Es decir, si esta marca incorpora uno o más atributos que sean más valorados que los atributos percibidos en la –hasta ese momento– marca líder.

c) *Me-too*: si no existe ningún líder real, lo más probable es que todos los competidores que caen en este cuadrante compitan con productos "*me-too*", es decir productos casi indiferenciados, casi idénticos (*commodities*). El producto es bueno ya que el foco es alto (su calidad con respecto a los requerimientos del cliente) pero no dispone de ventajas competitivas. Ninguna marca domina. ACLARACIÓN: en realidad, la indiferenciación total no existe. El trigo ofrecido por una trader es diferente que el ofrecido por otra, aunque el precio y todas las condiciones sean exactamente las mismas. Algún tipo de atributo seguramente diferencia la imagen de las dos *trading companies* entre sí.

d) Diferenciado pero malo: saliencia positiva, pero bajo foco. Significa que la marca está diferenciada, pero con bajos índices de satisfacción del consumidor. Por ejemplo, con un precio bajo. Con un conjunto de atributos percibidos de bajo valor en relación con los atributos buscados.

e) Liderazgo precario: CUIDADO. En la medida en que no exista un líder real, esta marca diferenciada por precio puede estar dominando el mercado. Si otra marca mejora su producto, y si la gente está dispuesta a pagar esa mejora, esta marca se muere. Cualquier otra marca que consiga innovar incorporando aunque sea un atributo valorado puede eliminarla.

f) Rezagado absoluto: bajo foco y saliencia negativa. Indica la situación de un producto totalmente fuera de la carrera competitiva de este mercado.

	Alto	Bajo
Positiva	Líder	Diferenciado malo o líder precario
Negativa	Fuertes seguidores o "*me-too*"	Rezagado absoluto

(Saliencia — eje vertical; Foco — eje horizontal)

Figura 12. Matriz de liderazgo.

La hipótesis de esta propuesta es que la localización de una marca en la matriz de liderazgo indica una tipología competitiva que seguramente está muy correlacionada con el desempeño de esa marca en volumen de venta y en participación de mercado. Para ello, es necesario destacar que la matriz está referida solo a un segmento de todos los que constituyan el mercado. Habrá que repetir este análisis para cada segmento, con lo cual la misma marca puede caer en diferentes cuadrantes según el segmento considerado.

Sin embargo, para evaluar la capacidad de crear valor económico sostenible, es necesario referir la posición de la marca en la matriz de liderazgo a la posición de su capacidad de productividad en el triciclo de la oferta, en el que se tiene en cuenta la inversión de los recursos de la empresa en su cadena de valor.

SEGUIMOS. ¿Dónde se localizaría Fouchet en los diferentes segmentos? Supongamos un segmento integrado por gente cuya mayonesa ideal (CONES) está integrada por los atributos que enumeró Claudia al principio de este caso, y recordemos que todavía no tenemos estudios más profundos con respecto a sus requerimientos. En esta fase inicial, podemos considerar que muchos de los requerimientos de Claudia están siendo cubiertos por las tres marcas. Son atributos tipo 2. Pero varios atributos de Fouchet hacen foco en Claudia mejor que los de Sunny y Dorada. En el triciclo son los atributos tipo 1.

Por ejemplo:

- que haya variedades de condimentación;
- que sea compatible con mi gusto por la buena cocina;
- que para la empresa que la produce no sea "un producto más" (si bien en este atributo Dorada se le puede aproximar más que Sunny);
- que la empresa se dedique especialmente a este tipo de productos (Dorada se aproxima también);
- que la marca esté exhibida junto a los productos finos;
- que la etiqueta sea bien clásica;
- que haya aceite de la misma marca que sea muy reconocido.

Pero hay atributos que Claudia demanda que se asocian más a la imagen de Sunny. En el triciclo son los atributos tipo 3.
Por ejemplo:

- que la marca sea muy publicitada;
- que sea la marca líder;
- que sea la marca que compran mis amigas;
- que sea la más exhibida en el supermercado;
- que se encuentre en todos lados.

Fouchet DOMINA sobre Sunny en Claudia, si Claudia prefiere las diferenciaciones que percibe y valora en Fouchet más que las que percibe y valora en Sunny. Atributos tipo 1 contra atributos tipo 3. Si esto es así, Fouchet caería en el cuadrante de líder real y Sunny en el de fuerte seguidor.

Haciendo el mismo estudio contra Dorada, seguramente esta marca también caería en el cuadrante de fuerte seguidor, en especial por la imagen concentrada en este tipo de productos que parece proyectar Pradera Dorada. Sin embargo, Claudia no enfatizó demasiado la relación con la calidad de los huevos, que es la apelación principal de Pradera.

La matriz de maniobra

Ahora teníamos más herramientas compartidas por el grupo conjunto. La discusión había sido extremadamente positiva porque al ser el equipo francés tan diverso en cuanto a sus especialidades funcionales, las perspectivas que teníamos eran bien diversas. Nuestra sugerencia de armar un grupo como este era resultado de haber tenido muchísimas experiencias positivas con esta metodología. De esta manera se evitan las visiones "túnel" de solo un área (como Marketing o cualquier otra). Ya estábamos alineados para tomar en cuenta la argumentación de Jean-Paul sobre la dinámica competitiva.

A veces, la situación competitiva de un producto puede ser modificada. Esto depende de la **capacidad de maniobra** que la empresa tenga tanto en la función de productividad como en la de posicionamiento. Del juego entre presión de los recursos y posicionamiento depende la posibilidad de que surjan las condiciones como para mejorar el nivel de competitividad. Posicionamiento y productividad son las dos fuerzas que constituyen los verdaderos motores del desarrollo sustentable y sostenible.

El grupo conjunto ya compartía el concepto de que la competitividad desde el lado de la demanda de Calfrance para imponer mayonesa Fouchet es el resultado del foco que la marca logre en relación con los requerimientos del consumidor, y también de la saliencia que consiga en términos de ventajas diferenciales competitivas *versus* Sunny y Dorada.

En la sala de guerra ya teníamos una pizarra donde seguían dibujados los triciclos. En hojas de rotafolio íbamos escribiendo bien grande con marcadores de colores todo lo que creíamos que era importante y las pegábamos con cinta Scotch en las paredes. En una, teníamos el listado de los requerimientos de Claudia. En otra, el listado de las que creíamos que podían ser las ventajas competitivas de Fouchet para el segmento de Claudia. En otra, las ventajas de Sunny. Y en otra, las de Dorada. Ahora incorporamos dos pizarras grandes en las que dibujamos la matriz de liderazgo y en la que íbamos a presentar la matriz de maniobra. Pero también teníamos los gráficos del triciclo de habilidades distintivas y de la cadena de valor para tener en cuenta la productividad.

En la Figura 13 hemos representado la matriz de maniobra en la que los productos de la empresa son categorizados según su posicionamiento y su capacidad de maniobra.

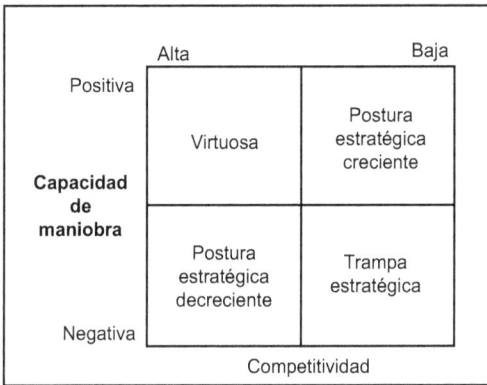

Figura 13. La matriz de maniobra.

Aclaremos cada uno de estos dos conceptos.

Competitividad desde el lado de la demanda es el resultado de alto foco y saliencia positiva. Es la condición del liderazgo real de la matriz de liderazgo. Es decir, **competitividad** desde el lado de la demanda es tener las dos cosas bien en el posicionamiento. Entonces, esta puede ser alta o baja. Si estamos, por ejemplo, bien en foco porque Fouchet cubre ampliamente los requerimientos de un segmento, pero si no tiene en ese segmento una ventaja competitiva, un atributo tipo 1 que haga que la marca sea preferida contra las demás, la competitividad de Fouchet **en ese** segmento sería baja.

Capacidad de maniobra es necesario explicarlo mejor. Comencemos por diferenciar "flexibilidad" de "plasticidad". Como ejemplifico siempre para hablar de **flexibilidad**, estrujo una pelota de tenis, la aprieto con todas mis fuerzas, pero como la pelota tiene una propiedad que los ingenieros llaman "resiliencia", la suelto y recupera su forma original. VUELVE A SER COMO ERA ANTES. **En épocas de cambios drásticos, esta no es una condición que le sirva a ninguna empresa. Las empresas no pueden "volver a ser como eran antes" porque entonces no serán más.**

Plasticidad, en cambio, quiere decir que aprieto la pelota y esta, en lugar de **volver a ser**, adopta una forma mejor para lograr sus objetivos. Esto me gusta más como una condición para enfrentar escenarios de **megacompetitividad** y cambio drástico constante. Es la capacidad anticipada de autorregenerarse antes del cambio en el escenario. La plasticidad es la capacidad de una empresa de transformarse en otra empresa, en muchas cosas necesariamente igual y en muchas también necesariamente diferente.

Aquí nos preocupamos porque el grupo recordara que en esta capacidad de maniobra era imprescindible tener en cuenta la inversión de los recursos tangibles e intangibles, entendidos como fortalezas o debilidades, y desplegados en la cadena de valor que convierte insumos (recursos) en productos, y a productos en marcas en el pilar de los mercados.

Puede suceder que una empresa tenga alta plasticidad pero que, dadas las condiciones del escenario, NO PUEDA USARLA. Si tiene plasticidad y PUEDE usarla, entonces tiene capacidad de maniobra o "libertad de acción", no solo para lograr los objetivos, sino, yendo un paso más adelante, para cambiar los supuestos con los cuales define dichos objetivos.

Las marcas que tienen tanto alta competitividad (ahora en su sentido completo: posicionamiento y productividad) como alta capacidad de maniobra son aquellas que son líderes y que podrán seguir consolidando su liderazgo en el tiempo de manera innovadora. Estas son las marcas **virtuosas**. Las que pueden seguir siendo líderes haga lo que haga el enemigo y cambien como cambien la demanda y la oferta.

Las del cuadrante opuesto, aquellas de baja competitividad y baja capacidad de maniobra, se encuentran en situación de trampa estratégica. Son malas y ya no pueden mejorar. Malas en productividad y en posicionamiento.

En los otros dos casos se muestra la posibilidad de que la estrategia competitiva sea creciente o decreciente, dependiendo de cuál sea el nivel respectivo de competitividad y de capacidad de maniobra.

Cuando Carola terminó de explicar al equipo francés esta herramienta, el clima comenzó a cambiar. No había duda de que la plasticidad de Calfrance es una de sus habilidades distintivas.

Westeast es mucho más rígida por su estructura organizacional, sus sistemas de reporte, su cadena de comando absolutamente verticalista y burocrática, su dependencia con los lineamientos provenientes de Saint Paul, especialmente en esta línea de productos que –por lo menos hasta el momento– no es de prioridad máxima. Por otro lado, Pradera Dorada es una empresa poco plástica desde el punto de vista de su cultura interna. El ombligo del mundo es la gallina, el pollo, el huevo y, por lo tanto, la mayonesa. El asunto era ahora si esa plasticidad iba a poder ser aplicada exitosamente en la región del Mercosur, habiendo definido como primer objetivo la invasión en la Argentina como cabecera de playa, contra Westeast y Pradera Dorada.

Marc Fornier pensaba en su gente. Desde la ventana de la sala de guerra miraba el Arco de Triunfo y trataba de imaginar cómo exportar la mística de su equipo a los argentinos que debería seleccionar y entrenar para organizar Calfrance Argentina EN SERIO. Sabía que hasta ahora el pequeño grupo de Buenos Aires que comandaba Jean Jacques Rotman era más que nada un equipo explorador. Calfrance competía contra Westeast en Europa, y hasta ahora había sido muy exitosa. En varios mercados ya era líder. Hasta en los Estados Unidos ya había áreas en las que estaba a la par, a pesar del poco tiempo que llevaba trabajando allí.

Los productos sustitutos

¿Contra quién competimos en Calfrance? ¿Nuestros competidores son solo Westeast y Pradera, o hay alguien más que nos pueda disputar el mercado? Fue la pregunta que surgió cuando pensamos en el mercado americano en el que existen muchísimas variedades de salsas y untables que pueden remplazar a la mayonesa en diferentes ocasiones de consumo.

Si consideramos a Coca-Cola y a Pepsi compitiendo en el "mercado de las colas" –entendiendo que ambas marcas forman parte de la misma categoría genérica de producto, la categoría de las bebidas colas– es probable que no tomemos en consideración que 7-Up, un producto que pertenece a "otra" categoría genérica, esté tratando de llevar consumidores tanto de Coca-Cola como de Pepsi. Pero la cerveza, el té y el café también se están llevando consumidores de Coca-Cola y de Pepsi y de 7-Up –considerando a estas tres marcas como pertenecientes al "mercado de las gaseosas"–.

La comprensión de cuál es nuestra clase genérica nos ayuda a definir quiénes son nuestros competidores directos y qué otros productos de otras clases genéricas "interceptan" nuestro mercado con productos sustitutos. O sea, productos que nos puedan sacar mercado aunque no sean mayonesa. Los productos sustitutos que operan en el mercado son otra fuerza fundamental para el análisis estratégico del negocio de la mayonesa.

El grupo consideró el tema, pero coincidió en que en el mercado argentino, que funcionaría como cabecera del lanzamiento, lo único que podría sustituir a la mayonesa era la salsa golf y, en algunas ocasiones, los quesos untables con algún tipo de condimento, y el ketchup. Para Brasil se decidió profundizar el análisis con una investigación especial (*ad hoc*), ya que los hábitos regionales son muy variables.

En este punto surge otra diferencia importante entre nuestra propuesta y la de Porter. De acuerdo con su criterio, un producto es sustituto si está *diseñado para "cumplir la misma función"* que aquel al que potencialmente puede sustituir. En cambio, desde nuestra óptica, que un producto sea sustituto de otro depende de *que su percepción sea asociada a la misma expectativa de demanda*, lo cual no necesariamente lo será en todos los segmentos o por lo menos no en el mismo grado.

Para Porter todas las empresas que compiten en una misma industria lo hacen también contra productos sustitutos que influyen en la rentabilidad y en la fijación de precios. De acuerdo con nuestro modelo, tal como veremos más adelante en la matriz MAVIN en la que se determina el mapa competitivo de segmentos y diferenciaciones, en algunos segmentos dado el conjunto de atributos esperados, los productos pueden ser percibidos como competidores, pero en otros segmentos tal vez no ocurra lo mismo.

La sinergia entre productos

El concepto de sinergia de posicionamiento se da cuando un producto es percibido por el consumidor con mayor valor por ser asociado favorablemente con otro. El ejemplo más clásico es el de "sombrilla de marca" con el que se beneficia una línea como ocurre en Philips, Coca-Cola o Colgate-Palmolive. La sinergia de productividad se da cuando un producto del portafolio se constituye en palanca de eficiencia para incrementar la productividad del total. Por ejemplo, compartiendo una línea de producción o de logística de distribución o de mejora del poder de negociación con los proveedores.

La sinergia es el resultado sistémico positivo de la asociación entre productos. Pero, sin embargo, la **contrapartida** de una fuerte asociación es un **incremento de riesgo**. Un desempeño bajo de un producto puede afectar al resto. El grupo conjunto consideró que el efecto sinérgico era muy fuerte en el portafolio de productos de Calfrance si se comparaba contra Westeast. Sin embargo, en algunos segmentos, la asociación con la excelente producción avícola también podría funcionar exitosamente para Pradera. Otra vez aparecía Pradera como un competidor más difícil de lo que el grupo se imaginaba. En este momento, disparé al equipo francés una pregunta que siempre me da muy buen resultado (que adopté después de leer el libro de Grove): "Si tuviéramos una sola bala de plata en la pistola, ¿a cuál competidor se la tiraríamos?". Resultado: **desconcierto**.

CAPÍTULO XI

DEFINICIÓN DEL MODELO DE NEGOCIO

Saliencia: hacia la superioridad de posicionamiento de Fouchet

Ya tenemos la sala de guerra con todas las matrices y los listados. Todas las paredes cubiertas de hojas de rotafolio con las anotaciones de todas las reuniones de los últimos días. Este era el décimo día de reuniones full-time. Empezábamos a la mañana, apenas nos traían del hotel, tomábamos litros de café y Coca-Cola light, parábamos para almorzar en un bolichito que quedaba a dos cuadras sobre Avenue Raymond Poincaré, volvíamos y seguíamos hasta casi las diez de la noche, cuando salíamos a comer cada noche a algún restaurantito diferente (probando mayonesa). El preferido de casi noche por medio era el Stella, en la esquina de Avenue Victor Hugo con Rue de la Pompe, donde pedíamos platos especiales preparados con productos Calfrance.

Ahora ya estábamos en condiciones de adelantar un paso más en la metodología, me tocaba presentar otro de los instrumentos que más nos han dado resultados muy positivos. Es el concepto de la Matriz de Posicionamiento, una herramienta que ayuda muchísimo a pensar cómo comprender CONJUNTAMENTE los dos temas críticos de cualquier mercado: 1. No todo el mercado demanda lo mismo, hay segmentos, y 2. No todos los productos son iguales, hay diferenciación.

La matriz de vínculos (mavin)

Trajimos otra pizarra y les conté que el siguiente paso del análisis estratégico de nuestra metodología se basa en la matriz de posicionamiento o matriz de vínculos (Figura 14). Tomé un marcador, y les conté que en las columnas íbamos a representar distintos segmentos de mercado en función de los diferentes atributos *esperados* y que en las filas íbamos a representar diversas posibilidades de diferenciación de Fouchet en base a los atributos *percibidos*. En las filas NO vamos a tener en cuenta "las variedades" de Fouchet, los distintos tipos de condimentos o especialidades de mayonesa, **sino cómo podríamos diferenciar a la mayonesa común.** La mayonesa estándar de la que Claudia nos habló cuando empezamos el caso. Evidentemente, con todas las características que ella nos enumeró, podríamos hacer muchísimas combinaciones diferentes de la mayonesa común. Esas distintas combinaciones posibles son las que corresponden a las filas de esta nueva matriz. Obviamente la cantidad de variedades dependerá de nuestro rango de innovación. Como Calfrance no se encuentra sola en el mercado debemos incluir filas por cada uno de los competidores tanto directos como sustitutos, dado su rango de innovación. La cantidad de filas determina el "espectro competitivo", el total percibido de las opciones ofrecidas.

Recordemos que este es un análisis del lado de la demanda y que luego debemos contrastar con la productividad desde el lado de la oferta.

En la Figura 14, vamos a suponer que descubrimos cinco segmentos. Esto quiere decir que existen cinco grupos de consumidores, cada uno de ellos con expectativas diferentes con respecto a la mayonesa ideal. Es decir, cinco particiones de la demanda que señalan en forma distintiva **cómo debe ser** la mayonesa. En este punto es donde adquiere preponderancia la cultura exógena orientada a descubrir los diferentes segmentos y sus necesidades.

Evidentemente, esta matriz no la vamos a poder completar hasta volver a Buenos Aires y poner en marcha una investigación seria que nos dé la información que necesitamos. Esta información es –nada menos– cómo la gente se agrupa en torno a la mayonesa ideal que cada uno ha construido subjetivamente en su mente.

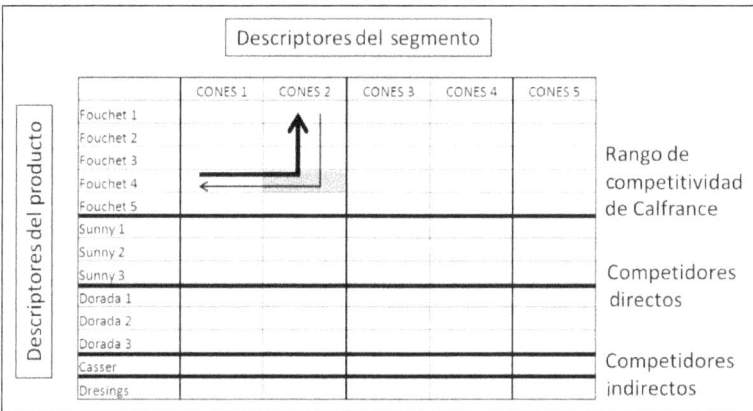

Figura 14. Matriz de vínculos (MAVIN).

En las filas, consideramos a la **DIFERENCIACIÓN** de la mayonesa como las distintas configuraciones **de mayonesa** que Calfrance puede hacer en la práctica y que después está en condiciones de buscar que los consumidores las posicionen diferenciadamente en los segmentos. Aquí la cultura organizacional endógena orientada a inventar distintas diferenciaciones juega un papel preponderante.

En la figura 14 vamos a suponer que Calfrance tiene cinco configuraciones posibles de mayonesa común, y que Westeast y Pradera tienen tres. Pero estas dos empresas no se encuentran solas en el mercado. Las empresas Casser y Dresings están tratando de dirigir a esos segmentos de mayonesa común variedades de condimentos (no de mayonesa) y tratando de remplazar el consumo de mayonesa por el de sus productos. Estos son productos sustitutos que tenemos que tener en cuenta.

Calfrance, Westeast y Pradera Dorada son competidores directos. Casser y Dresings son competidores sustitutos o indirectos. SIEMPRE hay que tenerlos en cuenta porque **en casi todos los mercados, el peligro competitivo más fuerte es el de los sustitutos.** El ejemplo más tradicional es el de las válvulas. Las compañías dedicadas a la fabricación de válvulas creían que competían entre ellas, que eran los jugadores del mercado y que entre ellas tenía lugar el conflicto competitivo. El mercado se los quitó. Las empresas que introdujeron los chips son competidores indirectos. Las empresas de válvulas tuvieron **miopía estratégica.**

Para Calfrance, cada fila es una particular configuración de recursos de la que puede obtener una ventaja competitiva. En este punto es importante destacar la utilidad del análisis de la cadena de valor agregado que vimos antes. Por lo tanto, es conveniente tomar en consideración todas las posibles variedades de las que podemos disponer. Estas diferenciaciones serían todas las combinaciones de recursos diferentes que podríamos configurar y que representen un paquete de beneficios diferente para el cliente. **Si los consumidores no los perciben como diferenciaciones, entonces NO SON diferenciaciones.**

Cada uno de uno de los casilleros de la matriz representa un *Vínculo* entre un conjunto de atributos demandados como producto ideal y una percepción diferenciada de variedades de mayonesa, no solo de Fouchet, sino también de todas las marcas que forman el espectro competitivo. Analizando las columnas debemos tener en cuenta los datos de posicionamiento relativo, las ventajas competitivas y la atracción que genera nuestra marca en el mercado. Del mismo modo, al analizar las filas no debemos olvidarnos de las habilidades distintivas, de la productividad relativa y de la presión de nuestros recursos.

Ahora estamos en condiciones de determinar la postura estratégica de Calfrance en cada uno de los segmentos del mercado. Obviamente, esta postura estratégica será un emergente del posicionamiento y productividad en cada uno de los segmentos, para cada variedad. Calfrance debe gestionar la productividad y el posicionamiento de modo de lograr un nivel de rentabilidad esperado, dado el nivel de riesgo asumible. Esta matriz representa el teatro de operaciones del negocio y presentará un nivel específico de rivalidad del conflicto competitivo de ese negocio.

Les expliqué que unas de las utilidades más importantes de esta matriz radica en que nos permite determinar el "Blanco de Mercado", es decir, aquel casillero considerado como óptimo, por ser el de máxima rentabilidad entre un segmento de mercado y una diferenciación de producto.

Este casillero es el eje que une una representación de atributos esperados (expectativa de demanda) con una percepción de atributos percibidos (percepción de producto), que al ser vinculados en el mercado representan el mejor desempeño económico dada la productividad de ese vínculo.

En caso de que el producto exista, debe ser dirigido al segmento correspondiente a la columna que intercepta a la fila que corresponde al casillero pivote. Les muestro la flecha negra de mayor grosor del gráfico que representa esta situación.

Si el producto no existe es el segmento que indica dicho casillero el que nos determina la forma en que debe ser configurado el producto. "Como muestra la flecha más fina", indica Pierre. ¡Claro!

El grupo rápidamente descubrió otra fortaleza competitiva de Calfrance. Nosotros teníamos muchas más posibilidades que Westeast y que Pradera de "configurar" tipos diferenciados de mayonesa común con buenos niveles de productividad. Teníamos mayor expertise especializado y mucha más capacidad de maniobra como para lograrlo ANTES que ellos. Por lo menos, ANTES.

Entonces en el cuadro debemos mostrar, además de todas las posibilidades de diferenciación que tenemos hoy, todas las que podemos tener mañana y todas las que suponemos que pueden ser generadas por nuestros competidores Westeast y Pradera, competidores directos, y por Casser y Dresings, competidores indirectos. De esta manera, esta matriz es un mapa de la competencia real y potencial.

ESTA MATRIZ ES LA REPRESENTACIÓN DEL TEATRO DE OPERACIONES DONDE TIENEN LUGAR EL CONFLICTO ACTUAL Y LAS DIFERENTES MANIOBRAS ESTRATÉGICAS, OPERACIONALES Y TÁCTICAS FUTURAS.

Tanto las diferenciaciones reales como las potenciales de mayonesa, y tanto las nuestras como las de nuestros competidores directos o indirectos, son combinaciones de recursos. Esto es, son resultados de la función de capacidad de maniobra. El análisis competitivo consiste en aplicar los conceptos de los triciclos en cada segmento. Para Claudia y la gente que tiene la misma mayonesa ideal que Claudia. Para Sarita Peripenko y la gente que está de acuerdo con Sarita. Para Malenita y sus "comayoneses", para José y los suyos. Los cinco segmentos que supusimos en la figura, PROVISORIAMENTE, hasta volver a Buenos Aires y tener esta información en serio. "*Targetear*" la marca Fouchet significa definir **qué segmento** será elegido como BLANCO de **qué diferenciación** de la mayonesa y para lograr superioridad de posicionamiento (saliencia).

Entonces, en cada segmento, y dada nuestra capacidad de maniobra y el estricto control de la productividad:

- ¿Qué atributos tipo 1 tiene Fouchet?
- ¿Qué atributos tipo 3 tiene Westeast en ese segmento? (Después hay que hacer el mismo análisis contra Pradera).
- ¿Tenemos atributos tipo 1 o son todos tipo 2 y, por lo tanto, están competitivamente neutralizados?
- ¿Cómo podemos incorporar atributos tipo 4 en Fouchet? (No olvidemos que puede ser que realmente **los tengamos**, pero que el consumidor **no los perciba. Recordemos que si el consumidor no los percibe entonces no los tenemos aunque estén físicamente presentes en el producto**).
- ¿Qué podemos hacer para que el consumidor valore nuestros atributos tipo 5?
- ¿Qué puede hacer Westeast con los atributos esperados tipo 4 o con los atributos tipo 6 de Sunny?
- ¿Qué hacemos con los atributos tipo 7, ya que si nosotros los usamos, Westeast también puede usarlos, porque también son percibidos en Sunny?
- ¿Qué hacemos si Westeast usa sus atributos tipo 6?

- ¿Cuánto tiempo necesitamos para lanzar los atributos tipo 8 que ya tenemos desarrollados y que el mercado ni se imagina que pueda tener una mayonesa?
- ¿Cuánto tiempo nos falta para terminar de desarrollar los tipo 9?

Cada casillero de la matriz indica un determinado Foco entre el conjunto percibido en Fouchet y el conjunto esperado por ese segmento. El número de columnas depende de la cantidad de segmentos (CONES). El número de filas, de la cantidad de diferenciaciones de Fouchet que puedan ser armadas para satisfacer, por lo menos, la demanda de un segmento.

Al comparar, en cada columna, el foco de Fouchet con el de los demás competidores, se puede analizar si domina o es dominado.

El grupo consideró que era realmente imprescindible disponer de la investigación con respecto a los segmentos. Las investigaciones de las que disponía Valerie hasta ahora no nos servían para llenar esta matriz. Nosotros les aclaramos que tener TODA esta información es muy difícil. Que siempre nos pasa lo mismo en las demás empresas, pero que la matriz es una herramienta incomparable para ayudarnos a pensar. Es la mejor manera de representar el campo de batalla.

ATENCIÓN.
LO QUE SIGUE AHORA ES MUY PERO MUY IMPORTANTE.

1. Cuando tenemos esta información, empezamos a hacer cable a tierra para llegar a los números que nos interesan. Debemos traducir cada uno de los paradigmas vinculares presentes en los casilleros de la matriz en una apreciación que le permita a Calfrance determinar el volumen estimado de ventas. Dicho volumen depende del foco y la dominancia que ha logrado Fouchet en el segmento y de dos variables más: la cantidad de clientes o consumidores que forman parte del segmento y su tasa de consumo. Es decir, debemos pasar de un mero análisis simbólico en el que se enfrentan

las expectativas de la demanda con las percepciones de los productos a un análisis descriptivo que me permita delinear la estrategia competitiva.

2. Una vez estimado el volumen de ventas, este puede ser comparado con su costo (dado por su productividad). Así obtendríamos, para cada segmento, el beneficio o margen que estimamos conseguir.

3. Al relacionar ese beneficio con la inversión total necesaria, podemos obtener la tasa de retorno sobre la inversión. (Si preparáramos un sistema de costos especial para Calfrance y si analizáramos todas sus actividades y variedades, podríamos llegar al criterio de Creación de Valor Económico o *Economic Value Added*).

4. Mediante este análisis es posible determinar el blanco de mercado (target) en el cual la empresa ha de posicionarse, aquel casillero que represente la máxima rentabilidad entre un segmento de mercado y una diferenciación de producto.

Una vez determinado este casillero en el cual la rentabilidad es la óptima, pueden pasar dos cosas: que el producto exista o que no exista. Si el producto existe, el casillero del cruce indica que debe ser orientado hacia ese segmento. Si el producto no existe, indica que debe ser diseñado como ese segmento exige.

Lo que queríamos dejar en claro en esa reunión es la **complejidad** y la cantidad de temas que están involucrados en la decisión estratégica. La importancia de esta decisión de **definición del negocio** es también evidente. Su alto nivel de complejidad es lo que la distingue como una **DECISIÓN ESTRATÉGICA**.

CAPÍTULO XII

DINÁMICA COMPETITIVA

Ciclo de vida del producto *versus* evolución del mercado
La evolución del sector industrial
en función de la evolución de los paradigmas
vinculares

Cuando terminamos de presentar la matriz de vínculos, Jean-Paul volvió a hablar de la dinámica cada vez mayor de los mercados y, con marcador en mano, le pidió al grupo que lo ayudara a pensar en qué etapa del "ciclo de vida" estaría la mayonesa. Dibujó entonces una curva negra en forma de S (Figura 15), y dijo:

> "En una primera etapa de **lanzamiento o fase de inicio**, un emprendedor descubre que un segmento de la demanda no se encuentra plenamente satisfecho y además se da cuenta de que dispone de las habilidades necesarias como para crear un satisfactor MEJOR para ese segmento. Entonces, este emprendedor innova radical, incremental o disruptivamente, y ofrece un producto nuevo que satisfaga de una mejor manera las necesidades del segmento. En esta etapa el volumen de venta crece lentamente. Los primeros innovadores adoptan el producto. Comienzan a probarlo.
> Después viene una etapa importantísima de **fuerte crecimiento**, que se da si todo el mercado comienza a consumir mayonesa.

Después este crecimiento comienza a frenarse porque no todos se siguen incorporando al consumo de mayonesa. Es la etapa de **madurez**. Cuando ya no crece más, se ha alcanzado la etapa de **saturación**. Pero, si aparece un producto que sustituye a la mayonesa, algunos de los consumidores de mayonesa podrían querer adoptarlo.

Si lo hacen, comienzan a abandonar a la mayonesa, con lo cual esta entra en la etapa de **declinación**. Y si todos los consumidores la abandonan, salvo unos pocos fieles que siempre quedan, la mayonesa entra en la etapa de **petrificación**. ¿En qué punto de la curva estaremos?"

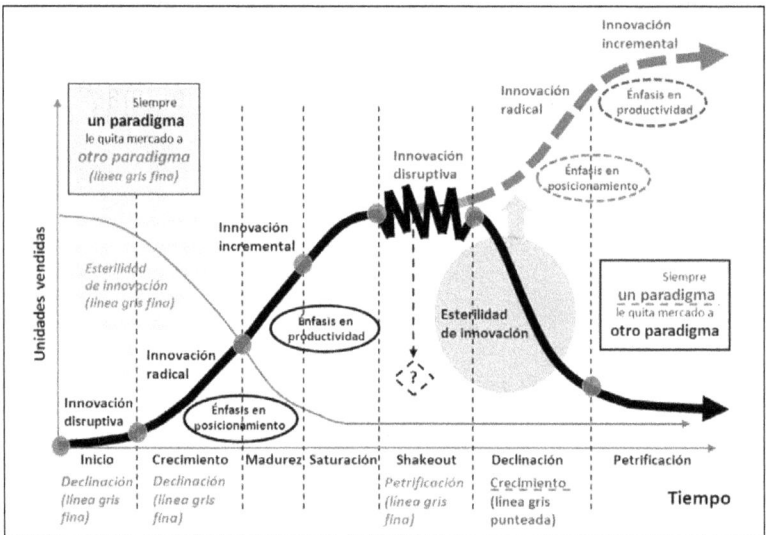

Figura 15. Dinámica del sector y evolución del paradigma vincular.

Aquí también teníamos un comentario que hacer, ya que la experiencia nos ha demostrado que, si bien esto puede ser lo que sucede en muchos casos, no necesariamente era un destino inevitable. Lo que queríamos era hablar de dinámica del mercado con herramientas más modernas que la del tradicional concepto del ciclo de vida.

Todo el ciclo ha constituido la "historia del desempeño de un producto", visto como una determinada configuración FIJA de atributos percibidos en la mayonesa, por un grupo de consumidores. Es decir, un producto que se mantiene **CONSTANTE ante necesidades que cambian**. El concepto tradicional del ciclo de vida adolece de los siguientes defectos:

1. No tiene en cuenta la noción de que un producto y un consumidor se vinculan por una relación **simbólica**, aunque se trate de un producto industrial adquirido por un comprador profesional.
2. La relación simbólica quiere decir que un producto es una estructura percibida de atributos, un **significado** diferenciado, no solo una "cosa" física. El concepto tradicional desconoce esta dimensión.
3. La relación simbólica exige que un mercado debe ser desagregado en **segmentos** constituidos por consumidores con distintas estructuras de atributos esperados. El concepto tradicional también desconoce esta dimensión.

La noción del **ciclo de vida es** la respuesta equivocada. La noción de la **evolución del paradigma vincular** es la pregunta correcta. Un producto solo "significa" o "marca" con relación a un segmento que demanda atributos y que percibe selectivamente configuraciones de atributos de cada marca. Es así que lo que nace, crece y muere es un paradigma vincular, una relación específica entre habilidades distintivas y ventajas competitivas.

En este momento consideré necesario explicarles nuestra visión sobre la evolución de los sectores industriales. Tomé otro marcador y dibujé una curva gris fina en el gráfico de Jean-Paul, que representaba al paradigma anterior, al que la mayonesa representada por la curva negra viene a remplazar. Para facilitar la explicación pegué en las paredes junto a la pizarra el gráfico de la matriz de vínculos (MAVIN) y la de los triciclos.

Les expliqué que de acuerdo con el enfoque sistémico que adopta nuestra postura, no podemos ver a la evolución de los sectores como causa de la evolución de la oferta o de la demanda aisladamente como intentan explicarla los modelos tradicionales.

Para nosotros, la causa de la evolución y dinámica de cualquier sector industrial está dada por la evolución del paradigma vincular.

Lo que evoluciona no es ni la oferta ni la demanda consideradas aisladamente, sino los paradigmas. En realidad, los que evolucionan son los paradigmas vinculares que ligan habilidades distintivas de la oferta con ventajas competitivas vistas desde el punto de la demanda. Podemos explicar la dinámica del sector como causa y consecuencia del desarrollo de las empresas que lo componen en función de sus capacidades y habilidades para innovar en su paradigma vincular y diferenciar sus productos y la redefinición de los conjuntos de atributos ideales de los segmentos que resultan o que causan la innovación.

Entonces volví hacia los gráficos y les expliqué que en la fase de **iniciación**, la curva negra comienza a crecer y la gris fina a descender. En esta etapa en MAVIN recién empiezan a definirse con mayor claridad las características de unos de los segmentos y las diferenciaciones de la oferta.

En los gráficos de los triciclos se va clarificando la posición relativa de posicionamiento y productividad, de cada uno de los actores.

Se inicia, pues, la fase de **crecimiento** del nuevo paradigma. El nuevo paradigma ya es aceptado por una parte importante del mercado pero ingresan nuevas empresas con versiones diferenciadas del mismo paradigma y se incorporan más consumidores que lo adoptan. La innovación ya no es disruptiva como sucede generalmente en la etapa inicial, sino más bien radical. Seguramente las empresas deberán ajustar o rediseñar sus recursos mediante innovaciones tanto en posicionamiento como en productividad en función del paradigma que se vaya dando de acuerdo con la oferta de los nuevos competidores y la demanda, como podemos apreciar en MAVIN y en las figuras de los triciclos.

Se inicia una nueva fase en la que solo se presentan innovaciones incrementales en la que ventajas competitivas (atributos tipo 1 y 3 del triciclo de posicionamiento relativo) empiezan a neutralizarse convirtiéndose en atributos de tipo 2 y por lo tanto en un costo necesario para competir pero no suficiente como ser elegidos por la demanda. El costo creció pero con un descenso en los precios del producto, motivo por el cual se licúan las ganancias y los márgenes desaparecen. Como consecuencia de la constante imitación competitiva, dada esta gemelización de los productos, es inminente una guerra de precios. La curva gris fina decrece cada vez más. En cuanto a la curva negra, se produce un punto de inflexión ya que la tasa de crecimiento de la misma se vuelve decreciente, aunque como consecuencia de los paradigmas vinculares logrados por cada uno de los principales competidores el sector en su conjunto sigue creciendo.

Llegado este punto, aparece en el desarrollo del sector una etapa que Jean-Paul no mencionó, y que generalmente no es tenida en cuenta en los modelos tradicionales de ciclo de vida del producto: comienza la etapa de **SHAKEOUT** caracterizada por la commoditización de los productos y la guerra de precios. En esta fase, la fidelidad de los consumidores hacia las marcas más establecidas va disminuyendo y seguramente el producto más comprado será una marca propia de un supermercado y una de menor precio. Esta etapa se caracteriza por la supervivencia del más idóneo, por lo que las empresas menos competitivas son expulsadas del mercado. Algunas de estas empresas se van en busca de una mayor rentabilidad en otros sectores, y otras, por las pérdidas. No obstante, esta no es una fase de decaída del sector, por el contrario, el shakeout normalmente ocurre luego de un período de estabilidad relativa que es precedido por uno de un gran crecimiento del tamaño del sector.

En esta fase, una empresa, seguramente caracterizada por una fuerte cultura organizacional exógena orientada a descubrir, mediante una innovación disruptiva capta a los consumidores que están buscando permanentemente experimentar algo nuevo. Es así como se establece un nuevo paradigma vincular representado por la curva gris punteada, y se inicia un nuevo ciclo para ese paradigma.

Cuando la curva negra se estabiliza, o crece pero solo al ritmo de la tasa de crecimiento vegetativo del mercado, se inicia la fase de **SATURACIÓN**. Según el sector del que se trate, esta fase puede darse antes o después del shakeout. A medida que transcurre el tiempo, la curva gris punteada atrae cada vez mayor proporción de clientes y comienza a tener un mayor poder de negociación con el canal ya que el consumidor exige nuevas diferenciaciones de la satisfacción de su demanda. Con el transcurso del tiempo la curva negra se estabiliza, la gris punteada entra en madurez, y la gris fina tiende a desaparecer. Se inicia entonces la fase de **PETRIFICACIÓN**.

Tamaño y tasa de crecimiento del mercado

De las variables que indican la energía del mercado de la mayonesa, el tamaño y la tasa de crecimiento son, por lo común, las más empleadas. Pero debemos destacar que en ambos conceptos el mercado de la mayonesa es considerado como una agregación de segmentos.

La tasa de crecimiento del mercado requiere un análisis más profundo que el que usualmente se le dedica, ya que no todos los segmentos varían en la misma proporción y dirección en el mismo momento. Esto nos lleva a la siguiente conclusión: la tasa de crecimiento del mercado es meramente un promedio de todas las variaciones de los diferentes segmentos. Consecuentemente, necesitamos otras variables para determinar el comportamiento de los segmentos que constituyen el mercado total de la mayonesa. El tamaño de mercado y la tasa de crecimiento del mercado son variables que deben ser complementadas por otras dos nuevas nociones, la de fragmentación y concentración.

Fragmentación y concentración

En todo este caso hemos visto que la demanda es entendida como las **expectativas** del consumidor por su mayonesa ideal. Estos son los atributos esperados por él o por ella. Como hemos acordado, el análisis de la estrategia de Fouchet no puede ser realizado sin tener en consideración estas expectativas o requerimientos.

Asimismo, es fundamental comprender que estos atributos esperados por el consumidor no tienen por qué ser homogéneos y que, en realidad, en general, nunca lo son. Hemos dicho que podemos entender a un segmento como un grupo de clientes con una configuración similar de atributos esperados.

En todo momento, la demanda total del mercado de mayonesa puede tener una determinada partición en segmentos. Dinámicamente, las expectativas pueden cambiar, nuevas expectativas o nuevos beneficios o atributos esperados pueden surgir. Algunos clientes pueden modificar sus preferencias, lo que produciría cambios en la disposición de los segmentos que conforman la demanda total.

Una de las tres empresas puede introducir una innovación radical, incremental o disruptiva en la mayonesa que interese, por ser percibida y valorada, a un gran número de clientes que previamente no esperaban el beneficio ofrecido por esa innovación a la que hipotéticamente llamaremos "a". Una demanda, previamente **fragmentada** puede, por lo tanto, **concentrarse** súbitamente en torno a ese nuevo beneficio que pasa a ser un atributo dominante y que, por lo tanto, modifica el paradigma vincular, dejando a las demás empresas en desventaja competitiva. En este momento se produce una resegmentación del mercado en torno a esa nueva innovación. Por ejemplo, las demandas por máquinas de escribir, por calculadoras, por procesos de archivar y por procesos de graficar, se concentraron en la demanda por una computadora personal. Este proceso es conocido como CONCENTRACIÓN o CONSOLIDACIÓN.

Si Calfrance introdujera un atributo totalmente nuevo en la mayonesa Fouchet al ingresar en el mercado argentino, y si este atributo fuera lo suficientemente interesante como para "apelar" a muchos segmentos, es muy probable que esos segmentos se concentraran tras esa innovación, y cambiaran la forma en la que el mercado estaba segmentado antes de esa innovación. ¿Cuál podría ser ese nuevo concepto?

Después de comprobar el resultado positivo de esta innovación, lo más probable será que Westeast y Pradera incorporen ese cambio, ese atributo "a" pero no solo como "a", sino como versiones diferenciadas de "a". Esto neutralizaría la ventaja competitiva que Fouchet pudiera obtener, la cual dejaría de ser un atributo tipo 1 para transformarse en uno tipo 2, en un costo más, creando una **nueva fragmentación** del mercado, quizá en segmentos nuevos y diferentes. Seguramente, este proceso conducirá a una guerra de precios de la cual debemos escaparnos mediante la diferenciación.

La demanda se vuelve a segmentar y las empresas, en busca de una mayor competitividad, siguen innovando y vuelven a diferenciarse creando el atributo "**b**", el cual será aceptado solo por algunos segmentos. Se produce una nueva consolidación y otra fragmentación que conducirá a una nueva guerra de precios y a un incremento de los costos cada vez mayor. Y luego "**c**" y "**d**", o "**alfa**" y "**beta**", en caso de que ingresen nuevas empresas cambiando totalmente las reglas de juego mediante innovaciones disruptivas. Algunas empresas logran sobrevivir gracias a la correcta diversificación de su portafolio o a que abandonan e invierten en otro negocio, y otras lamentablemente desaparecen.

La mayonesa es un ensamble entre productividad y posicionamiento que debe ser entendido en términos de movimiento a través del espacio y del tiempo. Pero ese "ensamble" no se produce solo en un nivel "físico y objetivo" de la realidad, sino también en uno "simbólico o subjetivo", en el que se dan relaciones que pueden compararse con las fuerzas físicas como la repulsión, la inercia o la tracción. Estas son explicadas haciendo uso de los conceptos de **fragmentación** y **concentración**.

Este proceso evolutivo en el mercado puede ser, según el tiempo que involucre, o muy estable o muy variable, dependiendo de si los segmentos que configuran la demanda se fragmentan o concentran con alta o baja frecuencia.

La importancia estratégica que tiene esta característica de la demanda del mercado de mayonesa en el Mercosur al querer realizar un análisis correcto es evidente. Esta medida del estado **TRANSITORIO** de cualquier ventaja competitiva es un signo de la **efervescencia de innovación** en ese mercado. Si vemos que los paquetes de atributos esperados de mayonesa ideal por los diferentes segmentos se encuentran en constante transformación, en alta inestabilidad, Calfrance, Westeast y Pradera requieren un esfuerzo permanente de anticipación y adaptación, de productividad y de posicionamiento.

En este punto, el grupo general acordó que para Calfrance esta era una fortaleza en relación con la falta de plasticidad organizacional de Westeast y con la falta de plasticidad cultural de Pradera.

Pero Maurice Guthman, gerente de Ventas Gran París, nos tiró a todos un baldazo de agua helada. "Recuerden cuando Westeast trató de bloquear nuestro crecimiento en Alemania con la estrategia de las boutiques y de sinergia con los aceites de alta cocina y lanzó toda la línea de envases nuevos y las ventas combinadas con los aderezos. Cuando estos tipos sienten que, por poca importancia que le den a una línea, los analistas financieros o los accionistas podrían ver vulnerable a la compañía, son capaces de hacer cualquier cosa. En épocas normales pueden parecer muy paquidérmicos, pero en las crisis saltan como tigres". Y Valerie terminó de arruinarnos el optimismo: "Además, conociéndolo a don Daniel, no creo que se resigne demasiado a ceder mercado. La mayonesa no es fundamental para él, pero es un bien de familia".

Toffler dice: "La variedad, el rápido aumento del número de bienes y servicios que existen en las naciones de alta tecnología, se suele explicar con frecuencia como un intento de las corporaciones de manipular al consumidor, de inventar falsas necesidades y de incrementar beneficios cobrando mucho por opciones triviales. Algo de verdad hay, sin duda, en tales acusaciones. Pero también hay algo más profundo. Pues la creciente diferenciación de bienes y servicios refleja también la creciente diversidad de necesidades reales, valores y estilos de vida, en una desmasificada sociedad de la tercera ola". (Toffler, Alvin, *La tercera ola*, Plaza & Janés, Barcelona, 1981, pág. 230, y *El shock del futuro*, Plaza & Janés, Barcelona, 1971, pág. 226.)

La "fórmula explosiva" de Toffler es la descripción del efecto mutuo entre tres elementos principales que él detecta, provenientes de numerosas fuentes independientes y superpuestas: la **transitoriedad**, la **novedad** y la **diversidad**. Estos conceptos son fundamentales para la comprensión de la evolución de un mercado.

"En vez de estar ligados a un solo objeto durante un lapso de tiempo relativamente largo, nos hallamos ligados, durante breves períodos, a una sucesión de objetos que sustituyen a aquel". Toffler define así la relación entre la **transitoriedad** y la **novedad**. La "fórmula explosiva" se completa con el concepto de la **diversidad**: "Pues la sociedad del futuro no brindará una corriente restringida y estandarizada de artículos, sino la mayor variedad de cosas y servicios desestandarizada que jamás se haya visto en la sociedad". Estos tres elementos: la transitoriedad, la novedad y la diversidad, son los que deben ser empleados para describir la historia de una relación producto-mercado.

La evolución del mercado de la mayonesa es la evolución relativa de sus segmentos. Estudiar su evolución consiste en estudiar los cambios y las mutaciones en la composición de cada segmento, como también la relación de ese segmento con los demás. En definitiva, consiste en la descripción de las diferentes necesidades cuya satisfacción se demanda.

Desde un punto de vista sistémico, el mercado de la mayonesa no puede ser visto como respondiendo a un ciclo de vida "del producto", sino como la sucesión, en el espacio y en el tiempo, de estos procesos de mutación de y entre sus segmentos. La fórmula explosiva de Toffler es una explicación de este proceso, que ha de marcar la tasa de velocidad de estos cambios, así como la profundidad de los mismos.

Es obvia la importancia de la evolución del mercado para las decisiones de productividad y de posicionamiento. Por otra parte, esta variabilidad se relaciona con lo que hemos denominado "capacidad de maniobra", como posibilidad de diferenciación de un producto, que resultará en la viabilidad de supervivencia y de desarrollo de Calfrance en el Mercosur.

Si usted recuerda, Charles Badin es el subgerente de Distribución Física para toda Francia. Cuando estábamos en plena fase final de elaborar conclusiones con respecto a la evolución del mercado de la mayonesa, Charles le plantea al grupo un tema que realmente es de relevancia estratégica crítica. Es la noción de las barreras de entrada. Su intervención fue muy simple, pero trascendental: "Es hora de que nos pongamos de acuerdo sobre si en el Mercosur hay para nosotros una ventana estratégica para ingresar pisando fuerte o si las barreras de ingreso nos lo van a arruinar".

Aquí teníamos cosas para decir. Tradicionalmente, el concepto de "barrera de ingreso" es entendido como un elemento a tener en cuenta en la fase de lanzamiento de un producto en un mercado.

Nosotros necesitábamos que el grupo general compartiera nuestra opinión con respecto a que:

- Las barreras de ingreso deben ser tenidas en cuenta **POR CADA SEGMENTO** del mercado, no para el mercado completo de la mayonesa, ya que pueden ser diferentes en cada segmento. Las barreras de ingreso "al mercado" de la mayonesa pueden ser un sinsentido. Lo que tenemos que entender son las barreras de ingreso **a cada uno** de los segmentos (por ejemplo, haciendo una sobresimplificación, el segmento "vida sana"). Puede haber segmentos imposibles de penetrar y segmentos totalmente desprotegidos por las marcas que compiten.
- Las barreras no dependen del ciclo de vida. No se localizan solo en la fase de lanzamiento de la mayonesa, sino que evolucionan durante los procesos de fragmentación y concentración. Cuando va cambiando el concepto de "la mayonesa ideal" para los consumidores de mayonesa.
- Por lo tanto, las barreras no son de ingreso, sino de competitividad. Permanentemente, cada marca define las barreras de su segmento o la falta de barreras.
- A la falta de barreras en un determinado segmento, en un momento específico, la llamamos "ventana estratégica". Si Fouchet descubre un grupo de consumidores que integran un segmento poco protegido por Westeast o por Pradera Dorada, y si consigue formular una estrategia competitiva para conquistarlo, este segmento puede ser el puente hacia el paraíso.

Para ponernos todos de acuerdo, nos pareció que era bueno compartir con todo el grupo el concepto tradicional de barreras. Estas eran consideradas los bloqueos que un mercado presentaba a la posibilidad de nuevos ingresantes debido a las ventajas de costos, a las patentes y otras restricciones legales, al acceso a materias primas en cantidad o en calidad, al know-how, al nivel de los recursos humanos, a las fuerzas de las marcas que ya están compitiendo en ese mercado, a los presupuestos publicitarios, al control del canal de distribución, a las posibles reacciones de los competidores, la sinergia con otros productos del portafolio, etc.

El concepto de barrera de entrada es de gran utilidad para formular la estrategia competitiva de Fouchet para el desembarco en Buenos Aires como cabecera de playa para su ingreso en el Mercosur. Ya disponíamos de un herramental de diagnóstico estratégico bastante poderoso. Había algunas definiciones concretas como, por ejemplo, características de Calfrance que podían ser consideradas como fortalezas y habilidades distintivas. Su plasticidad, su especialización en estas líneas, su imagen de alto know-how experto. Todavía queríamos mostrarle más de nuestra metodología al equipo francés. Faltaban algunos conceptos que **teníamos** que compartir. Si la cosa salía bien nos esperaba mucho tiempo de trabajo juntos en Argentina, Brasil, Paraguay y Uruguay. No podíamos arriesgar no entendernos.

Ese día lo teníamos que terminar acordando que:

a) Cada segmento del mercado de la mayonesa presenta, en cada momento, una determinada intensidad de rivalidad competitiva.

b) La rivalidad competitiva de cada segmento es función del foco y de la saliencia de Fouchet, Sunny o Dorada en ese segmento, y de la tasa de cambio con que evoluciona el mercado (consolidaciones y fragmentaciones sucesivas y/o simultáneas).

c) Dada la rivalidad competitiva, habrá una determinada masa crítica de recursos necesarios, en cada momento, para aspirar a un determinado nivel de desempeño en ese segmento. Esto definirá el presupuesto estratégico necesario, dados los objetivos concretos de cada competidor (recordemos Tierra, Agua, Aire y Fuego).

d) Cada modificación que se produzca en las necesidades de cada segmento o en las estrategias de Sunny y Dorada, determinará condiciones competitivas negativas (barreras) o positivas (ventanas) para Fouchet.

e) Definimos como "capacidad de maniobra" de Fouchet a la amplitud dentro de la cual puede actuar, modificando la presión de recursos, dados sus recursos disponibles y generando más de una alternativa de posicionamiento. Cuanta mayor capacidad de maniobra de Fouchet, más diferenciaciones podrá generar y, por lo tanto, más posibilidades de posicionamientos diferenciados. Cuanta más rigidez de Westeast y de Pradera, MEJOR.

f) Dada la capacidad de maniobra, el estado en la evolución del segmento y su tasa de cambio, Fouchet podrá o no aprovechar las oportunidades (ventanas) y neutralizar las amenazas (barreras), implementando la productividad y el posicionamiento que definirá su estrategia competitiva para ingresar en el Mercosur.

De esta manera, hemos vuelto a nuestro principio básico para formular la estrategia de Fouchet: las únicas barreras difíciles de enfrentar o de eludir son las de una fuerte diferenciación de Sunny y de Dorada –como marcas– y de una dinámica de la capacidad de maniobra de Westeast y de Pradera –como empresas– que les permita anticipar la evolución del mercado, lo cual se podría traducir en altos índices de fidelidad hacia esas marcas. Si esto se da, el ingreso será mucho menos viable y mucho más riesgoso.

El término "ventana estratégica" ha sido introducido en nuestra especialidad para señalar que solo se presentan **momentos específicos** en los que la "adecuación" entre los requerimientos del mercado y la competitividad de una empresa se encuentran en un punto óptimo. Que la inversión en una línea de productos o en un área del mercado debe ser programada para el momento en que tal ventana estratégica está abierta. Ni para un momento antes, ni para uno después.

Nosotros hemos ampliado este concepto. Más allá de considerarlo en el momento de hacer una inversión **inicial**, lo usamos en forma **permanente**, tal como lo requiere la decisión estratégica. Nosotros creemos que el mercado de la mayonesa debe ser visto de manera dinámica y que la búsqueda de ventanas estratégicas debe ser constante, segmento por segmento, minuto a minuto.

A tal punto que con este concepto podemos entender **el desempeño estratégico** de Calfrance como su capacidad de aprovechar la oportunidad que se le presenta cada vez que se abre una ventana estratégica.

Esta oportunidad se traduce en una posibilidad estratégica tanto: a) si se ha de penetrar en un segmento nuevo, produciendo, diferenciando y posicionando una variedad de mayonesa para ese segmento, como b) si se busca una postura estratégica superior en los segmentos en los que la empresa ya está operando.

Innovación. Cambios en la tecnología. Cambios en los requerimientos de la demanda. Fragmentaciones y concentraciones cada vez más constantes. Ventanas estratégicas cada vez más efímeras. En este escenario de megacompetitividad, en el grupo conjunto empezamos a esbozar el modelo de negocio de Calfrance para Fouchet en el Mercosur. Por ahora creemos que la estrategia debe estar basada en un posicionamiento de alta especialización en las líneas tradicionales de la compañía, ya que tienen mucha sinergia de imagen entre sí. También estuvimos rápidamente de acuerdo con estudiar con detenimiento la segmentación del mercado argentino al volver a Buenos Aires. Por último, nos pareció buenísima la promoción en las boutiques y queríamos analizar la viabilidad de copiarlo en nuestro mercado.

Pero antes de dar por formulada la estrategia, nuestro equipo decidió que todavía teníamos que mostrarle al equipo francés nuestro modelo Penta y todas las herramientas nuevas que nos permitió generar al usarlo en tantas empresas. Queríamos hablar del nuevo marketing que estábamos viendo que surgía de todas estas experiencias.

Durante 1997, nuestro equipo vivió muchos cambios conceptuales. Con Phillip Kotler, tuve la oportunidad de discutir todas las nuevas ideas, y en muchísimas nos pusimos de acuerdo. En diciembre salió un artículo en la revista *Target* que escribimos juntos. En julio estuve trabajando en la Harvard Business School con Steve Graser y también coincidimos en todos estos temas nuevos. Por otra parte, durante el año, además de la siempre excitante experiencia en Coca-Cola, los trabajos que hicimos en Siemens, en Swift, en el Banco del Caribe en Venezuela, el trabajo en el Banco Provincia de Buenos Aires, una actividad muy interesante para todos los Sheraton de América Latina, la experiencia de marketing político en la campaña para gobernador del doctor Pedro Braillard de Corrientes y mucha consultoría con gran cantidad de pequeñas y medianas empresas (pymes) nos corroboraron esta nueva visión que ahora tenemos del marketing.

No va a ser un viaje fácil. Westeast es una poderosa empresa global con recursos casi ilimitados y con una muy fuerte vinculación con los canales de distribución. La fuerza de su marca es indiscutible y su participación de mercado parece ser una buena comprobación de esta fuerza. Para la compañía, el Mercosur es un área en la que no puede fallar. Los analistas de Wall Street y los accionistas particulares y los grandes fondos de inversión no dejan de estudiar los movimientos de empresas como esta, especialmente en lo que se refiere a los mercados emergentes del panorama global.

Por otra parte, Pradera Dorada no es una empresita familiar más. Su operación avícola es tremendamente exitosa. Su marca es reconocida por su excelente calidad. Su obsesión por esa calidad es su valor cultural guía. El mercado es vivido como tierra sagrada. La mayonesa es una extensión natural de la familia. También la marca es compartida con los pollos y los huevos, y no se pueden dar el lujo de que un traspié en el producto mayonesa reverbere negativamente en el resto del negocio. Evidentemente, no va a ser un viaje fácil.

CAPÍTULO XIII
EL MODELO PENTA

Estábamos viviendo en el Hotel Le Parc Victor Hugo de la avenida Raymond Poincaré, muy cerquita de la empresa. Calfrance tiene un acuerdo con el hotel y siempre contrata habitaciones allí cuando recibe gente de afuera. Para nosotros es muy importante que el hotel sea muy bueno, cuando hacemos trabajos fuera de Buenos Aires (en Corrientes, Nueva York o Guayaquil), porque casi siempre tenemos que seguir trabajando los fines de semana o de noche hasta tarde.

Necesitamos que el hotel ofrezca algún lugar cómodo para reunirnos, si es posible un Business Center. Además es importante que tenga restaurante porque así ganamos tiempo, especialmente en las primeras etapas de nuestro trabajo, en las que tenemos que completar el diagnóstico estratégico lo antes posible. Muchas noches comíamos en Le Relais du Parc, el restaurante del hotel (se come bárbaro) y nos quedábamos charlando –antes y después de comer– en el Cozy Library Lounge and Bar. El Le Parc Victor Hugo parece un hotel de Londres más que de París, porque la decoración es muy inglesa, podría ser un típico "club de caballeros". Cinco maravillosos edificios rodeando un patio central (The Courtyard), habitaciones decoradas con grabados y pinturas antiguas sobre brillantes telas de la India, con el contraste de los equipos de audio y video más modernos.

Yo estaba obsesionado con hacer régimen, y cada vez que nos quedábamos solos los volvía locos diciéndoles que era muy importante ir a un restaurante japonés a comer sushi. Carola y Paula eran las únicas que me apoyaban. No los podía convencer más que una vez por semana. El tiempo estimado de nuestra estadía en París era de un mes, por lo cual nos organizamos en roles, como lo hacemos siempre que viajamos en equipo. Este método lo empleamos para aprovechar al máximo los pocos momentos que tenemos para nosotros.

Roque tenía que cumplir el rol de consultor en música y espectáculos. Carolina era la responsable de moda (de hombre y de mujer). Tenía que asesorarnos sobre qué comprar y dónde. Paula era nuestra consultora en libros, ya que en Francia hay mucha bibliografía importante para marketing, especialmente por la onda lingüística que tienen muy desarrollada. Diego actuaba como "Morfi Consultant", posición MUY valorada por nuestro equipo. Carola (desde hace varios años) es nuestra especialista en chucherías, que es todo lo que traemos de vuelta a casa sin saber para qué. También históricamente, es la responsable por nuestro desarrollo cultural individual y grupal.

El hotel tiene salas para encuentros ejecutivos, y Alain quería que las reuniones de mucha gente las hiciéramos ahí para no estar en la empresa. No quería que nos interrumpieran con llamadas telefónicas. Todas las reuniones que no fueran del grupo conjunto, todas las que incluían más participantes, las hacíamos en el hotel.

Antes de seguir profundizando sobre la estrategia competitiva de Fouchet, necesitábamos analizar con mayor detenimiento cada uno de los pilares de Penta.

Esta vez, nuestra sugerencia fue que sería interesante aprovechar la oportunidad de invitar a la reunión a la mayor cantidad posible de miembros de Calfrance. Esta reunión la programamos en el hotel. Era especialmente importante que estuvieran presentes los mandos medios. Nuestra experiencia nos ha demostrado que la mayoría de las empresas desaprovechan momentos como estos en los que se puede escuchar la opinión de quienes están conduciendo la acción.

Tenía a mi equipo bien distribuido entre las casi cuarenta personas que asistieron al día full-time de presentación. Con el grupo conjunto decidimos llevar todos los materiales de los días anteriores de trabajo. Teníamos todas las pizarras con todas las matrices que vimos antes y los papeles de rotafolio. Ya estábamos en condiciones de analizar uno por uno los pilares del Penta de Calfrance.

El pilar de la estrategia

El pilar central, el núcleo del modelo es la **estrategia**. Ya habíamos visto que formular la estrategia es pura y exclusivamente definir **los propósitos** de Calfrance.

Toda organización es un sistema humano manifestando patrones complejos de actividad cultural. Uno de ellos, de especial relevancia para la organización y de especial interés para nosotros, es el de los procesos de formulación y de ejecución de su estrategia, siendo la misma la manifestación teleológica de su ontología (teleológica tiene que ver con objetivos, y ontología, con el ser). La **creación de valor** sustentable y sostenible no es simplemente un objetivo, dado que no es suboptimizable, es una verdadera restricción para la organización. Si se trata de una empresa, la estrategia consiste en la definición de objetivos para lograr su razón de ser, que es CREAR VALOR ECONÓMICO. Si es una ONG, es CREAR VALOR SOCIAL. Si hablamos de cualquier área o función del sector público, su objetivo es CREAR VALOR PÚBLICO. Si se trata de una institución dedicada al cuidado del ambiente su razón de ser es CREAR VALOR AMBIENTAL. Y cuando a todos les importa todo, el emergente es CREAR VALOR SUSTENTABLE, que es el resultado sistémico combinado y en sinergia de crear valor económico, social, público y ambiental. Esta es –o debería ser– la razón de ser, por ejemplo, de una ciudad si esa ciudad fuera un ejemplo de gestión interactiva.

La creación de valor no solo debe ser **sostenible** a lo largo del tiempo, sino además **sustentable**. La sustentabilidad significa respetar el cuádruple balance entre lo **económico** (medido como incremento del patrimonio neto), lo **social** (dimensionado por nuestras iniciativas hacia las comunidades en las que actuamos), lo **público** (comportándonos como una empresa enmarcada en la ley) y lo **ambiental** (por nuestro compromiso con el medio ambiente). Este era un concepto clave para Calfrance.

Definir la estrategia de Calfrance es determinar el modo en el que la empresa va a crear valor económico sostenible.

Nuestra postura es que el propósito fundamental, el vértice de la pirámide de propósitos, es la creación de valor económico, es decir, aumentar continuamente el valor de Calfrance como compañía. Más que un propósito –comenté en ese punto– crear valor económico es una verdadera restricción. Si no lo busca constantemente, Calfrance no puede ser considerada una empresa. La mejor forma de comprender el concepto de valor económico es tomar decisiones para que, si estuviera la organización en venta, valiese más. Como decía Roberto Goizueta, número uno mundial de The Coca-Cola Company: "Mi trabajo es hacer ricos a los accionistas".

En este momento, les pedí que nos detuviéramos unos instantes. Cuando se dice que lo que se debe buscar permanentemente es el incremento de valor de la inversión de los accionistas, se está diciendo que "si Calfrance estuviera en venta todas las noches, todas las decisiones que hemos tomado ese día tienen que apuntar a que la empresa valga más". Esto que parece demasiado teórico o extraño es, ni más ni menos, el criterio con el que operan los mercados de valores, en los que verdaderamente se juega la vida o la muerte de las compañías.

Cuando planteamos con Roque este concepto, siempre aclaramos que en nuestro país no estamos acostumbrados a tener que rendir cuentas en una asamblea de accionistas donde una persona con un puñado de acciones puede hacer caer al equipo de administración; que en la Argentina, un pequeño porcentaje de las empresas cotizan en el mercado de valores sus acciones, y más aún muchas de las empresas argentinas son familiares en las cuales la asamblea de accionistas coincide con el órgano de administración, esto es, el directorio. A pesar de ello, por más que la empresa no sea pública, los directivos deben buscar en todo momento la creación de valor.

El criterio de crear valor para el accionista sirve para resolver varios conflictos muy comunes en el día a día de las empresas. Por ejemplo, no se puede hablar del objetivo de "hacer máxima la ganancia", pues no dice nada; no sirve para trabajar. Roque me ayudó al explicar que en muchas ocasiones es necesario sacrificar la rentabilidad actual para incrementar la futura. Es necesario dejar de lado la mentalidad financiera que nos llevaría a poner el foco solo en el flujo de dinero a través del tiempo y priorizar la mentalidad económica que es la verdaderamente adecuada para las empresas, y nos permitirá orientarnos a la construcción de activos tales como la marca o un mercado fiel.

Entonces le dije a los presentes: "Imagínense que ahora se pare frente a ustedes Alain y les diga que vuelvan a sus funciones para hacer máxima la ganancia, ¿qué hace cada uno de ustedes? Pero aparte, ¿cuántas veces hay que sacrificar en un ejercicio ganancia (o retorno sobre la inversión o rentabilidad) para que la empresa valga más? Por ejemplo, para renovar la tecnología de producción de mayonesa. Al renovar la tecnología podemos perder eficiencia, esto nos hace perder productividad, que nos hace perder margen, que hace que ese año no seamos rentables. ¡Pero ahora Calfrance vale más porque dispone de la última tecnología!".

Siguió Roque: "En cambio, si Calfrance se toma el elemental trabajo de 'descomponer' la ganancia de un determinado período en sus dos componentes básicos (ingresos menos costos), ahora sí tenemos objetivos con los que se puede **trabajar mañana por la mañana**. Mejores ingresos quiere decir mejor posicionamiento, o sea, mejores productos, mejores niveles de calidad, mejores ventajas competitivas con respecto a Westeast y a Pradera, mejor servicio al cliente y al consumidor, mejor motivación y entrenamiento de la gente, mejor distribución física, mejores nuevos productos, mejor innovación, mejor flexibilidad para anticipar las tendencias del mercado y de la tecnología, y así sucesivamente.

"Y mejores costos quiere decir mayor productividad, o sea, mejores procesos fabriles, mejores proveedores, mejores procedimientos administrativos y comerciales, mejor motivación y entrenamiento de la gente (sí, **está repetido**), mejores sistemas de control, mejor productividad, mejor política de stocks, mejor financiación, etc. Ahora sí sabemos qué se debe hacer para aumentar la ganancia. Mejores habilidades distintivas que conviertan a Calfrance en una empresa a imitar por la competencia, en una compañía a la que quieran venderle todos los proveedores, en la que deseen trabajar todos los empleados."

En síntesis, una empresa en la que el proceso de Desarrollo Competitivo sea vivido no solo por los altos ejecutivos, sino que sea implementado realmente por todos y cada uno de los miembros que formen de un modo u otro parte de Calfrance.

En definitiva, mejor posicionamiento, mejor productividad, mejor innovación y mejor alineamiento. Esto es mejor competitividad.

Existen dos y solo dos decisiones estratégicas en toda empresa: la estrategia de portafolio y la estrategia competitiva. Cualquier otra decisión que no se refiera a ellas, por más importancia que tenga, es simplemente una decisión instrumental en el logro de sus objetivos. En este momento, Valerie interrumpe el relato: "¿La instalación de una megafábrica no es una decisión estratégica?"

La respuesta es: definitivamente no. Es una decisión instrumental para implementar mi estrategia de portafolio y mi estrategia competitiva. Sí es instrumental para poder ejecutar otra de mayor nivel, pero no es estratégica. El conflicto está cercano a la de mayor nivel. ¿Instalo una megafábrica o una minifábrica para poder participar en un negocio? ¿Decido una estructura de distribución para poder participar en un negocio? ¿Solicito la financiación de un banco; invierto mi capital; consigo inversores; cotizo en bolsa; hago una campaña publicitaria; tercerizo la distribución física, o instalo una plataforma de tecnología de información para participar en un negocio?

De la estrategia competitiva de Calfrance sin dudas ya habíamos hablado mucho. Sabíamos que la única estrategia competitiva posible era la diferenciación tanto en posicionamiento como en productividad que le permitiera logar el mejor paradigma vincular posible, la mejor combinación entre habilidades distintivas y ventajas competitivas.

Era hora de que habláramos un poco de la otra decisión estratégica de Calfrance: la estrategia de portafolio.

De acuerdo con nuestro modelo, el portafolio de negocios debe ser entendido como un portafolio de conflictos competitivos, en los que la empresa asigna los recursos que cree adecuados para operar en los mercados que considera atractivos, de manera que dada la relación entre sus habilidades distintivas y sus ventajas competitivas en cada uno de dichos conflictos maximice su capacidad total de crear valor económico y minimice su exposición al riesgo.

Al diseñar el portafolio óptimo de negocios la empresa debe analizar no solo cada uno de los negocios considerados individualmente, sino además su interrelación. En muchas ocasiones debe mantener dentro de su portafolio un determinado producto que considerado individualmente no es rentable, pero que produce una sinergia positiva si se tiene en cuenta el portafolio completo. Esto es así dado que tanto la creación de valor económico total como el nivel de riesgo global al que se expone la empresa tienen que ver con los efectos sistémicos entre dos o más negocios del portafolio, y estos efectos sistémicos están en sintonía con los paradigmas vinculares, con las relaciones entre habilidades distintivas y ventajas competitivas, entre posicionamiento y productividad en cada negocio, en cada producto o servicio.

Mediante una óptima formulación de la estrategia de portafolio logro incrementar el valor patrimonial de los accionistas. Decidir "en qué negocio estoy", es una decisión con un efecto de futuridad muy impactante. Pero no necesariamente es una decisión de largo plazo.

Veámoslo con un ejemplo concreto.

Hace años Coca-Cola decide reconcentrarse en sus negocios claves, nucleares. Coca-Cola tenía una compañía de vinos, con viñedos, con bodega, con todo. Decide venderla y reconcentrarse en su negocio tradicional de bebidas. Se desprende de esa empresa, al venderla crece el valor de acción, crea valor económico por desinvertir; eso es una decisión estratégica. Además, Coca-Cola era dueña de Columbia Pictures, la compañía cinematográfica. Decide vendérsela a Sony; crece el valor de Sony por adquirir una empresa de cinematografía, y crece el valor de Coca Cola, por desinvertir algo que el mercado consideraba no acorde a su portafolio de negocios.

La estrategia de portafolio incluye qué nuevo negocio se incorpora (en qué nuevo conflicto competitivo nos metemos), qué negocio se abandona (de qué conflicto competitivo nos retiramos) y, en los que seguimos participando, cómo desplegamos nuestra base total de recursos tangibles e intangibles. Cómo los invertimos entre los negocios en los que seguimos.

Esta estrategia no incluye solamente el análisis de qué productos debo aceptar y/o eliminar, sino además el control permanente del desempeño de cada uno de los paradigmas vinculares, su implicancia en cuanto al criterio de creación de valor y riesgo asociados, tanto para los actuales productos como para aquellos proyectos que potencialmente puedan ingresar en el conflicto competitivo de nuevos sectores industriales cuya factibilidad se está estudiando. El análisis de portafolio debe incluir el impacto de la innovación continua en la competitividad de cada uno de los negocios que lo componen, dado que la innovación tanto en productividad relativa dadas las habilidades distintivas de la empresa y en el posicionamiento relativo, dadas las ventajas competitivas de nuestras marcas, tienen implicancia en la creación de valor y de riesgo, y por lo tanto deben ser evaluadas permanentemente.

El diseño del portafolio debe partir de una restricción de mínima rentabilidad y estabilidad compatibles con la cultura interna de la empresa. Partiendo de dicha plataforma deben ser considerados los diferentes proyectos que junto con los negocios existentes o eliminando algunos o varios de ellos, cubran esos requerimientos de estabilidad y rentabilidad mínima.

El portafolio óptimo será el que conduzca a la máxima creación de valor asumiendo el mínimo nivel de riesgo, teniendo en cuenta que el desempeño de todo el portafolio es un emergente sistémico de todos los negocios que lo componen.

En síntesis: determinar cuál es el portafolio de la empresa es establecer cuál es la misión de la empresa. La estrategia de Portafolio consiste en decidir qué negocios se incorporan, es decir, en qué nuevos sectores se ingresa, cuáles de los que ya estaban se mantiene, cuáles se abandonan y cómo se distribuyen los recursos entre cada uno de ellos.

La estrategia de portafolio es, partiendo del objetivo básico, fundamental y perenne de aumentar el valor económico de Calfrance, definir cuál es la **misión** de la empresa. La determinación de la misión consiste en decidir en qué negocios Calfrance ha de operar para incrementar el valor de la inversión que han hecho los accionistas. Los puntos fundamentales en la determinación de la misión son los siguientes:

El primero es justamente la determinación que el objetivo **perenne** y prioritario es crear valor económico para los accionistas. Esto significa que la Alta Dirección, Alain y los que reportan directamente a él, reconocen que en sus manos han sido confiados los recursos de todo tipo y que su trabajo consiste en encontrar las oportunidades como para que ese paquete de recursos incremente su valor.

"Es aquí donde nos encontramos con el primer punto en el cual debemos pensar en términos sistémicos", les dije, y les conté el ejemplo de las partes del avión: ninguna sola vuela. La plataforma de recursos tangibles e intangibles operados por la gente produce entre sí una interrelación que es diferente que la suma de sus partes. El valor de los recursos totales de Calfrance es una consideración que solo es posible desde el punto de vista sistémico.

El resultado de esa evaluación depende de la capacidad de poder ver el BOSQUE y no solo los ÁRBOLES de a uno a la vez, y depende de QUIÉN está haciendo esa evaluación, ya que la única manera de entender esa interrelación es absolutamente SUBJETIVA. La empresa no vale *per se*, sino SEGÚN quién la está evaluando.

El segundo punto de la misión de Calfrance es la determinación de cuáles van a ser los segmentos de mercado atendidos. Para ello, Calfrance debe determinar cuáles son las características que hacen que un mercado sea atractivo para ella. Seguramente el mercado de la higiene personal no es atractivo para la compañía.

Cuando llegamos a este punto, les pedí a los participantes que se reunieran en pequeños grupos de no más de cinco personas cada uno y que trataran de explicitar cuáles les parecía que eran esos segmentos.

Como Calfrance todavía no tenía desarrollado instrumentos más técnicos de segmentación de mercado, y después de 45 minutos de reunión de los grupos, de todos surgió por unanimidad que los segmentos atractivos para Calfrance y toda su línea Fouchet era los de "deseos de comidas más sofisticadas, más gourmet, que muestra un refinamiento culinario superior de quien elige la marca –aunque no diferenciado por nivel socioeconómico– y, en general, de quien busca complementar o condimentar los platos de comidas principales".

Quedaba afuera todo lo referido a líneas de alimentos dulces, incluso los que apuntaban a ese segmento sofisticado. Con herramientas más potentes de segmentación, los participantes hubieran detectado que, en realidad, esa definición puede estar abarcando varios segmentos, cada uno de ellos constituido por características diferentes.

Cuando terminó la presentación de los grupos, seguí explicando cómo nosotros los íbamos a ayudar a evaluar el atractivo de los segmentos (especialmente de mayonesa, ya que iba a ser la punta de lanza) en el Mercosur.

El atractivo de un mercado no depende exclusivamente de sus características intrínsecas, sino también de quién es el que está realizando la evaluación. Es decir, depende de qué empresa lo está analizando. Por lo tanto, depende de los propósitos y de los recursos de esa empresa, en nuestro caso, de los recursos y ·de los propósitos de Calfrance.

El punto clave a tener en cuenta es que la creación de valor económico depende de la capacidad de la compañía de armar un portafolio de productos con fuertes y valiosos atributos diferenciales con respecto a los productos competitivos. La **estrategia competitiva** de mayonesa Fouchet debía estar valiosamente diferenciada de la de Sunny y de la de Dorada en los segmentos elegidos. El portafolio completo de Calfrance debe estar constituido por líneas que logren esto, cada una de ellas. En este sentido, podemos decir que una empresa es innovadora cuando crea productos que los mercados necesitan, pero que hasta ese momento ni siquiera habían imaginado. (¡Véanse los atributos tipo 8 y tipo 9 de la Figura 8 del triciclo!)

Pero la única forma que puede disponer Calfrance de comprender el atractivo de los miles de mercados que hoy existen, y de los que existirán en el futuro, se da cuando la empresa previamente determina los otros tres temas clave que forman parte de su misión, además de la decisión de cuáles serán los mercados servidos.

Aquí les repetí lo que había sido una de nuestras primeras presentaciones en la sala de guerra con el grupo conjunto. El primer tema, las áreas estratégicas o **unidades de negocios** en los que Calfrance ha de actuar. Después me detuve en remarcar que cuando hablamos de los recursos debemos profundizar en el concepto de las **habilidades distintivas**; este es el segundo tema clave. Destaqué que una habilidad distintiva es alguna CAPACIDAD diferencial que dispone Calfrance en el manejo de sus recursos, comparada con el resto de los competidores. Esta es la base de la PRODUCTIVIDAD que depende de la constante revisión y superación de los procesos de la cadena interna de valor. Es la perspectiva de la "configuración de los recursos".

Les pregunté: "¿qué sabe Calfrance hacer mejor que nadie?", y me fui al gráfico de la cadena de valor (Figura 6) que teníamos en una de las pizarras. "¿Cuál de todas estas actividades le gustaría a cualquier otra empresa copiar cómo la hacemos nosotros porque somos bárbaros?", les pregunté. El concepto de la habilidad distintiva es fundamental para decidir el atractivo de los mercados que se analizan.

La habilidad distintiva es un recurso crítico que debe ser continuamente protegido, consolidado y ampliamente comunicado entre todos los miembros de la organización, atravesando áreas de negocio, funciones y niveles. De las habilidades distintivas de Calfrance, deben brotar las ventajas competitivas de cada producto, por ejemplo, mayonesa Fouchet. Es imprescindible entender la relación entre las habilidades distintivas, desde la perspectiva interna de los recursos (productividad), y la generación de ventajas diferenciales competitivas, desde la perspectiva de los mercados (posicionamiento). **Las VENTAJAS COMPETITIVAS de los PRODUCTOS dependen de las HABILIDADES DISTINTIVAS de la**

EMPRESA. Las ventajas competitivas están en la mente de los clientes, pero son generadas desde la empresa por la articulación de una o más habilidades distintivas en el manejo de los procesos operativos.

Sobre este tema, les recomendé la lectura del libro de Prahalad y Hamel, *Competing for the future*[1]. Cuando dije esto, Marc me dio una clave más que me ayudó a comprender la cultura de Calfrance y la tremenda mística, es decir, sentido de pertenencia, sentido de propiedad ("esta empresa es mía") de su gente. Se paró y les dijo a los participantes que salía un minuto para pe-dirle a Marie, su secretaria, que mandara a comprar 40 ejemplares para que todos lo leyeran. Se dio cuenta rápidamente de que lo de las habilidades distintivas era una responsabilidad que él compartía, que las habilidades distintivas no están en la caja fuerte ni en las líneas de producción, sino en la mente de la gente de Calfrance.

Estos autores razonan que la competitividad de las empresas depende de la habilidad de construir las habilidades distintivas, a menor costo y más rápidamente que sus competidores, para lanzar productos que representen rupturas con respecto a lo habitualmente disponible en el mercado. La habilidad de 3M en películas adhesivas, la de Canon en óptica, imagen y control por microprocesador, la de Philips en medios ópticos, la de Honda en motores y trenes de potencia, o la de Sony en miniaturización.

Continué explicando que la empresa diversifica sanamente cuando hace proliferar productos en torno de alguna habilidad distintiva. Todas las líneas de Calfrance debían ser elegidas como negocio por la compañía si tenían que ver con habilidades distintivas. Si así no fuera, si un negocio no se relacionara con una habilidad distintiva, la empresa no debería entrar en ese negocio.

Además les dije que estas habilidades distintivas no solo deben guiar la política de diversificación, sino que también se deben transformar en el patrón de decisión sobre las prioridades en la asignación de recursos para optimizar la productividad. Que la inversión en las diferentes líneas, mayonesas, mostazas, etc., debe ser realizada teniéndolas en cuenta. Por último, que las habilidades distintivas tienen que ver con la cultura

---

1   Hamel, G.; Prahalad, C.K.: *Competing for the future*. Harvard Business School Press, Boston, 1994.

de la empresa, ya que su protección y continua consolidación debe ser una obsesión de la Alta Dirección, de manera tal que esa obsesión sea "sentida" en todas las unidades de negocios, en todos los niveles y en todas las funciones. Y terminé diciéndoles que la generación de habilidades distintivas depende básicamente de la capacidad de la Alta Dirección de consolidar, en todas las unidades, funciones y niveles, aquellas tecnologías y el know-how que potencien estratégicamente a las diferentes unidades de negocios (como mayonesas o aceites), optimizando su desarrollo competitivo en términos de posicionamiento y de productividad.

Aquí les pedí que volvieran a reunirse en pequeños grupos y que en una discusión de no más de 15 minutos trataran de ponerse de acuerdo sobre cuáles eran las habilidades de Calfrance, y si les parecía que las íbamos a poder emplear para el ingreso en el Mercosur a través de mayonesa Fouchet, como punta de lanza.

Otra vez, los relatores de cada grupo mostraron que había una tremenda coincidencia. Todos consideraban que la habilidad distintiva era la gran "artesanalidad" en la producción muy especializada de estas líneas, con mucho foco, con una diversificación muy cuidada, con la capacidad de mostrar productos muy exclusivos a precios normales, que el valor entregado al consumidor era excelente y que el "relacionamiento" con el canal y con el consumidor final casi era incopiable. Y que, si teníamos la prolijidad de repetir este modelo de negocio en la Argentina y después en el resto del Mercosur, las probabilidades de éxito eran altas.

Siguiendo con la charla, después de escuchar a los relatores, expliqué que recomendábamos que Calfrance definiera, para cada unidad de negocios, cuál debía ser el "vector estratégico" o el impulso básico. Este es el tercer tema clave en la definición de la misión, que no todas las empresas usan pero que a nosotros nos ha dado muy buen resultado. El vector es la determinación fundamental de qué quiere conseguir Calfrance en el largo plazo para esa unidad de negocios. (Por ejemplo, en el caso de NEC, el vector estratégico es aprovechar rentablemente la integración entre computación y comunicaciones.) En ese momento, se le ocurrió a Carola mostrar el ejemplo de Medicus; a Carolina, el de Natufarma, y a Roque, el de Vanesa Durán.

Ejemplo Medicus

Misión

Crear valor económico y social liderando el Sistema de Cobertura de la Salud, a través de un portafolio diversificado y diferenciado de servicios médico-asistenciales para individuos y organizaciones, sobre la base de la innovación y la inversión que constantemente nos permitan demostrar ventajas competitivas en nuestros servicios, en nuestra infraestructura médica y en nuestros sistemas de gestión.

Para lograrlo, definimos como factores críticos de éxito:

- el compromiso de nuestra gente;
- la innovación continua;
- la optimización de nuestra infraestructura asistencial;
- la productividad operativa de toda nuestra cadena de valor, y
- el posicionamiento de nuestra marca y de nuestra identidad en el presente y en el futuro.

Visión

Queremos ser vistos como líderes del Sistema de Cobertura de la Salud por la excelencia en la calidad de nuestros servicios, por la realidad de nuestros valores y creencias, por el compromiso de nuestra gente, por la preferencia de nuestros asociados, por la confianza de nuestros prestadores y proveedores, por nuestra iniciativa social y por el cuidado responsable del medio ambiente.

Vector fuerza

Ser un modelo a imitar porque todo lo que realizamos lo hacemos mejor que todos los demás.

Valores

Estos valores guían nuestras estrategias y nuestras acciones diarias.

1. Vocación por la calidad.
2. Compromiso y responsabilidad.
3. Ética e integridad.
4. Profesionalismo y desarrollo de nuestra gente.
5. Integración y trabajo en equipo.
6. Respeto por el individuo.
7. Iniciativa social y compromiso ambiental.

Ejemplo Natufarma

Misión

Creamos calidad de vida desarrollando productos naturales para ayudar a prevenir y disminuir los riesgos de la vida sedentaria, potenciar los beneficios de la vida sana y colaborar en la mejora y preservación de la estética corporal.

Visión

Queremos vernos y queremos que nos vean demostrando nuestro liderazgo en:

• la prevención y cuidado de la calidad de vida como expertos en el desarrollo de productos naturales especializados en consolidar los beneficios de la vida sana y en disminuir los riesgos de la vida sedentaria;
• nuestras líneas de productos en el mercado nacional y nuestro impulso por imponer nuestro emprendimiento argentino en los mercados internacionales;

- la integración grupal y en el desarrollo individual de nuestra gente, organizada como comunidad inteligente;
- iniciativas sociales en apoyo a la comunidad y respeto al medio ambiente;
- toda la cadena de valor, desde la concepción de la innovación hasta la satisfacción absoluta por la confiabilidad de nuestra marca;
- como empresa rentable, eficiente, responsable y generadora de valor para nuestros accionistas, para nuestra gente, para nuestros proveedores, para nuestros distribuidores y para nuestros clientes.

Queremos vernos y que nos vean liderando el futuro.

Valores

Nobleza, excelencia, compromiso, integración grupal, desarrollo humano, iniciativa social, confiabilidad, ética.

Ejemplo Vanesa Durán

Misión

Crear valor económico, social, público y ambiental posicionando las líneas de productos que llevan nuestra marca a través de la oferta de colecciones de joyas semipreciosas, atendiendo y fidelizando al consumidor final mediante una red eficiente y efectiva de venta directa altamente entrenada y motivada.

Para lograr esta misión, definimos los siguientes impulsos estratégicos:

- Respetar el cuádruple balance entre lo económico (medido como incremento del patrimonio neto), lo social (dimensionado por nuestras iniciativas hacia las comunidades en las que actuamos), lo público (comportándonos como una empresa enmarcada en la ley) y lo ambiental (por nuestro compromiso con el medio ambiente).

- Posicionar a nuestra marca, asociándola constantemente a un valor diferencial percibido por el consumidor final, por nuestra red y por todas las demás audiencias con las que interactuamos.
- Configurar colecciones de líneas de productos de diseño técnico y estético inteligente y a la moda.
- Anticipar las tendencias de la moda para adelantarnos a nuestros competidores, fidelizando al consumidor final y motivando a nuestra red.
- Estructurar una cadena de provisión de alta confiabilidad por su calidad y por su cumplimiento en la entrega.
- Consolidar una cadena de logística que nos permita estar en el momento justo, con el pedido solicitado, en el lugar indicado, con eficiencia y efectividad.
- Potenciar a nuestra gente a través de la constante integración grupal y del cuidadoso desarrollo individual.

Visión

Queremos ser vistos como una empresa que piensa lo que hace y hace lo que dice.

Vector fuerza

"Sé más vos".

Posicionamiento

"Moda que no pasa de moda".

Valores

Nos gusta ser así:
Iniciativa, integridad, justicia, optimismo, sinceridad, nobleza, criterio, mejora continua, capacidad de resolver, trabajo en equipo, capacidad de dirección y desarrollo de personas, experticia.

Al estar claramente comprendida y comunicada esa "fuerza central", recién es posible definir objetivos operativos para la unidad. En el grupo conjunto ya habíamos conversado informalmente sobre este tema al charlar sobre el lanzamiento de mayonesa Fouchet. Con Marc habíamos coincidido en que el vector se debe usar no solo para comunicar claramente la estrategia a todos los miembros de la organización, sino que tenía que ser el vehículo del sentido de pertenencia, de mística de nuestra gente. Si bien queríamos trabajarlo de manera más formal con el grupo conjunto completo, el vector se iba esbozando como un grito de guerra contra Westeast. Pradera Dorada era un potencial competidor mucho más fuerte que lo que ellos mismos se imaginaban. Pero teníamos que aprovechar que sabíamos que Westeast no estaba dándole alta prioridad a Sunny en su asignación estratégica de recursos.

El grito de guerra comenzó a ser "¡Comámonos Sunny!". Aclaremos que cuando hicimos la reunión formal para discutirlo, y si bien a algunos les sonaba demasiado agresivo, terminamos por adoptarlo porque creíamos que era muy motivador. Al volver a Buenos Aires tendríamos que seleccionar, entrenar y motivar a mucha gente nueva. Esto iba a servir como una buena inducción al grupo que íbamos a armar.

Volviendo al concepto de misión, esta tiene que ser la vinculación lógica entre los requerimientos de los mercados, el portafolio de negocios, el vector estratégico de cada línea y las habilidades distintivas con las que Calfrance decide actuar en esos negocios. Ninguno de estos elementos puede ser comprendido aisladamente de los demás, ya que entre ellos se produce un emergente sistémico.

Entonces, juntando todo. Primer nivel de estrategia, decisiones con respecto al portafolio completo de Calfrance. Segundo nivel de estrategia, decisiones con respecto a productos. Cómo vamos a asignar los recursos disponibles a mayonesas Fouchet. Tercero, definición del vector. Cuarto, definición de objetivos concretos. Por ejemplo, conquistar antes de diciembre de 2012 el 15% del mercado argentino de mayonesa, comenzando con las 20 plantas urbanas principales de la Argentina, basando la estrategia competitiva de Fouchet en el modelo de negocio ya probado como exitoso, con una inversión total en el año, de tantos pesos, en tales y cuáles aplicaciones de fondos.

De esta forma podemos ver que la formulación de la estrategia de mayonesa Fouchet es para Calfrance un problema tecnológico, de marketing, financiero, de recursos humanos, de sistemas. Es un problema sistémico (el avión).

En síntesis, definir la estrategia de Calfrance significa responder a dos preguntas atendiendo cuatro objetivos.

La primera de ellas es determinar cuál es su estrategia de portafolio. En base a esta pregunta se sustenta la formulación de dos objetivos:

• Determinar cuáles son los negocios en los que va a crear valor económico asumiendo un riesgo aceptable. En el caso de Calfrance: el negocio de las mayonesas, mostazas, vinagres y aderezos para ensaladas.
• Definir cómo se asignan los recursos disponibles entre cada uno de ellos.

En este punto es importante recordar que para Calfrance la mayonesa ocupa un lugar preponderante en su estrategia internacional, sobre todo en la inminente expansión al Mercosur, motivo por el cual la mayor parte de los recursos disponibles son asignados a este producto.

La segunda decisión se refiere al planteo estratégico del paradigma vincular para cada uno de esos negocios considerados individualmente. Implica preguntarme: "¿por qué yo?, ¿qué marca mi marca mejor que las otras marcas para lograr la preferencia del consumidor?". En este caso, también hay dos objetivos que se derivan de dicha decisión:

- Determinar cuáles son las **ventajas competitivas** *diferenciadoras* respecto de nuestros competidores y *valoradas* por los consumidores que forman parte de nuestro target como proposición de mayor valor.
- Establecer cuáles son las **habilidades distintivas** de Calfrance. Aquello que sabe hacer cada día mejor, con un know-how superior a cualquier competidor y que constituye la fuente y el cimiento de todas las ventajas competitivas.

Delinear su estrategia es sin dudas un proceso clave en la vida de toda organización. Es por ello que este pilar constituye el núcleo de nuestro sistema. Es fundamental en el logro de competitividad. La competitividad de la estrategia depende del diseño del portafolio de productos, de cómo se asignan los recursos a ese portafolio y de la postura competitiva del paradigma vincular de cada producto respecto de los competidores (ya sea directos o sustitutos). Lograr competitividad implica no solo asignar recursos adecuados en mercados atractivos, sino además alinear la estrategia con la cultura de la organización. Es por ello que la competitividad *es* el resultado de una adecuada articulación entre los cinco pilares de Penta.

En este momento era necesario que el grupo comprendiera que la estrategia debía ser considerada como un proceso cognitivo. Este proceso, según el razonamiento de Wells, consta de tres etapas fundamentales.

La primera de ellas consiste en **percibir qué está sucediendo**: ¿cuál es la situación en la que se encuentra actualmente Calfrance? ¿cuál es la de los competidores, la del *cluster* en el cual se encuentra, inserta y del contexto o escenario general en el cual se desarrolla? ¿Son favorables las políticas gubernamentales, las leyes, la situación impositiva? ¿Cuáles son las fortalezas y debilidades de Calfrance y las ventajas y oportunidades que surgen del contexto? ¿Cuáles son las habilidades distintivas y ventajas competitivas de Calfrance, de

Westeast y de Pradera? ¿Cuáles son los CONES de los consumidores que forman parte de nuestro segmento target? Y así podríamos seguir indefinidamente. Sin dudas en este punto será fundamental la experiencia con la que cuente Calfrance, la cual no solo le proveerá un dato acerca del pasado, sino además la posibilidad de aprender en función de la habilidad o dificultad con la que la empresa afrontó esa situación en el pasado. ¡Pero cuidado! La experiencia puede transformarse en un obstáculo cuando es abordada como un recurso mecanicista que lleve simplemente a repetir éxitos que la empresa tuvo, sin permitirle un verdadero aprendizaje.

En esta etapa, debemos hacer un relevamiento exhaustivo del Penta de Calfrance, su situación dentro del *cluster* al que pertenece y del contexto o escenario general. Como primer paso se debe analizar el Penta completo de la organización, la proactividad o reactividad de la empresa, medida en relación a la dinámica de la presión-atracción, el grado de arraigo de la estrategia en su cultura, la eficiencia de sus recursos, la efectividad de la empresa en relación con el mercado así como su capacidad de adaptación.

Luego, debemos analizar el *cluster* dentro del cual se encuentra la empresa, los proveedores de Calfrance, y los proveedores de estos, los distribuidores, los consumidores finales que adquieren sus productos, los bancos, las escuelas de gastronomía, las universidades, los bancos, los hoteles y restaurantes que pueden promocionar a Fouchet y, en general, todas las organizaciones de soporte que de un modo u otro se relacionen con Calfrance.

Finalmente, apreciar la situación implica realizar un análisis del escenario general dentro del cual se encuentra inserta, atendiendo a variables de índole política, demográfica, comunicacional, ambiental, legal, geográfica, cultural, social, tecnológica y económica.

La segunda etapa consiste en la **comprensión del futuro a enfrentar**, que permite comenzar a identificar los apalancamientos de las ventajas competitivas de modo de compatibilizar con las habilidades distintivas reales o potenciales de Calfrance.

En síntesis, por un lado, percibir en qué situación se encuentra la empresa HOY, y por otro, realizar una prospectiva hacia el futuro, construyendo los escenarios futuros probables, escenarios que le servirán a la dirección en su proceso de toma de decisiones. Entre estos escenarios deben incluirse por lo menos tres: el más probable, el peor y el mejor. La calidad de la estrategia siempre depende de la calidad de los escenarios que la dirección es capaz de inventar.

Por último, el **razonamiento** permite la toma de decisión: se define la misión (en qué negocios está Calfrance) y se establece la visión (cómo quiere sentirse y ser vista Calfrance en el futuro) tras la cual se alinearán cada uno de los integrantes de la organización, pero manteniendo cierta capacidad de maniobra como para fijar rumbos contingentes.

No debemos olvidar que establecer la estrategia de Calfrance es un proceso decisional, y como tal está sujeto a restricciones, a determinadas limitaciones que interfieren en la toma de la decisión, y disminuyen la calidad en general del proceso decisorio.

Como primer punto recordemos que toda organización tiene como restricción fundamental u ontológica a la creación de valor. No podemos tomar ninguna decisión sin pensar en aumentar el valor patrimonial para los accionistas.

Siguiendo el razonamiento de Janis, podemos clasificar a las restricciones en:

- **Cognitivas**: incluyen a todos los factores externos o internos relevantes que puedan restringir "inputs" cognitivos, por ejemplo la falta de recursos para obtener y analizar la información necesaria para la toma de decisión o no poseer el decididor el conocimiento y la experiencia necesarios.
- **Afiliativas**: incluyen los diferentes tipos de necesidades que surgen como consecuencia de los vínculos de afiliación del decisor con la totalidad de la organización de la que es parte o con un grupo específico menor de la organización al que ese decididor pertenezca. Se relacionan con la necesidad de mantener el poder, el estatus, el respeto social o el consenso.
- **Egocéntricas**: tienen que ver con las necesidades emocionales y personales del decisor que pueden impactar en su proceso

decisorio, a pesar de que no estén alineados con los intereses generales de la organización. Por ejemplo, necesidad de fama, deseo patológico de acumular bienes, entre otros.

No olvidemos que es necesario que la estrategia se baje a tierra, en un aquí y un ahora concretos. Se deben establecer objetivos, planes, programas y presupuestos que lleven la estrategia a ser realmente comprendida, compartida y comprometida por toda la organización.

En un contexto competitivo como el actual, caracterizado por el continuo cambio de los mercados y la constante imitación por parte de los competidores; y teniendo en cuenta que la creación de valor económico sustentable y sostenible a lo largo del tiempo constituye la razón de ser fundamental de toda empresa, la necesidad de contar con una estrategia competitiva **implementable** se torna fundamental.

Si bien es importante la óptima formulación de la estrategia, su correcta implementación es primordial. Por más brillantemente formulada que se encuentre, si al momento de implementarla todos los integrantes de la organización no se encuentran perfectamente alineados tras una visión comprendida, compartida y comprometida, los resultados no serán los esperados.

En este punto, Carolina explicó que la etapa de la implementación no tiene que ver solo con la ejecución de la estrategia que ya ha sido formulada. También está relacionada con los ajustes necesarios en esa formulación cuando se "reflexiona en la práctica" y se corrigen los puntos que sea necesario corregir. Lógicamente, este es un proceso recursivo constante de aprendizaje organizacional que se sustenta en la inteligencia colectiva de ese grupo humano.

Después Carola, desde su especialidad en Alineamiento Organizacional, agregó que la implementación requiere el involucramiento de todas las áreas funcionales y de todos los niveles de la empresa. De las ideas (apreciación de situación) se baja a lo estratégico (definición de fines), de lo estratégico se baja a lo operacional (asignación de medios a fines) y de lo operacional se baja a lo táctico (aplicación de medios) para llegar a la acción (empleo de medios). Pero en ese encadenamiento, por mejor comunicación interna que la organización tenga, resulta casi imposible que no se produzcan compartimentos estancos o visiones "túnel". Entonces, los mapas mentales, los esquemas de creencias, de las diferentes "islas" separadas por muros verticales y por lozas horizontales además de por aguas plagadas de cocodrilos y tiburones, tienden al descuartizamiento, al efecto de autolinchamiento llamado "Tupac Amarú". Aquí nuestro trabajo consiste en ayudar a disolver esos compartimentos estancos, alineando a la organización tras un Empuje Comprendido, Compartido y Comprometido (como digo siempre) ya que si esto no pasa, O NO SE IMPLEMENTA EN ABSOLUTO LA ESTRATEGIA O SE IMPLEMENTA MAL.

Otras organizaciones sufren de un trastorno muy común, que es el de estar obnubiladas, fascinadas con sus ideas, con sus planes, con sus visiones del mundo. Nadie discute nada. Todos piensan exactamente igual. "Que nadie discuta. Ya sabemos absolutamente todo. Ya lo hicimos absolutamente siempre. No tenemos NADA que aprender ni nada que cambiar." Los mapas mentales del ayer sirven para las decisiones de hoy, de mañana, de pasado mañana y de siempre para siempre. El pasado se va a repetir y volver a repetir. Hasta que llegan a enquistar el proceso de inmunidad al aprendizaje, a la innovación y al cambio, trastorno llamado "*groupthink*". Aquí nuestro trabajo consiste en ayudar a "la mamá de Tarzán", "la última Coca-Cola del desierto", a salvarse de su omnipotencia logrando que los miembros de esa organización puedan desafiar esos mapas mentales rígidos y contracturados, esos perniciosos paradigmas generalmente provocados por el éxito y tendientes al fracaso por culpa del mismísimo éxito. Entonces los modelos técnicos sirven para eso. Para ayudarlos a pensar desde "otra caja" o, por lo menos desde "afuera de la caja" en la que piensan siempre, desde otro lugar que el mismo agujero de la misma cerradura. En este sentido, Penta se presenta como un modelo de análisis, como un nuevo lenguaje común mediante el cual la organización puede ser examinada, facilitando el relevamiento, la problematización, la reconstrucción y el alineamiento de los modelos mentales.

Como consecuencia de estos problemas se producen muros y lozas que bloquean la comunicación bidireccional. Estas tienden al desacople operativo entre la estrategia y la acción, y a la dispersión conceptual entre áreas y niveles.

En una organización "sana" se encuentran perfectamente delimitadas las funciones y misiones de cada uno de los niveles decisorios. El nivel estratégico define los fines, el operacional asigna medios a esos fines previamente determinados por la alta dirección, y el táctico emplea los medios asignados por el nivel operacional. Pero en los momentos de crisis en muchas ocasiones estas funciones son alteradas y la organización se encuentra en un estado de **DISTORSIÓN COGNITIVA de los niveles decisionales**. En este estado, ante un escenario interno que impone la declinación, el desempeño de los niveles decisorios se ve alterado profundamente. La responsabilidad por la decisión estratégica suele quedar abandonada ya que en vez de centrarse en delinear la estrategia de la organización –estrategia que seguramente sería la que permitiría afrontar la crisis y aprovecharla para transformar a la organización– la Alta Dirección se encarga de las funciones de nivel operacional y táctico a través de una profunda centralización. Ante la urgencia y la gravedad de la situación se centran en la realización de recortes presupuestarios generalizados –en lugar de recortes selectivos y basados en prioridades estratégicas–, desarrollando una actitud conservadora y cortoplacista.

El nivel de planeamiento operacional ya no se encarga de la asignación de recursos, sino, por el contrario, centra sus funciones en el empleo de medios –función que tradicionalmente corresponde al nivel táctico– y tiende a privilegiar la eficiencia por sobre la efectividad, el hacer correctamente las cosas en perjuicio de hacer las cosas correctas (Roque explicaba esta parte enojadísimo con algún fantasma de su experiencia).

Existen organizaciones que en medio de este proceso se resisten a cualquier tipo de cambio y no asumen ningún riesgo y otras que por el contrario asumen un riesgo excesivo.

Indudablemente, esta alteración en los niveles decisorios es causada fundamentalmente por la falta de un marco estratégico claro y definido por parte de la alta dirección que lleva al nivel de planeamiento a rehuir de cualquier decisión que implique asignar recursos, misión que genuinamente le corresponde, relegándola a niveles jerárquicos superiores, lo que produce un círculo vicioso que incrementa la centralización y agrava aún más la situación.

La progresiva concentración de la toma de decisiones en el nivel estratégico desvirtúa la misión a través de toda la cadena de mando, y la organización se queda sin dirección estratégica, sin norte, sin un rumbo definido. Sin un liderazgo cognitivo. En estas circunstancias, además, se produce un agravamiento de la dispersión cognitiva y las señales de desacople entre los pilares que conforman el Penta y/o las que provienen del entorno no logran ser interpretadas de acuerdo con una representación que permita trazar una estrategia viable.

Yo agregué: "En muchas ocasiones, esta distorsión en los niveles decisorios se encuentra presente en organizaciones consideradas 'exitosas', que aferrándose a éxitos pasados reducen los esfuerzos destinados a la innovación, al desarrollo de nuevos productos. Se aferran tanto al pasado que no pueden captar como signo de alarma ni siquiera la abrupta caída de los volúmenes de venta a corto plazo".

Y también dije: "En estos casos, la distorsión se produce, no por un cambio de las funciones típicas de cada uno de los niveles, por una falta de estrategia, sino porque la misma se basa en decisiones mecanicistas, a partir de la hipótesis de que los éxitos pasados se repetirán en el futuro, y por lo tanto vuelven a implementarse estrategias que resultaron viables en el pasado pero que tal vez en un contexto cambiante y competitivo como el actual no son apropiadas. Esta es una de las trampas en las que caen muchas organizaciones, y obviamente Calfrance no se encuentra exenta de ella. Era fundamental que comprendieran la importancia de esta sintomatología de modo de detectarla rápidamente y poder solucionarla."

El pilar de los recursos

Comprender el desempeño de Calfrance exige analizar cuáles son los recursos críticos de los que depende y su capacidad de acceder a ellos. Los recursos ocupan un lugar preponderante, no solo en Calfrance, sino en el Penta de cualquier sistema sociotécnico complejo. El agotamiento o la extinción de un tipo de recurso o la súbita aparición de uno nuevo que reemplace al anterior pueden determinar el nacimiento o la extinción de un Sistema Sociotécnico Complejo (SSTC).

La plataforma de recursos tangibles e intangibles totales operados por Calfrance es algo diferente a la suma de sus partes, y por tanto, debe evaluarse de modo sistémico. El resultado de esta evaluación es un emergente sistémico denominado "productividad".

Llegado este momento de la presentación, le distribuimos a cada participante una planilla (Figura 16) en la que íbamos a evaluar el perfil de desempeño que según ellos podría lograr mayonesa Fouchet en la Argentina. Les dimos, además, un resumen de inteligencia sobre Westeast (casi todos la conocían porque ya competían contra ella en casi todo el mundo), y un resumen sobre Pradera Dorada.

En la planilla de evaluación vamos a considerar **trece** tipos de recursos diferentes.

Perfil de desempeño	Muy inferior	Inferior	Neutro	Superior	Muy superior
Gente					o
Productivos				o	
Financieros		o			
Infraestructura			o		
Información				o	
Tecnología			o		
Imagen				o	
Crédito			o		
Tiempo				o	
Mística					o
Capacidad de maniobra					o
Estabilidad			o		
Organicidad					o
Evaluación general				o	

Figura 16. Perfil de desempeño.

Primero, la **gente** que, de acuerdo con nuestro modelo, es el recurso estratégico básico. En cuanto a este recurso, en la planilla

debíamos tener en cuenta si teníamos la cantidad de personas necesaria (según nuestra estrategia y en relación a los competidores). De
la calidad nos ocuparíamos en otras variables.

Luego, tres tipos de recursos tangibles. Estos son los **productivos**, los **financieros** y los de **infraestructura**.

Los productivos son los recursos de fabricación (o manufactura,
o elaboración), tales como plantas, procesos, materia prima, materiales, etc.) y los comerciales, como la fuerza de ventas, de promoción o de distribución. En los bancos, muchas veces los llaman
"operacionales", y en general se refieren a la tecnología de información y comunicaciones –TIC–. Debíamos tener en cuenta toda la cadena de transvección desde la logística de input hasta que el producto
es puesto en el carrito de Claudia.

Los financieros, considerados tanto en calidad como en cantidad. Por ejemplo, la estructura del capital, la proporción de capital
propio y de capital ajeno. El análisis en este punto implicaba preguntarnos: ¿estamos pagando un costo financiero mayor o menor
respecto de nuestro competidor?

Los de infraestructura, tales como el soporte de informática, depósitos, oficinas, flota de transporte, etcétera.

Además, nueve tipos de recursos intangibles, **información**,
tecnología (know-how) es lo que sabemos hacer, nuestras conductas y competencias observables, habilidades de fábrica, de recursos
humanos, de finanzas, de marketing, de I+D+I (investigación, desarrollo e innovación). **Imagen o marca**: ¿cuánto valen las ocho letras
separadas por un guioncito que dicen nada menos que "Coca-Cola"? Debemos medir la fuerza de nuestro posicionamiento relativo
de marca de producto y de nuestra imagen institucional. Cómo es
nuestra diferenciación contra las marcas enemigas. **Crédito**, esto
es la posibilidad de endeudamiento aunque no lo usemos, pero
¿cuánto vale poder disponer de crédito? Y aún más genéricamente:
¿cuál es nuestra CREDIBILIDAD, con los bancos, los sindicatos, nuestros proveedores y distribuidores. **Tiempo**, en un momento como
este en el que la alta turbulencia hace que los productos tengan una
vida cada vez más reducida, tenemos que recuperar las inversiones

lo antes posible. Aquí debemos analizar el impacto temporal de nuestras decisiones. Si podemos, adelantarnos a la competencia introduciendo una innovación, por ejemplo. **Mística**, es decir la identificación, la lealtad, la motivación, "la camiseta". Incluye el sentido de pertenencia y su voluntad de vencer al enemigo. Es sin dudas uno de los recursos clave ya que será fundamental para lograr el alineamiento estratégico de todos los miembros de Calfrance. **Maniobra** (capacidad de maniobra), esto es capacidad de cintura, de anticipación y de pique, considerando a este recurso intangible en el sentido más amplio posible, desde los procesos productivos hasta la situación financiera y desde las normas administrativas hasta la actitud de innovación. **Estabilidad** es la no-dependencia de una sola fuente de ingresos, sino un nivel de diversificación sana y adecuada. Dependerá de la cultura interna y de la propensión o aversión al riesgo que tenga Calfrance. Por último, **organicidad**, entendida como el acople entre áreas, divisiones y funciones sin compartimentos estancos, y la unidireccionalidad de la gente hacia un objetivo común. Es la capacidad de lograr una visión comprendida, compartida y comprometida. A diferencia de "organización", que implica poner cada cosa en su lugar, separación con el peligro de generar compartimentos estancos, la organicidad implica sentido de totalidad, de que somos uno. Organización y organicidad, ambas son necesarias y deben complementarse.

La habilidad distintiva de la empresa surge como un emergente sistémico (volar) entre la combinación de estos trece tipos de recursos. El potencial lograble de cada uno ofrece, a su vez, trece áreas de resultados clave. Dicho de otra manera, mayonesa Fouchet debe considerar a cada uno de estos puntos como áreas de resultados donde tiene que tratar de mejorar PARA SIEMPRE.

El punto que caracteriza nuestro pensamiento sistémico es que **el valor de un recurso para Calfrance dependerá de su estrategia, de su cultura, de su gestión y de sus mercados. Un recurso no es un recurso** *per se,* **sino en función de los otros cuatro pilares del Penta.**

Cada uno de los miembros de Calfrance puede representar los trece tipos enumerados como un recurso o como una debilidad. Además, esta consideración puede diferir según la intensidad cognitiva positiva o negativa que el individuo le atribuya.

Entonces les pedimos a los participantes que se volvieran a dividir en grupos y que evaluaran cómo creían que estaba Fouchet, en cada uno de los trece puntos, contra Sunny. Debían localizar la evaluación en las columnas de la planilla. Por ejemplo, cómo estábamos en recursos productivos. Si la evaluación cae a la izquierda de Neutro, quiere decir que en recursos productivos tenemos una Debilidad. Si cae a la derecha, significa que tenemos una Fortaleza. Decidimos que íbamos a hacer el análisis contra Sunny primero y contra Dorada después.

Para ir inmediatamente a la acción, al cable a tierra, les pedimos que ni bien terminaban de evaluar cada variable de Fouchet contra Sunny, generaran todos los Programas de Acción Táctica (PAT) que se les ocurrieran para mejorar la situación de la variable. En el ejemplo de recursos productivos, todas las acciones que Calfrance podría emprender contra Westeast. Si la variable representa una debilidad, PAT para superarla. Si es una fortaleza, PAT para consolidarla. Les explicamos que además para cada una de las iniciativas propuestas deberían proponer una fecha para la que esta iniciativa ya debía estar implementada.

Pero ACCIÓN, ACCIÓN Y ACCIÓN. Esto hace que el grupo no solo se quede en una etapa de diagnóstico, sino que inmediatamente encuentre carne para morder.

El pilar de los mercados

El tercer pilar es el de los mercados. Aquí vamos a tener en cuenta también trece variables para evaluar el atractivo del mercado de mayonesas **para Calfrance en el Mercosur**. Les pedimos que recordaran que un mercado no es atractivo *per se*. Es atractivo según la estrategia, la cultura y los recursos, y la gestión de quien lo está evaluando.

Elegir el mercado en el cual Calfrance va a operar, al que va a considerar como su teatro de operaciones, y los *targets* o blancos de ese mercado exige explicitar y especificar las características que los hacen atractivos para Calfrance. Este análisis permite establecer el emergente sistémico resultante denominado "posicionamiento".

Les entregamos otra planilla para que hicieran el mismo ejercicio que en el de perfil de desempeño. Ahora íbamos a evaluar el atractivo del mercado (Figura 17) con otras trece variables.

Atractivo de mercado	Muy bajo	Bajo	Neutro	Alto	Muy alto
Impacto externo				o	
Envergadura y crecimiento				o	
Nivel de rivalidad					
Presión de sustitutos			o		
Barreras de entrada		o			
Barreras de salida			o		
Poder de negociación - Proveedores			o		
Poder de negociación - Canal			o		
Poder de negociación - Cons. final					o
Compatibilidad cultural					o
Compatibilidad tecnológica					o
Tamaño de la apuesta					o
Sinergia					o
Evaluación general					o

Figura 17. Atractivo del mercado.

La primera es el **impacto del escenario o impacto externo**, es decir, el impacto en el mercado de la mayonesa del conjunto de fuerzas macroeconómicas, tecnológicas, políticas, legales, sociales, culturales, demográficas, comunicacionales y ambientales. Si la evaluación da a la izquierda de Neutro, se trata de una Amenaza. Si da a la derecha, es una Oportunidad. Les pedimos que, como en el ejercicio anterior, detectada una amenaza generaran PAT para neutralizarla y que, detectada una oportunidad, generaran PAT para aprovecharla. También en este punto tomamos en cuenta las variables empleadas por el Foro Económico Mundial (WEF) para calcular el índice de competitividad de los países y la relación del producto (para nosotros, la mayonesa) como centro de todo un *cluster* (o más de uno).

La segunda es la **envergadura** y **la tasa de crecimiento** del mercado, es decir, el tamaño actual del mercado y su proyección de crecimiento a lo largo del tiempo.

La tercera variable es el **nivel de rivalidad** que encontramos en el mercado de la mayonesa. El grado de conflicto entre nosotros, Westeast y Pradera, en la batalla entre las marcas Fouchet, Sunny y Dorada. ¿Cuáles son sus paradigmas vinculares? ¿Cómo compiten, y cómo innovan?

La cuarta, incorporando como parte de nuestro esquema el análisis de Michael Porter (léase su libro *Estrategia competitiva*[2]) es la **presión de los productos sustitutos**, esto es, otros productos con tecnologías distintas a las nuestras que puedan estar presionando por el mismo segmento del mercado. Son los competidores indirectos que compiten con otra fórmula diferente de producto. Con un Penta distinto desde el lado de la oferta, que seguramente proviene de otro sector industrial. En este momento el grupo comprendió que, en realidad, muchas de nuestras propias líneas de productos podían ser consideradas como sustitutos de nuestra mayonesa. Las otras salsas eran un ejemplo clarísimo.

Además vamos a tener en cuenta las **barreras de entrada**, ya sean barreras por economía de escala necesaria para competir en mayonesa, o barreras de costos, de competitividad, legales, tecnológicas, de patentes y derechos, etc. Como nosotros ya nos encontrábamos compitiendo en el sector, las barreras de entrada debían ser altas para convertirse en una oportunidad, ya que nos protegerían del ingreso de nuevos competidores. Las **barreras de salida**, que pueden ser desde gremiales o contractuales hasta emocionales (no podemos abandonar este producto porque es con el que el "abuelo comenzó la compañía"). En este caso, por el contrario, si las barreras de salidas son altas no sería una oportunidad, sino una amenaza, porque en caso de que nuestra estrategia de portafolio nos lleve a competir en otro sector, sería muy difícil que pudiéramos abandonar el sector de las mayonesas.

Y vamos a tener en cuenta tres tipos diferentes de mediciones de nuestro poder relativo. El poder de negociación de los **proveedores**, el poder de negociación de los **distribuidores** y el poder de nego-

---

2   Porter, Michael: *Competitive strategy*. Harvard Business School Press, Boston, 1980.

ciación del **cliente final** (apartándonos del modelo de Porter, que no hace esta discriminación).

En cuanto a los proveedores, debemos ver quién tiene mayor poder de negociación y quién define el resultado el negocio. ¿Ellos manejan indiscriminadamente los precios o la accesibilidad a los insumos que compramos?

Al hablar de canal, nos referimos a los intermediarios entre Claudia y nuestra empresa. Del mismo modo que con los proveedore, debemos preguntarnos ¿quién tiene mayor poder relativo, nosotros o ellos?

En este punto les recordé lo importante que es que tengamos consolidado nuestro paradigma vincular, porque en este caso mandaremos nosotros. Los intermediarios nos comprarán porque serán los propios clientes quienes presionarán para que adquieran nuestros productos.

Es sumamente importante que desarrollemos alianzas estratégicas del tipo *just in time* con nuestros proveedores y con el canal.

En cuanto al poder de negociación con el cliente final, si él nos percibe como mejores, como diferentes, si nuestra marca genera atracción, y si nuestro paradigma vincular, nuestro A-1 es potente en relación a C-3, tendremos un buen poder de negociación frente a él, y por tanto estaremos frente a una oportunidad.

La siguiente variable es la **compatibilidad cultural**: ¿qué cultura, qué ideología, qué hábitos hacen falta para poder operar rentablemente en el mercado de la mayonesa? ¿Cómo compatibiliza la cultura requerida con la cultura actual de Calfrance?

Otra variable es la **compatibilidad tecnológica**: ¿cuál es la tecnología que hace falta para operar exitosamente en el mercado de la mayonesa, y cómo compatibiliza esa tecnología con la que hoy dispone Calfrance?

Además, vamos a considerar cuál es el **tamaño de la apuesta**: ¿cuánto estamos arriesgando de los recursos totales de Calfrance para ingresar con éxito al Mercosur en el mercado de mayonesa? En caso de que lo que tengamos que apostar sea mucho, será una Amenaza; de lo contrario, una Oportunidad.

Por último, la **sinergia**. El concepto de sinergia implica que quizá tengamos que entrar en el mercado de la mayonesa lanzando simultáneamente algunas de las otras líneas porque estas potencian la invasión. Una línea potencia a la otra tanto desde el punto de vista del posicionamiento como desde el de la productividad. El primero puede ser de imagen; el segundo, de costos. La sinergia es una típica perspectiva sistémica (volar). Debemos analizar cuál es el efecto sobre las otras líneas de Calfrance que produce nuestra participación en el mercado de las mayonesas.

Así como las habilidades distintivas surgen como un emergente sistémico de la combinación entre los recursos, de la combinación de estas trece variables que caracterizan a los mercados surgen, también como emergentes sistémicos, los **factores críticos de éxito** del mercado de la mayonesa. Estos son los condicionantes imprescindibles que tiene que cumplir Calfrance con mayonesas Fouchet para poder crear valor económico. De la combinación entre los trece tipos de recursos surgen las habilidades distintivas de Fouchet. De la combinación entre las trece variables del mercado, surgen los factores críticos de éxito para una mayonesa.

Otra vez organizados en pequeños grupos, les pedimos que trataran de enumerar cuáles les parecían los factores críticos, especialmente al ingresar (o reingresar) en la Argentina y después en el Mercosur.

Salieron una serie de ítems tales como (por supuesto) hacer foco en los requerimientos de los segmentos elegidos, conocer la segmentación o las diferentes mayonesas ideales, mostrar una diferenciación sustancial contra Sunny, tener una buena relación con el canal de distribución, lograr que la marca esté bien exhibida y "estoqueada" en el canal, encontrar formas promocionales diferentes, encontrar nuevas maneras de relacionamiento con el consumidor final (el marketing masivo comenzaba a no ser suficiente) y varios más.

Entonces volví al concepto de vector estratégico, diciéndoles que para que este tenga **coherencia lógica**, debe ser compatible con las habilidades distintivas de la empresa y con los factores críticos de éxito del mercado. Ya habíamos decidido cuáles son nuestras habilidades distintivas, ahora les pedí que analizaran el listado de factores críticos y que pensaran si "Comámonos a Sunny" tenía congruencia lógica, si era viable, si era motivante o si corríamos el riesgo de que fuera no alcanzable y, por lo tanto, frustrante y desalentador.

Todos los participantes ahora aceptaron que podíamos vencer. Varios aprovecharon el corte para el café que hicimos en ese momento y se le acercaron a Marc, a Valerie y a Jean-Jacques para preguntarles si podían participar de la "Operación Poincaré", como se había designado a la penetración que estábamos planificando. Muchas veces almorzábamos en un bolichito sensacional que quedaba a pocos pasos de la empresa en Av. R. Poincaré y Av. Victor Hugo. Hacía tiempo que no actuaban en una operación relámpago como esta. Todos eran muy profesionales, muy jóvenes pero con una experiencia tremenda, y lo que más disfrutaban era ser parte de una fuerza de rápido despliegue como la que había que poner rápidamente en acción. La **sorpresa** debía ser un objetivo prioritario para no darle tiempo a Westeast para preparar una contraofensiva. Con sus tremendos recursos, esta alternativa podía llegar a ser fatal. Poincaré debía ser imparable.

Nos detuvimos especialmente para que los cuarenta participantes razonaran que lo que caracteriza a nuestro enfoque sistémico es que **el valor de un mercado** (el mercado de la mayonesa) para una empresa (como Calfrance) depende de su estrategia, de su cultura, de sus recursos y de su gestión (antes habíamos dicho lo mismo con respecto al valor de un recurso). Hicimos mucho énfasis en destacar que el mercado no tiene valor *per se*, para cualquier empresa. Que depende de **quién** lo está evaluando. Y que para entender **cómo es** la empresa que lo está evaluando, debo comprender su estrategia, su cultura, sus recursos y su gestión. Entonces el trabajo principal ahora consistía en describir cómo era el Penta de Calfrance como empresa internacional, cómo debería ser para competir en mercados de megacompetitividad del futuro y cómo debíamos tratar de que fuera el Penta de Calfrance Argentina, cabecera para el Mercosur.

La matriz de portafolio

Ahora que ya habíamos analizado a Calfrance desde los pilares de los recursos y los mercados y conocíamos cuál era su perfil de desempeño y el atractivo del mercado de las mayonesas, estábamos en condiciones de presentar una herramienta de análisis muy importante para nuestro modelo: la matriz MAPORT o matriz de portafolio.

Esta matriz constituye una de las principales fuentes de información de la Alta Dirección, ya que la salud de Calfrance y, en general, de toda empresa dependerá de cómo se distribuyen los negocios entre los nueve casilleros de la matriz.

Pero antes de introducirnos en el análisis, consideré necesario que profundizáramos en el concepto de riesgo.

Les recordé que al determinar nuestra estrategia de portafolio de negocios debíamos tener en cuenta cuál era el nivel de riesgo aceptable por nuestra cultura interna. El nivel de riesgo de un negocio incluye por un lado el riesgo intrínseco que dependerá de las características propias y de la viabilidad competitiva del mismo.

Sin embargo, al incorporar este negocio y considerarlo como parte integrante de un portafolio, debemos considerar dos tipos de riesgos más, que tienen que ver con la amplitud de la diversificación del portafolio. Por un lado, el riesgo por concentración –poner todos los huevos en una sola canasta–, que se da cuando el portafolio está integrado por tan pocos negocios que incrementa el nivel de riesgo debido a la alta "dependencia" con esos pocos negocios.

Inversamente, existe el riesgo por disipación –el que mucho abarca poco aprieta–, que se da cuando los portafolios presentan una importante amplitud de diversificación, debido a que en este caso se tiende a invertir menos de lo necesario en cada negocio individual y también a que incrementa el riesgo de no poder gestionar tantos negocios con eficiencia y con efectividad.

Coloqué sobre la pizarra el gráfico de la Figura 18, junto a los de las figuras 16 (perfil de desempeño) y 17 (atractivo de mercado), y comencé a explicarles de qué se trata esta nueva herramienta.

Una vez determinadas las dimensiones del perfil de desempeño y del atractivo de mercado, podemos utilizarlas como ejes de la matriz de portafolio.

ATRACTIVO DEL SECTOR		
Alto	Medio	Bajo

		Alto	Ingresar o proteger agresivamente	Construir selectivamente	Transferir selectivamente
PERFIL DEL DESEMPEÑO		Medio	Ajustar y construir	Mantener selectivamente	Transferir agresivamente
		Bajo	Rediseñar y construir agresivamente	Nicho o transferir	Desinvertir

Figura 18. La matriz MAPORT.

El atractivo del sector y el perfil de desempeño son clasificados en Alto, Medio o Bajo, de acuerdo con el resultado total de la creación de valor económico que cada negocio está logrando.

Les expliqué que si bien al calificar en las figuras 16 y 17 lo hacemos en cinco dimensiones, al volcarlas en la matriz MAPORT lo hacemos solamente en tres.

Del análisis de la matriz surgen nueve diferentes recomendaciones estratégicas. Si bien del análisis de las Figuras 16 y 17 surgiría cuál es nuestra posición, comencé a explicarles una a una.

1. Ingresar o proteger agresivamente

El negocio tiene un fuerte perfil de desempeño en un sector altamente atractivo. Lo más probable es que sea muy sólida la situación estratégica de su paradigma vincular, de su A-1.

El impulso estratégico debe, entonces, consistir en ingresar o en defender agresivamente esta excelente situación, si ya se está operando en el mercado de las mayonesas.

Proteger la situación consiste no solo en conservar el nivel de su perfil de desempeño, sino también en el constante monitoreo de las transformaciones que puedan producirse en la demanda.

Esto significa controlar la evolución de los segmentos y liderar en la incorporación de innovaciones incrementales, radicales pero sobre todo disruptivas, que signifiquen ventajas competitivas para mantener la potencia del paradigma vincular, pero sin olvidarnos de fomentar la creación de habilidades distintivas que servirán como base y cimiento de estas ventajas competitivas.

El buen desempeño en rentabilidad permitirá liberar recursos para otros negocios, pero cuidando el equilibrio necesario entre esa decisión de transferencia y los requerimientos de fondos para mantener la competitividad y la estabilidad en este negocio.

Quien dirige este negocio tiene alta capacidad de interpretar tanto el mercado como el impacto de los escenarios externos y, por lo tanto, un buen nivel de gestión. Por otra parte, un alto nivel de desempeño indica que existe un alto grado de efecto sistémico de los recursos, asegurando la eficiencia en su uso, buen nivel de empleo y reposición de los mismos. Este producto o negocio es un campeón que seguramente contribuirá a generar pertenencia y, por lo tanto, a reforzar la cultura.

2. Ajustar y construir agresivamente

Esta estrategia de negocio corresponde a un producto con un perfil de desempeño medio en un mercado altamente atractivo. La potencia de su paradigma vincular es menos que óptima. Recurriendo a la Figura 16, el negocio debe ser ajustado para mejorar su perfil de desempeño.

En definitiva, se trata de construir sobre nuestras fortalezas y reforzar las áreas vulnerables, tratando de superar nuestras debilidades.

En un sector industrial altamente atractivo, el negocio tiene algunas buenas posiciones que deben ser mantenidas. Las restantes deben ser corregidas y luego intentar el desafío de construir agresivamente. Para ello, la Figura 16 nos puede dar una pauta de cuáles son las brechas que deben ser cubiertas.

3. Rediseñar y construir agresivamente

En un mercado altamente atractivo, este negocio está en una posición pobre. El caso es similar al anterior, pero más grave. Ya no se trata de una mera corrección, sino que el paradigma vincular del negocio entero debe ser reformulado. El perfil de desempeño de las áreas de resultado clave es muy bajo. Con seguridad, se requerirá una profunda transformación de paradigma vincular. Se deberán buscar nuevas ventajas competitivas y nuevas habilidades distintivas.

Los fondos requeridos para llevarla a cabo deberían estar justificados, dado el alto nivel de atractivo del mercado. En general, el impulso debe estar basado en especializarse alrededor de fuerzas limitadas y buscar opciones para sobrellevar debilidades.

En estos últimos dos casos debemos hacer una aclaración. Al ser el mercado altamente atractivo, de acuerdo con nuestro criterio de evaluación, ya ha sido considerado que tenemos los recursos adecuados como para conseguir un buen perfil de desempeño. Es decir, lo que está sucediendo es que estamos conduciendo mal nuestros recursos al estructurar el paradigma vincular, y una vez corregido este problema, el resultado debería ser mejor. Probablemente será necesario que rediseñemos nuestra gestión.

4. Construir selectivamente

Este es un negocio con un alto perfil de desempeño operando en un mercado de atractivo medio. La estrategia recomendada consiste en detectar los segmentos más atractivos y concentrarse en ellos. Como el nivel de desempeño es alto, es necesario analizar cuáles son los motivos por los que el mercado ha sido considerado de atractivo medio.

Lo cual significa que se debe realizar un análisis interno, tanto a nivel portafolio como a nivel del negocio, ya que algún cambio en esos rubros podría aumentar el atractivo del mercado. Asimismo, un nuevo análisis estratégico puede modificar la apreciación de las que han sido consideradas oportunidades o amenazas.

5. Mantener selectivamente

Como en el caso anterior, el mercado es de atractivo medio, pero también el perfil de desempeño es medio. Ya no parece tan conveniente asignar más recursos para mejorar el paradigma vincular. La estrategia del negocio debe ser mantener selectivamente. Lo que se busca es maximizar el perfil de desempeño, operando de manera selectiva donde mejor se pueda. Esto debe ser complementado con una política de mínima asignación de recursos adicionales. El problema consiste en proteger el actual programa y concentrar las inversiones donde sean buenas las mejoras en las áreas de resultados clave de productividad y de posicionamiento.

6. Especializar en nicho o transferir

En este caso, con un perfil de desempeño bajo y un atractivo medio del mercado, la estrategia indica minimizar la inversión y racionalizar las operaciones especializándolas en un paradigma vincular muy focalizado en algún segmento especializado considerado como nicho. Un paradigma vincular fuertemente especializado en un nicho de mercado podría mejorar el nivel de desempeño en productividad y en posicionamiento.

Si no se logra detectar un nicho especializado que mejore el nivel de desempeño, las inversiones de recursos dedicadas a estos negocios pueden ser mejor utilizadas en otros negocios.

7. Transferir selectivamente

El nivel de desempeño es alto, pero el atractivo del mercado es bajo. En este caso, es menos probable que el atractivo pueda ser corregido, como hemos mostrado en el caso de construir selectivamente. Los recursos asignados a estos negocios deben ser transferidos en forma selectiva hacia otros usos en negocios localizados en mercados más atractivos, pero sin perder el alto perfil de desempeño actual.

Es quizá uno de los casos más complicados ya que el alto nivel de desempeño proviene de un mercado que ya no nos resulta interesante. Si no se reformula este criterio de atractivo, lo lógico sería cosechar todos los recursos que estos negocios liberen, concentrando sobre aquellos segmentos que pudieran ser considerados más atractivos.

Es necesario recalcar que los resultados financieros que se están obteniendo en este negocio pueden ser altísimos, pero el hecho de que el atractivo sea bajo significa que algún otro tipo de recurso está siendo perjudicado o que el perfil de desempeño completo se va a arruinar en el futuro.

8. Transferir agresivamente

Como en el caso anterior, el mercado es de bajo atractivo, pero el perfil de desempeño es medio. Esto significa que la decisión ya es más clara. No se plantea la paradoja del punto previo de obtener altos resultados en un mercado de bajo atractivo. El empuje debe consistir en transferir rápidamente los recursos hacia otros negocios que los requieran.

9. Desinvertir

Ni el mercado es atractivo ni el perfil de desempeño es bueno o fácilmente mejorable. De no existir altas barreras de salida, el negocio debería ser liquidado hoy mismo.

Ahora que conocíamos los nueve casilleros de la matriz debíamos ubicar en uno de ellos a Calfrance, de modo de determinar cuál sería la estrategia a seguir.

Todos coincidimos en que de acuerdo con el análisis realizado, nuestro desempeño era alto en un mercado altamente atractivo, por lo que debíamos tratar de proteger agresivamente la excelente condición en la que nos encontrábamos, *reforzando nuestro paradigma vincular,* fomentando una cultura que permanentemente detecte las cambiantes necesidades de la demanda, y lidere en las innovaciones que impliquen ventajas competitivas para los consumidores, sin olvidarse de potenciar sus habilidades distintivas base y cimiento de estas ventajas.

Presión y atracción, ahora en el Penta

Me acerqué a la pizarra en la que hasta ese momento tenía dibujados solo tres círculos. El de los recursos, el de la estrategia y el de los mercados (imagínese esto en la Figura 1) y les comenté que ubicaríamos a las dos grandes macroactividades que vimos antes, la de presión y la de atracción.

Presión y atracción son dos fuerzas de creación de valor económico sustentable y sostenible a lo largo del tiempo.

Desde el punto de vista de los recursos, en función de sus habilidades distintivas, Calfrance logrará una mayor o menor productividad en el empleo de sus recursos. Esta productividad generará un efecto "presión" para ayudar a crear valor económico sostenible.

Por otro lado, teniendo en cuenta a los mercados, el posicionamiento relativo de sus marcas generará un efecto "atracción", que es la segunda fuerza de creación de valor.

La estrategia de competitividad de Calfrance es una configuración de decisiones que articula decisiones de presión y decisiones de atracción en un target específico del mercado de las mayonesas y en el cluster que integra. Quiere decir que estas son diferentes dimensiones de la estrategia que liga a una empresa y a su mercado y que consisten en una "traducción" en términos competitivos de los procesos realizados interna y externamente por todas las áreas funcionales, tanto en el nivel estratégico de la Alta Dirección como en los niveles de mando operacional y táctico.

La estrategia es orientada hacia un determinado cliente con el objetivo de que este, por formar parte del target (blanco) de mercado seleccionado (segmento o segmentos), elija el producto (marca) que la empresa le está ofreciendo.

Para ello, dijimos que la estrategia debe penetrar distintas capas que encapsulan a ese consumidor y que corresponden a los diferentes campos exógenos y endógenos que lo constituyen, lo categorizan y lo distinguen.

También dijimos que al penetrar esas capas, la "estrategia" desde el lado de la oferta (presión), se transforma o traduce en una "interpretación" o "percepción" o "significado" desde el lado de la demanda (atracción). La propuesta sistémica que incluye el lado de la demanda sostiene que el problema estratégico consiste en el planteo competitivo entre percepciones del consumidor y no entre productos tangibles de las empresas competidoras. ATENCIÓN: esto es STEPS, como veremos más adelante al hablar de plan de negocios.

Recordemos que presión es la fuerza de Calfrance cuando transforma los trece tipos de recursos en un frasco de mayonesa Fouchet. Ahí dibujé la flecha de presión que en el Penta liga recursos y estrategia y les recordé que el producto físico, la "cosa" frasco de mayonesa, forma parte del portafolio en el pilar de estrategia.

La segunda fuerza, la atracción, es la transformación de la "cosa" frasco de mayonesa en un "concepto-marca" Fouchet, una diferenciación con valor para un determinado consumidor (para Claudia), algo especial para alguien especial. Atracción es el proceso "hacia afuera" de **presentar** a la demanda una **PROPOSICIÓN ÚNICA DE VALOR.**

REPITAMOS 1. Cada persona "construye" una interpretación – por supuesto subjetiva– de esa proposición y produce en su plano mental un determinado POSICIONAMIENTO de esa marca. El posicionamiento es un "constructo cognitivo" que hacen los que interpretan la proposición de valor. Esto quiere decir que el posicionamiento no lo hace la empresa, sino el mercado. La empresa **propone** esperando un posicionamiento deseado.

REPITAMOS 2. El consumidor construye una interpretación del producto y de la empresa. Esta es una determinada configuración entre los diversos atributos que percibe. La percepción, el conjunto percibido de cada marca, no está integrada entonces por los atributos con que se ha "armado" el producto, sino por la interpretación de los atributos percibidos que realiza el cliente, conscientemente o no, y transformados en métricas que quiere maximizar o minimizar. Esta es la "función" del producto o el servicio. Su "trabajo a cumplir" o *"job to be done"*.

REPITAMOS 3. Cada marca es, entonces, un conjunto percibido o una estructura de métricas que "significa" algo al consumidor. Que dos productos estén diferenciados entre sí solo puede ser entendido como que sus respectivas marcas o conjuntos percibidos "signifiquen" cosas diferentes. Que en sus correspondientes estructuras el cliente perciba uno o más atributos diferenciadores y elija entre ellos por comparación. ¡SALIENCIA! Esto pasa con Coca-Cola, Punta Cana e, incluso, con Fouchet.

REPITAMOS 4. Cada conjunto percibido es "contrastado" por el cliente no con las marcas restantes de manera directa, sino previamente con una estructura ideal de métricas. Esta estructura ideal es una "configuración simbólica" de atributos esperados que al cliente le "significa" la expectativa que considera óptima para satisfacer su deseo. A esto lo llamamos conjunto esperado (CONES). Es el producto ideal. El destino turístico ideal. La localización ideal para su empresa o el candidato a presidente ideal. Todas las métricas que quiere maximizar y todas las que quiere minimizar.

REPITAMOS 5. Aquel conjunto percibido (marca) que le "signifique" al consumidor la configuración de atributos que más satisfaga las métricas del conjunto esperado, ha de ser el que logre más motivación por ser elegido. ¡SALIENCIA!

Entonces dibujé la flecha de atracción que une estrategia y mercados. Les aclaré a todos los participantes lo que ya habíamos comentado en las reuniones de la sala de guerra. Esto es que el posicionamiento de la marca Fouchet es un problema tecnológico, competitivo, de "talentos" humanos, etc. Que es una macroactividad global. Que se tiende a confundir el tema del posicionamiento como si fuera un problema solamente publicitario.

Presión sería la fuerza resultante de la construcción de la "cosa" frasco de mayonesa, y atracción, la fuerza resultante de la construcción de la imagen Mayonesa Fouchet. Las habilidades distintivas tienen que ver con la fuerza de la presión de recursos, mientras que la ventaja competitiva tiene que ver con la fuerza de la atracción en los mercados. El paradigma vincular es la fuerza resultante de potenciar las fuerzas de presión y de atracción.

De esta manera, queda planteado el eje horizontal del Penta que llamamos eje de **Formulación** de la Estrategia de Fouchet. El eje vertical es el de la **Implementación** de esa estrategia, o sea, cómo hacemos para asegurar que se lleve a cabo la Operación Poincaré, con el modelo de negocio que estamos definiendo para Fouchet, cómo hacemos para asegurar que se transforme en acción, cómo pasamos de las pizarras de Av. Victor Hugo a las calles de las ciudades de la Argentina, cómo vamos a martillar el clavo, cómo hacemos cable a tierra, cómo hacemos para asegurar que esto no sea solamente un planteo teórico.

El pilar de la cultura

Dibujé el círculo superior de la cultura y les adelanté que, comenzando con el planteo de la problemática de la implementación, lo primero que tenemos que hacer es ver el cuarto pilar del modelo, el de la cultura. Ahora bien, ¿qué entendemos por cultura? Aquí volvimos a mostrarles los ejemplos de Medicus, de Vanesa Durán y de Natufarma. Por cultura entendemos los valores, las creencias, las aspiraciones con las que conducimos a Calfrance, la forma como las cosas **deben ser**, el futuro manifestado en el presente. Por ejemplo, cuál es la actitud que tiene Calfrance ante la diversificación, ante el riesgo, ante los proveedores, ante el canal de distribución, ante el consumidor final, ante la nueva tecnología, ante el trabajo en equipo, ante el respeto por sus miembros, ante el desafío de proponer un sueño común, una visión comprendida, compartida y comprometida. En realidad, les agregué como susurrando que "la cultura es lo que la gente hace cuando nadie la está mirando".

Estas creencias, este sistema de valores, funcionan como un sistema de hábitos. La cultura de Calfrance, como toda minisociedad, hace **que los hábitos** CONDICIONEN **la posibilidad de implementación de la estrategia de Fouchet**. Los hábitos pueden ser de dos tipos: **explícitos**, con lo cual se trata de verdaderas políticas, claras y establecidas, o **implícitos**, estos son los mitos o "rocas" con las cuales decidimos sin saber que están influyendo en nuestra decisión, generalmente producidos por los éxitos del ayer, que pueden no servir más en el mañana.

A veces, la ejecución de la estrategia requiere cambiar el sistema de valores y creencias interviniendo en la cultura a fin de generar las condiciones que permitan la transformación del repertorio cognitivo de los miembros de la organización. Se trata de un proceso complejo que solo puede ser concluido cuando la nueva cultura es asumida por el conjunto como la definición de su identidad.

La diferencia entre los valores y los hábitos consiste en que los valores son las aspiraciones con las cuales queremos conducir Calfrance, mientras que los hábitos son las reglas y sentimientos sobre el comportamiento diario. Los valores son cómo deberían ser las cosas, mientras que los hábitos son cómo las cosas son. Los valores son el **futuro** expresado en el presente. Los hábitos, el **pasado** expresado en el presente.

Toda organización tiene una cultura propia. En realidad, toda vez que dos personas interactúan durante algún tiempo para lograr un objetivo común, habrán de desarrollar una cultura propia, reflejada en ciertas creencias y hábitos compartidos que emergerán de esa interacción.

La cultura de las organizaciones está fuertemente basada en la percepción que sus miembros tienen de lo que funcionó con éxito en el pasado. Es decir, en las conductas aceptadas porque se las percibe como que ya han sido efectivas.

Como han sido efectivos, tales creencias y hábitos de conducta son enseñados a los miembros nuevos, como las formas de percibir, pensar y sentir al enfrentar problemas de adaptación externa e integración interna. De modo que cuando se articula el complejo de supuestos sobre cuál es la mejor forma de operar con el medio externo (adaptación) y cuál es la mejor manera de dirigir el medio interno (integración), estos supuestos son pasados a los recién llegados.

Este es el proceso de "socialización" o de "inducción" de la gente nueva. Calfrance tiene en funcionamiento un proceso muy elaborado de transmisión de su cultura a los miembros nuevos. Marc había aprendido esto en Disney, el lugar del mundo en el que creo que este proceso está mejor desarrollado, y lo había adaptado en todo lo posible a Calfrance.

De la interacción cotidiana entre los miembros de Calfrance, inevitablemente se desarrolla un conocimiento colectivo de "lo que es y
lo que no es". Estas son las creencias. Y de "lo que debería ser y lo
que no debería ser". Estos son los valores.

Las creencias y valores son la plataforma sobre la que el grupo
genera los "hábitos" (en este momento, dibujé la flecha de los hábitos). Estos son las reglas aceptadas de la conducta que prescriben
cuáles son las actitudes y las conductas apropiadas e inapropiadas de
los miembros del grupo. Estas reglas de comportamiento incluyen los
estándares de desempeño esperado del grupo y cómo esos niveles de
desempeño deben ser alcanzados.

Los hábitos tienen una influencia particularmente fuerte sobre
el comportamiento de la gente. Quien los viola recibe la presión
de readaptación por parte del resto de los miembros y hasta puede
ser socialmente eliminado (a no ser que los hábitos se modifiquen
considerando la desviación como aceptable).

Carola interviene: "la cultura de Calfrance puede ser un activo o
un pasivo para el éxito de la Operación Poincaré de lanzamiento de
Fouchet, dependiendo de si los valores compartidos y las creencias
son compatibles con los factores críticos de éxito del mercado que se
intenta conquistar. Ninguna cultura es buena o mala o adecuada en
sí, sino respecto del Penta en su conjunto, en relación a la estrategia,
los recursos, la gestión y los mercados".

Entonces yo seguí explicando que los cambios bruscos en la economía mundial y en nuestro escenario argentino hacen que los factores
críticos de éxito se modifiquen cada vez con mayor aceleración. Cuando
esto es reconocido, es probable que la empresa intente una reorienta-
ción de su estrategia. Pero si este cambio de estrategia no está respalda-
do por la cultura, esa estrategia está condenada al fracaso.

Les conté a los participantes que hemos visto empresas de "carne y hueso" en las que la cultura organizacional, los valores y creencias que la caracterizan no son los apropiados a las necesidades de
esa empresa. Esto sucede cuando las formas habituales de hacer
las cosas en esa organización se encuentran tan petrificadas e in-
conscientes que comienzan a contaminar los ajustes estratégicos y

tácticos que son requeridos por los cambios externos. Como vimos, esos hábitos ya se han instalado como mitos que actúan como rocas, a partir de las cuales tomamos decisiones sin darnos cuenta. "**Pensamos que pensamos**", pero estamos en piloto automático con el mapa de un territorio del hoy diferente del de ayer. Y también "**ignoramos que ignoramos**". Volví a comentárselos para que quedara fuera de nuestro análisis todo tipo de omnipotencia.

"En otras empresas lo que sucede es la presencia de más de una cultura, y por tanto más de un sistema de valores. Por ejemplo, puede detectarse que la cultura del área de Producción es francamente diferente de la que sostiene el área Comercial", agregó Carola desde su especialización en Alineamiento Organizacional, y comenta:

"La cohabitación de más de una cultura dentro de una organización se traduce en dispersión cognitiva; dispersión que en algunas oportunidades opera como potenciador de la capacidad cognitiva del sistema pero que en otras se transforma en una disfunción que dificulta la comunicación y el buen desempeño del sistema. En estos casos, es necesario implementar un programa de alineamiento estratégico que posibilite que cada uno de los subsistemas pueda mantener sus valores particulares y funcionales respecto de su misión específica, pero sin generar visiones 'túnel' ni perjudicar el desenvolvimiento de otras áreas o del sistema como el todo."

Una cultura "fuerte" de Calfrance puede contribuir a que las operaciones sean eficientes y efectivas debido al alto nivel de compromiso, de consenso y de colaboración que genera. Pero esa misma cultura podría ser la que impida poner en marcha los cambios fundamentales en las formas de pensar y de actuar que demanden los mercados en los que la empresa deba competir. Teníamos que tener esto muy seriamente en cuenta.

Los cambios en los mercados pueden requerir una nueva estrategia, nuevos recursos y hasta cambios en la organización. Pero estas transformaciones pueden no ser puestas en práctica debido a los hábitos profundos y congelados que Calfrance pueda haber desarrollado de manera inconsciente. Seguramente, esos hábitos fueron exitosos en alguna época que ya pasó.

ATENCIÓN: **la cada vez más obvia relación entre la cultura y el desempeño nos ha demostrado que el management de la cultura no puede ser divorciado del management de la estrategia.** La experiencia demuestra que la gente, en las organizaciones exitosas como Calfrance, comparte creencias intensamente defendidas. Estas creencias le permitieron a la compañía alcanzar un alto nivel de "significados" compartidos, un tremendo sentido de pertenencia, un sentimiento de orgullo por el trabajo y por la organización y un alto grado de comportamiento integrador.

Es particularmente importante que las empresas transformadas –aquellas que consiguen saltar el pantano de la mediocridad, el valle de la muerte– logren compatibilizar valores y creencias con sus objetivos empresariales. Para ello es esencial que el Número 1, Alain Larreche en el plano mundial y Jean-Jacques Rotman en la Región Mercosur, asuman el rol de líderes de este esfuerzo. En realidad, la principal responsabilidad de ambos es dar forma y dirigir el conjunto de valores compartidos. Debían pasar de CEO (*Chief Executive Officer*) a CELL (*Chief Executive Learning Leader*) cuyas banderas sean hacer de la innovación un valor central de la cultura de Calfrance, basada en el aprendizaje y el conocimiento colectivo. En especial fomentando una cultura exógena orientada a "descubrir" necesidades del mercado y una endógena que permanentemente "invente" satisfactores.

El pilar de la gestión

Hemos visto que el pilar de la estrategia consiste básicamente en definir la misión con la cual pretendemos crear valor económico para los accionistas de Calfrance. Que la misión surge de la interacción que se produce entre el portafolio de negocios, los requerimientos de los mercados, las habilidades distintivas y el vector estratégico que hemos de disparar para cada área de negocio como el área de mayonesas.

Como resultado de esta interacción, la formulación de la estrategia concluye con la determinación de objetivos. Estos deben ser aquellos que apunten al logro del vector estratégico de cada área de negocio. A su vez, tienen que estar basados en el aprovechamiento de las habilidades distintivas. Por otro lado, habrá objetivos tanto de portafolio completo de Calfrance, como objetivos para mayonesas Fouchet. Un ejemplo de objetivo de portafolio es "aumentar la diversificación". Un ejemplo de objetivo de mayonesa Fouchet es "mejorar la recordación de marca en Buenos Aires".

En el pilar de la gestión se incluyen tres elementos: el primero, es el organigrama, o la arquitectura organizacional de Calfrance Mundo, en general, y de Calfrance Argentina, en particular. Quién depende de quién, la descripción del cargo, es decir, el objetivo específico del puesto, la "autoridad para" y la "responsabilidad por". Ahora bien, el concepto de gestión excede a un organigrama, ya que incluye no solo a la estructura formal, sino además a la estructura informal que surge de ella.

El segundo punto son los sistemas de información. Al estar alimentada la definición de los sistemas de información por los objetivos provenientes de la estrategia de los negocios, es posible formular el planeamiento estratégico de los sistemas informáticos. Por ejemplo, es imprescindible comprender la amplitud de la diversificación, la apertura del organigrama en divisiones, el diseño del plan de cuentas de la contabilidad, si se pretende dar información de rentabilidad por unidad de negocio, por ejemplo, la línea Mayonesas. Aquí les señalé la diferencia organizacional que tenemos con relación a Westeast. Su estructura debe ser mucho más complicada dada su mayor diversificación en tres unidades estratégicas de negocio: Alimentos, Higiene del Hogar e Higiene Personal. Nosotros debíamos transformar esto en una ventaja operativa para Fouchet.

El tercer elemento es el de los procesos gerenciales. Vamos a tener en cuenta cinco procesos principales: planeamiento, programación, presupuestación, incentivación y control. Aquí les señalé la tremenda carga procesal burocrática con la que opera Westeast. Nosotros también debíamos aprovechar esta diferencia como una oportunidad para Fouchet.

El diseño de la gestión nunca puede darse realmente por terminado, dado que los requerimientos de información y comunicación cambian a lo largo del tiempo y debe diseñarse teniendo como guía la consideración de todos los componentes del modelo Penta. Plantear un diseño a medida implica tomar en consideración cómo son los mapas mentales individuales respecto de los demás pilares del modelo Penta, cómo es y debe ser su interrelación. La omisión de esa vinculación constituye un problema grave capaz de conducir al fracaso. Por ello, es imposible evaluar el diseño de la organización sin comprender –entre otras cosas– la problemática cultural o la situación estratégica de la organización.

El pilar de la gestión recibe el impacto de las demás dimensiones del Penta y a su vez influye sobre ellas. El sistema de información, por ejemplo, constituye siempre una señal que describe la cultura y por ello los miembros de la empresa tienden a interpretarlos continuamente.

Las interacciones entre los pilares y sus efectos

Cuando la cultura enfatiza hacia el adentro, hacia los recursos, está orientada a **inventar** satisfactores y tiende a la optimización de los recursos. Estamos hablando de eficiencia. Eficiencia quiere decir "hacer correctamente cosas". En cambio, cuando la cultura enfatiza hacia el afuera, hacia los mercados, estamos hablando de efectividad. Está orientada hacia **descubrir** necesidades y tiende hacia la fidelización de los mercados. Efectividad quiere decir "hacer las cosas correctas". Nuestra cultura era más equilibrada en estas dos dimensiones que la cultura de Westeast, muy orientada a la última línea del cuadro de resultados (*bottom line*), más desbalanceada hacia la eficiencia. Yo mostraba las dos flechas circulares de inventar y descubrir en la pizarra, flechas que en las anteriores versiones de Penta representaban a la eficiencia y efectividad, respectivamente. Una empresa competitiva es aquella que logra hacer ambas cosas, de manera simultánea y complementaria, descubrir necesidades y encontrar satisfactores de esas necesidades, hacer "correctamente" las "cosas correctas", que le da tanta importancia a la optimización de sus recursos como a la fidelización de los mercados.

De la cultura surgen **hábitos** que facilitarán o dificultarán la implementación de la estrategia. Era de vital importancia que los hábitos que surgen de la cultura interna de Calfrance fueran compatibles con Operación Poincaré.

Desde el pilar de la estrategia se desprenden **objetivos** específicos en base a los cuales se diseña el pilar de la gestión, teniendo en cuenta la adaptación a los requerimientos de los distintos mercados servidos y la integración para la optimización del empleo de los recursos. Los objetivos deben ser compatibles con los valores. Si no lo son, ambos deben modificarse a fin de evitar otra disfuncionalidad cognitiva bastante corriente: el *"by pass* de implementación". Este se produce cuando el pilar de la gestión exhibe un diseño condicionado por la cultura, y no por la estrategia.

Les mostré entonces las flechas de hábitos y objetivos indicándoles que ellas hacían referencia al eje de la implementación de la estrategia.

Cuando la gestión, por otro lado, se adapta a los mercados, se estructura de acuerdo con las realidades de cada mercado, estamos hablando del macroproceso de posicionamiento. Cuando la gestión apunta hacia la optimización de los recursos, estamos refiriéndonos al macroproceso de productividad. **CUIDADO: muchísimas veces posicionamiento implica promover los cambios imprescindibles, mientras que productividad implica evitar los cambios innecesarios.**

En este momento les expliqué que a lo largo de mis años de trabajo como copensor, hice muchísimas modificaciones a Penta. Existen varias versiones de Penta, que fui recreando de acuerdo con lo que vivía en las empresas en las que trabajaba. Pero cada versión más que remplazar, complementa a la anterior. Es por ello que si bien el lenguaje común con el que todos debíamos manejarnos era el del nuevo Penta no podíamos dejar de conocer conceptos como el de eficiencia, efectividad, adaptación o integración, que si bien no forman parte del nuevo Penta son conceptos subyacentes en nuestra metodología de trabajo.

Ahora podíamos comprender un poco más la importancia de Penta como lenguaje común, tanto en la formulación como en la implementación de la estrategia.

Les expliqué que comprender y analizar las interrelaciones de los pilares de Penta no solo permite comprender el comportamiento de Calfrance como sistema sociotécnico complejo, como un todo, sino además facilita operar sobre esas interrelaciones, provocando efectos de potenciación a largo plazo por medio de la inducción, la cooperatividad y la asociatividad. De este modo, los efectos logrados mediante la estimulación de la capacidad de aprender y recordar pueden ser aprovechados por Calfrance para la consecución de su estrategia.

De esta manera nos queda el planteo general del modelo sistémico. Innumerables tipos de transformaciones, de discontinuidades y de saltos bruscos caracterizan el mundo en el que estamos viviendo Calfrance y todas las empresas. Fuertes recomposiciones de las variables se producen en todos los escenarios y el impacto en las empresas es sentido como latigazos que las matan o las reviven, que las vulneran o las destruyen o que las transforman y las renuevan.

¿Qué es en definitiva lo sistémico? Es lo diferente. Lo opuesto al pensamiento lineal. El pensamiento lineal es el pensamiento en el que "si sucede A, entonces sucede B". Si A, entonces B. Así es como estamos acostumbrados a razonar los humanos, así, inclusive, es como funciona una computadora. En cambio, el razonamiento sistémico es circular. Si A entonces B, pero si B también A. Estructuras, ensamblajes de variables que se interrelacionan (¡volar!).

Nuestra postura es que, de la interacción entre los pilares del Penta, surge un emergente sistémico que define cuál es el valor económico de la empresa.

¿Qué queremos decir, entonces, cuando decimos que el modelo sea sistémico? Quiere decir que es peligroso intervenir en cualquiera de los componentes del Penta sin medir la reverberación, el impacto, que en los demás componentes esa intervención parcial puede provocar. Por ejemplo, no se debe realizar un programa de racionalización de costos, en el pilar de la gestión de Calfrance, sin medir la reverberación que puede tener ese programa en la cultura, o en los recursos (como la gente), e incluso los efectos que puede tener en el mercado. **Operación Poincaré debe consistir no solo en formular la estrategia de**

Calfrance para Fouchet, sino en armar qué Penta completo necesitamos para ganar.
De esta manera, debemos hacer el esfuerzo para comprender que los problemas de una empresa, la mayoría de las veces son emergentes sistémicos y que, por lo tanto, también las soluciones deben tener cualidades sistémicas.

Además, el segundo aspecto de la perspectiva sistémica consiste en considerar que se tiene que supervisar continuamente el acople entre los cinco elementos. En el tiempo, el acople se puede perder. Esa soga, ese tejido se puede aflojar, y **hay que impedirlo.**

El tercer punto es que el modelo sirve para poder plantear el diseño idealizado, la empresa "deseada". El Penta sirve como mapa, para decir qué Calfrance se quiere tener, y entonces definir qué obstrucciones se presentan hoy para llegar a ese diseño idealizado, operar sobre ellas, ya sea resolviéndolas o disolviéndolas, para empezar a caminar hacia el modelo de Calfrance al que se está apuntando. Ese modelo es lo que llamamos "visión". La visión que tenemos de Calfrance en el futuro incluye cuáles habrán de ser su estrategia, su cultura, sus recursos, su gestión y sus mercados, y sus interrelaciones.

El modelo pipa

Una vez comprendida la importancia de Penta, era hora de presentar otro modelo de competitividad de las organizaciones exitosas: el modelo PIPA derivado del Penta.

Hasta el momento hemos mencionado en reiteradas oportunidades que **posicionamiento** como vector fuerza de los mercados y **productividad** como vector fuerza de los recursos son dos vectores fuerza de creación de valor sostenible. Pero existen otras dos fuerzas complementarias que son necesarias para que Calfrance y cualquier otra organización logre crear valor sostenible y en definitiva ser competitiva: la **innovación** como vector fuerza de la cultura y el **alineamiento,** ambos como vectores fuerza de la cultura.

Es imprescindible que Calfrance logre simultánea y complementariamente atender al posicionamiento, la productividad, la innovación y el alineamiento para crear valor económico que pueda sostenerse a lo largo del tiempo.

Llegado este momento, pegué sobre la pizarra de la sala de guerra el siguiente esquema.

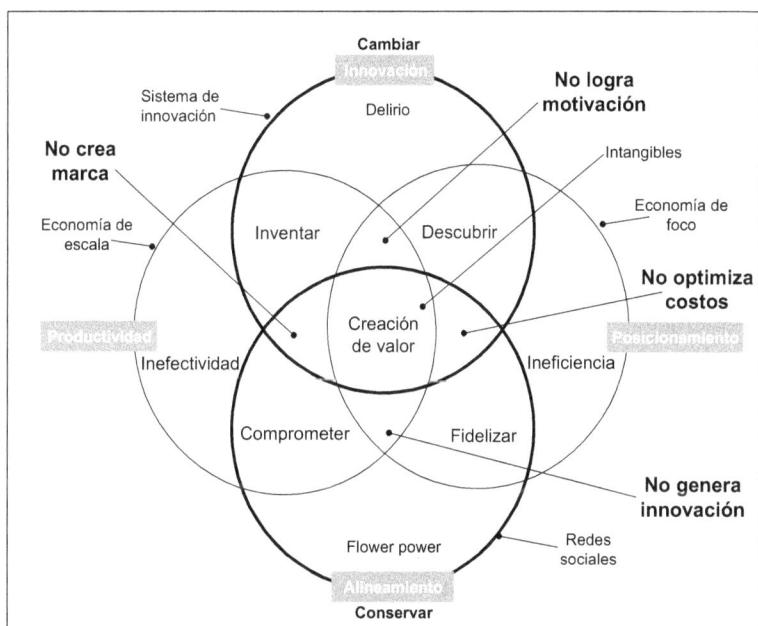

Figura 19. El modelo PIPA.

Les expliqué enfáticamente que la productividad depende de la eficiencia en la optimización de los recursos en la cadena de valor. La eficiencia depende del efecto escala, del efecto experiencia, de los costos y de la accesibilidad de los recursos en relación a Westeast o Pradera. Esto es economía de escala.

Del mismo modo, el posicionamiento depende de la efectividad en la fidelización de los mercados mediante la innovación dirigida a la instalación constante de ventajas competitivas diferenciales percibidas y preferidas por sobre Westeast y Pradera en esos mercados.

La efectividad depende del descubrimiento de los diferentes segmentos que constituyen el mercado y de cuáles de esos segmentos son elegidos como blanco de mercado. Pero esto no es economía de escala, es economía de foco. ¿Cuál enfatizo? LAS DOS. La Alta Dirección debe comprender que es responsable por "cabalgar" esta paradoja.

Como ya les había explicado, posicionamiento y productividad debían atenderse simultánea y complementariamente. El equilibrio entre ambos procesos resulta imprescindible. En varias organizaciones, dada la formación y la experiencia de los miembros, se tiende a dar preponderancia solo a la presión de los recursos o a la atracción que generan las marcas en el mercado. Esta dificultad conduce con frecuencia a un problema grave denominado "*by pass* de formulación", que se verifica cuando se convierten los recursos para luego operar en el mercado sin predefinir una estrategia que conduzca a la operación.

Les propuse que analizáramos juntos el gráfico. Si Calfrance logra innovar en posicionamiento y productividad pero todos sus integrantes no se alinean tras una visión comprendida, compartida y comprometida, no logrará motivación en la gente, y por tanto se dificultará el proceso de implementación de la estrategia. Pero esto implica la necesidad de conservar.

Por otro lado, si logra innovar, alineando a todos los miembros, pero lo hace solamente en posicionamiento o en productividad, la creación de valor tampoco será la óptima. Si desatiende al posicionamiento, no logrará crear marca. Del mismo modo, si no atiende a la productividad no optimizará costos.

Tampoco se optimiza la creación de valor, si atiende a las dos P del modelo (posicionamiento y productividad) y logra el alineamiento de su gente, pero se olvida de innovar. En un contexto como el actual caracterizado por la constante gemelización de los productos y la permanente imitación por parte de competidores, la innovación en cualquiera de sus tres grados –incremental, radical o disruptiva– se convierte en una condición *sine qua non* de la competitividad de las empresas. Una empresa exitosa es aquella capaz de crear los productos que la demanda ni siquiera imagina que pueden existir, antes y con menores costos. Pero esto implica la necesidad de **cambiar**. Otra vez. La Alta Dirección debe comprender que es responsable por "cabalgar" esta paradoja.

En síntesis: Operación Poincaré debía lograr el perfecto equilibrio entre estas cuatro fuerzas, de modo de permitirle a Calfrance una creación de valor sostenible en el tiempo.

Conclusión

El equilibrio sistémico que necesita Calfrance para formular e implementar la estrategia competitiva de mayonesas Fouchet implica una armonización entre todas esas fuerzas. He aquí una decisión empresarial crucial. Esta es solo pensable si Marketing, Investigación y Desarrollo, Finanzas, Distribución, Talentos Humanos y Manufactura llegan a un acuerdo que armonice posicionamiento, productividad, alineamiento e innovación. La estrategia de mayonesas Fouchet ES precisamente ESA armonización. De esto depende la viabilidad en el tiempo de su paradigma vincular.

El acople estratégico entre la presión de los recursos y la atracción que generan las marcas en el mercado es solo pensable si existe acople entre los hábitos y valores de la cultura y los objetivos, la estructura y los procesos gerenciales de la gestión.

Ahora les mostraba el gráfico, señalando cada una de las partes del Penta. La presión de los recursos requiere una cultura que privilegie *inventar* y una gestión que enfatice la productividad. La atracción de las marcas requiere una cultura que privilegie *descubrir* y una gestión que enfatice el posicionamiento.

La excelencia de Calfrance se alcanza cuando la empresa logra todos estos resultados. SIEMPRE. Pero como este ajuste no puede ser **perfecto siempre y PARA SIEMPRE**, la armonización se va ajustando continuamente. Esto quiere decir que se trata de un proceso de aprendizaje. **Se ajusta continuamente para aprender** y **se aprende continuamente para ajustar mejor**.

Como lo que se busca es conseguir objetivos predeterminados por la estrategia de Fouchet, este aprendizaje es una permanente corrección de errores. Los errores son desvíos en el rumbo hacia los objetivos. Esto quiere decir que **dirigir** Calfrance significa **mantener la continuidad en el medio del cambio.** Y que cada pilar es independiente del resto, pero también dependiente de los demás. Que el equilibrio del ajuste entre los pilares "sucede" en la acción concreta. Que no solo compiten dos marcas entre sí por la fidelidad de un mercado. Lo que compiten son dos sistemas enteros. Un Penta contra otro. Toda Calfrance contra toda Westeast. En definitiva, un paradigma vincular contra otro paradigma, A-1 contra C-3.

Ya estábamos en condiciones de dar un gran paso hacia delante. La gente estaba muy entusiasmada. Todos comprendían que iba a ser un tremendo desafío. El modelo de negocio era el de profundizar y ampliar la estrategia de Calfrance internacional, pero adaptándola al Mercosur y a cada subregión. Había que pensar globalmente, pero actuar de manera local. La maniobra era atacar con fuerza la posición de Westeast en el mercado masivo, generar una fuerte conciencia de valor relacionada con la imagen del aceite y de las demás líneas sofisticadas de Calfrance, logrando que los segmentos del mercado de la mayonesa valoraran esa condición de Fouchet y (esta era una clave de alta sensibilidad estratégica) tratar de conseguir que el resto de los segmentos del mercado masivo se volcara a la marca Dorada de Pradera. Esta era una estocada fatal para Westeast.

Entonces le repartimos a la gente un cuestionario y les pedimos que lo contestaran en 30 minutos de manera individual y que después armaran grupos, pero integrados por gente que todavía no había trabajado junta y que discutieran sus conclusiones. Los grupos tenían otros 30 minutos para discutir y 5 minutos cada uno para exponer.

Cuestionario

1. ¿Cuáles fueron las grandes etapas en la historia de Calfrance que puedan ser caracterizadas por cambios de su estrategia?

2. ¿Cuáles fueron los objetivos clave en cada una de esas etapas?
3. ¿Cuáles fueron los mecanismos de planeamiento empleados y el tipo de participación de la gente?
4. ¿Cuáles fueron los cambios culturales que Calfrance necesitó para poder implementar esos cambios estratégicos? ¿Cuáles eran los valores característicos en cada una de esas fases de la cultura?
5. ¿Cuáles fueron los factores críticos de éxito en cada una de esas etapas estratégicas?
6. ¿Cómo define Calfrance su misión actual? ¿A cuáles segmentos de mercado apunta, con qué productos y con qué habilidades distintivas?
7. ¿Cuál es el vector estratégico para cada negocio (impulso básico)?
8. ¿Cómo se articula la liga estrategia - plan - programa - presupuesto - control - incentivos para asegurar la implementación?
9. ¿Cómo se compara Calfrance con las empresas competidoras en los trece tipos de recursos?
10. ¿Cuáles son las fortalezas y las debilidades?
11. ¿Qué mecanismos de calidad dirigida al mercado (*market driven quality*) han sido implantados?
12. ¿Qué mecanismos de calidad de atención al cliente?
13. ¿Qué mecanismos de selección de la gente, entrenamiento, desarrollo, motivación, pertenencia y calidad de vida?
14. ¿Existen procesos de fortalecimiento de la integración entre áreas? ¿Cómo son?
15. ¿Cómo está armado el organigrama para asegurar que se implemente la estrategia?
16. ¿Cómo están diseñados los sistemas de información para asegurar que se implemente la estrategia?
17. ¿Existen mecanismos de motivación para asegurar que se implemente la estrategia? ¿Cómo son?
18. ¿Existe un proceso de dirección por objetivos (MBO - *management by objectives*)? ¿Cómo es? ¿Se relaciona con la estrategia?

19. ¿Existe un proceso de pago por desempeño (*pay for performance*)? ¿Cómo es? ¿Se relaciona con la estrategia?

20. ¿Se realizan encuestas internas periódicas sobre cultura y clima interno?

21. ¿Cómo se relaciona la selección de personal con la cultura deseada y con la estrategia?

22. ¿Ha habido procesos planificados de cambio cultural? ¿Cómo han sido ejecutados y vividos?

23. ¿Cuáles son los atributos diferenciales (ventajas competitivas) que la empresa cree que el mercado percibe?

24. ¿Cuáles son las ventajas diferenciales (que otros competidores no tienen) en mayonesa?

25. ¿Cuál es el proceso de control de cumplimiento de objetivos?

26. ¿Se hacen reuniones de planeamiento? ¿Quiénes participan? ¿Con qué periodicidad? ¿Quién las coordina?

27. ¿Cuál es la visión Calfrance 2025?

28. ¿Qué valores culturales tendrá que sostener Calfrance para alcanzar esa visión?

29. ¿Qué portafolio de productos?

30. ¿Qué organigrama?

31. ¿Qué sistemas de información?

32. ¿Qué procesos de planeamiento - programación - presupuestación - control?

33. ¿Qué mecanismos de incentivación-motivación?

34. ¿Qué tipo de gente?

35. ¿Qué tecnología?

36. ¿Qué infraestructura?

37. ¿Qué identidad institucional en el mercado?

38. ¿Qué nivel de capacidad de maniobra?

39. ¿Qué nivel de integración en equipo? ¿Cómo se ha de lograr?

40. ¿Cómo se revisan constantemente los procesos operativos que atraviesan toda la empresa para que todo lo anterior sea viable?

41. ¿Cuál es el paradigma vincular de Mayonesa Fouchet?

CAPÍTULO XIV

EL PLAN DE NEGOCIOS DE CALFRANCE

Uno de los objetivos fundamentales de nuestro trabajo en Calfrance era la realización del plan de negocios de la empresa para la introducción de mayonesa Fouchet en la Argentina.

En nuestra tercera semana de trabajo convocamos a los ejecutivos más importantes de cada una de las áreas de Calfrance para trabajar sobre el tema.

Seguramente, Alain, Pierre o Valerie, por la función que ocupan dentro de la compañía, sabrían a qué me refería cuando hablaba de un plan de negocios, pero era imprescindible que la mayor parte de los ejecutivos clave de la empresa conocieran más sobre el tema, ya que indudablemente necesitaríamos su ayuda para poder determinar cuál sería el plan de negocios de Calfrance.

Sin dudas elaborar el plan sería un trabajo que nos demandaría tiempo y esfuerzo, pero era necesario que dedicáramos un día a que todos conocieran es nuestra concepción sobre cómo elaborarlo.

Ya en la sala de guerra, coloqué sobre la pizarra el siguiente gráfico:

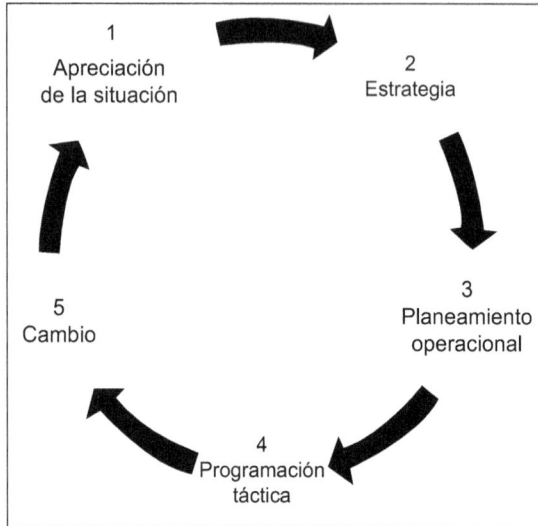

Figura 20. Círculo virtuoso del plan de negocios.

Este gráfico representa el proceso de desarrollo de un plan de negocios. Lo graficamos utilizando un círculo porque no podemos considerarlo como un proceso lineal, sino por el contrario como una red, como un verdadero círculo virtuoso en el que se suceden una serie de etapas en un orden predeterminado: apreciación de situación, estrategia, planeamiento operacional, programación táctica, cambio, y nuevamente apreciación de la situación y reinicio del ciclo.

¡Pero cuidado! Si todas las áreas de Calfrance no se encuentran alineadas y contribuyen en cada una de las etapas el círculo virtuoso puede convertirse en un círculo vicioso que probablemente conducirá al fracaso.

Era hora de explicar una a una las etapas del plan de negocios. Es por ello que coloqué en la pizarra el siguiente gráfico que resumía cuáles serían las etapas que guiarían nuestro trabajo.

1.0 Apreciación de situación	2.0 Estrategia	3.0 Planeamiento	4.0 Táctica	5.0 Cambio
1.1 Escenario general	2.1 Segmentación	3.1 Acople funcional	4.1 Go-to-market	6.1 Insight
1.2 Cluster	2.2 Targeting	3.2 Producto	4.2 Ejecución	6.2 Innovación
1.3 Mercado	2.3 Estrategia	3.3 Logística	4.3 Efectividad	6.3 Desarrollo
1.4 Objetivos	2.4 Posicionamiento	3.4 Impulsión	4.4 Eficiencia	6.4 Disrupción
	2.5 Saliencia	3.5 Precio	4.5 Gap análisis	
	2.6 Metas	3.6 PIDC (Plan integral de desarrollo competitivo)	4.6 Portafolio de iniciativa	

Figura 21. Etapas del plan de desarrollo competitivo de Calfrance.

1. Apreciación de la situación

Para poder delinear correctamente el plan de negocios es importante como punto de partida percibir qué está sucediendo con Calfrance, con sus competidores, con sus proveedores y con el contexto en general del que forma parte.

Es un proceso que reviste alta importancia, pero que por sus características, por depender de la percepción subjetiva de quien realiza el análisis, está sujeto a posibles errores de apreciación. Errores que deben corregirse cada vez más rápidamente dada la alta tasa de cambio de las variables del contexto. Era importante que entendiéramos que la liga entre Calfrance y su contexto era PERCEPTUAL. Es decir, cuando realizamos el análisis del contexto, no nos enfrentamos con la **realidad** de lo que **existe** en el contexto. Lo que enfrentamos es lo que **creemos** que existe en el contexto. Lo que **pensamos** que es la "realidad objetiva", pero que está cargado de subjetividad. Nuestros mapas mentales.

Obviamente, si le pregunto a cada uno de los integrantes de la reunión cuál es el contexto de Calfrance, sus respuestas estarán basadas en las percepciones de cada uno de ellos, en las construcciones mentales que se han hecho, y por tanto las decisiones que tomen serán en base a esas percepciones.

Existe otro problema que agrava aún más la situación: la toma de decisiones estratégicas siempre se da en un contexto de incertidumbre y ambigüedad. Cuanta más complejidad, más incertidumbre y más ambigüedad.

Indudablemente, esta es una etapa a la que debíamos prestarle mucha atención ya que la calidad de la estrategia y en definitiva la calidad de Operación Poincaré dependería de la calidad de los contextos o escenarios que podríamos imaginar, no solo actuales, sino fundamentalmente futuros. Recordemos que en este punto, por lo menos debemos tener en cuenta tres posibles escenarios: el mejor, el peor y el más probable.

Entonces, surgió la necesidad de incorporar en nuestro análisis el concepto de "cluster".

El grupo me pidió que armara una charla sobre clusters, ya que comprendían que era imposible analizar la situación estratégica sin ver a la mayonesa inserta en ese marco. Para preparar esta charla me ayudaron Roque y Diego, pero Valerie se comprometió a traer ejemplos de los clusters de Francia. El fin de semana lo dedicamos a preparar esta charla para incluir estos conceptos en el proceso de planeamiento estratégico.

Me pareció absolutamente clave reunir a todos para compartir esta perspectiva que, según me demostraba la experiencia, muchas empresas no tomaban en cuenta. Entonces dije: "En esta etapa del plan de negocios debemos analizar a Calfrance como integrante de, por lo menos, un cluster, entendido como el conjunto de empresas e instituciones interrelacionadas del que forma parte".

Como habíamos planificado, Diego proyectó un slide con una buena definición de cluster, explicándolo como "un grupo de firmas localizadas en un área geográfica cercanas unas de otras y que tienen alguna forma de interacción entre ellas, ya sea como clientes/proveedores desempeñando actividades conjuntas (producción, marketing, investigación), intercambiando información, ya sea de modo formal en el ámbito de instituciones establecidas o tácitamente a través de relaciones personales informales, y/o compartiendo una base común de recursos, incluyendo el trabajo especializado".

Mencionamos como ejemplos típicos de proximidad a los distritos industriales en el noreste de Italia; Toyota City, en Japón, y Silicon Valley en los clusters de alta tecnología o el de biotecnología en California.

Les contamos que el fenómeno de los clusters como motores del desarrollo económico y social se ha expandido por todo el mundo. Influidos por la obra seminal de Michael Porter, la Universidad de Harvard ha fundado un centro para el mapeo de todos los clusters de los Estados Unidos y del Reino Unido; el Instituto Centroamericano de Administración de Empresas (INCAE), ha estudiado clusters a lo largo y a lo ancho de toda América Latina; el Instituto de la Competitividad de Suecia ha creado un centro independiente para el desarrollo de sus clusters, e Italia instaló varios centros de clusters en sus distritos industriales. Otro ejemplo es el cluster tecnológico de Hertzliah en Israel, y un ejemplo a imitar en América Latina es el Consejo Nacional de Competitividad de la República Dominicana. Estos son solamente algunos ejemplos de ciertos países.

Quise destacar que uno de los ejemplos internacionales importantes es el de la biotecnología, considerando a esta como una base de conocimiento científico que está transformando industrias como la agricultura, el ambiente, los equipamientos médicos y los farmacéuticos. Muchos gobiernos han identificado a la biotecnología como un motor del crecimiento y, por lo tanto, están haciendo inversiones importantes en ciencia y tecnología, ya que prevén que esto va a producir importantes resultados económicos.

En lugares como San Diego, en los Estados Unidos, en varias ciudades de Canadá y en las inmediaciones de París, las actividades en biotecnología son muy comunes en aquellas localizaciones en las que convergen universidades orientadas a la investigación, hospitales, fuentes de capital de riesgo y estructuras de soporte tanto financieras como gerenciales. El del área de la bahía de San Francisco es uno de los clusters de biotecnología más grandes del mundo y comprende localidades como San Mateo, Marin, Contra Coast, Santa Clara, Alameda y San Francisco propiamente dicho, en el que se encuentran casi 600 empresas de biotecnología.

En Taiwán, en la región de Hsinchu, el Science Park alberga varias de las compañías más grandes del mundo de tecnología de la información con muy alta proximidad geográfica a zonas de desarrollo del cluster biomédico. En Hsinchu, el cluster de la biotecnología se ha beneficiado por la proximidad con el Science Park y su especialización en computadoras, semiconductores y telecomunicaciones. En Suecia, la llamada Iniciativa de Ciencias de la Vida ha creado el Uppsala BIO en el que convergen y se fertilizan la industria de la biotecnología, la electrónica, la tecnología de la información, la biomedicina y el descubrimiento de drogas. Lo mismo han hecho otras naciones, como Alemania, Israel, Holanda, Arabia Saudita y Singapur.

Por otra parte, comenté que los clusters del turismo han sido desarrollados muy profesionalmente en varios países. Desde el Consejo Nacional de Competitividad de la República Dominicana, que estudia casi una docena de clusters nacionales, hasta el cluster de turismo de Sultanahmet de Turquía, que ha convertido al turismo en la estrella de la economía turca, pasando por cientos de otras localizaciones y países.

Diego comentó que en Australia se planificó la sinergia entre el cluster de turismo y el vitivinícola. En nuestro país ya es conocida internacionalmente la "ruta del vino", que sinergiza la región con el producto. Roque puntualizó que, en realidad, el turismo debe ser considerado como parte de un sistema más amplio que incluye aspectos económicos, culturales y físicos. Esta concepción sistémica mejora el potencial de formular una estrategia integradora de la "región como destino" ya que, por naturaleza, la industria del turismo se caracteriza por ser fragmentada hasta tal punto que muchos participantes no llegan a comprender que son parte de ese cluster.

Pero teníamos que concentrarnos específicamente en la mayonesa. Para ello habíamos hecho una búsqueda de información previa que nos permitía ver a la mayonesa como producto del cluster avícola. Teníamos buena información de México, uno de los países más importantes del mundo en este cluster. La información provenía de un informe del Instituto de Competitividad Sistémica y Desarrollo de Monterrey, del "Programa de Competitividad y Modelo de Negocio en la Cadena Global de Valor del Sector Avícola de Nuevo León", de la Corporación para el Desarrollo Agropecuario.

Teníamos un resumen básico que, como disparador de este paso de nuestra metodología de trabajo, le presentamos al grupo en dos o tres *slides*.

La fase de la producción de la cadena de valor del cluster avícola, tanto para el eje de producción de carne de pollo como para el eje de producción de huevos, tiene especial foco en la sanidad, sistemas de alimentación, de climatización, de incubación, tecnología de frío con túneles continuos inteligentes para reducir los tiempos de congelamiento, balanzas de clasificación, salas de corte y procesado, procedimientos precisos y uniformes de medición, registro y control del comportamiento de las aves en el proceso productivo, registros de eficiencia, productividad, rentabilidad y sustentabilidad del cluster, trazabilidad avícola durante las diferentes etapas de la cadena productiva, asistencia técnica a los productores, investigación en medicina biotécnica y, fundamentalmente, procesos especialmente diseñados para fortalecer la confianza entre los productores, comercializadores, uniones, asociaciones, organizaciones ganaderas, sector público y todos los demás actores del cluster avícola.

Esto se orienta a no permitir la obsolescencia de ninguna parte de su infraestructura, a la reconversión y modernización constante de las granjas, a disponer de tecnologías productivas cada vez más modernas, más eficientes, en la constante innovación en el procesamiento y en la presentación de sus productos y en satisfacer los requerimientos exigidos por los mercados internacionales para exportar, eliminando toda actividad que no agregue valor.

Para la producción de huevo, las gallinas de postura necesitan una dieta balanceada rica en granos como maíz y sorgo, pasta de soya, proteínas, minerales. Esto permite maximizar su potencial genético y productivo. Pero para ello se requiere constante investigación sobre las mejores dietas que favorezcan una conversión alimenticia más eficiente.

La innovación en el procesamiento y la presentación del pollo y del huevo es la vía fundamental para agregar valor a estos productos en los diferentes segmentos de los mercados hacia los que están apuntando. Un ejemplo muy ilustrativo es el de Brasil, que ha descubierto tantos segmentos diferentes de demanda que le ha permitido inventar casi 400 variedades diferentes de corte de carne de pollo. Por ejemplo, marinados, empanizados, precocidos, condimentados, listos para calentar y servir, y hasta cortados "a medida" de los requerimientos de los segmentos target. Esta excelente apreciación de situación resultó en un enorme volumen de exportación con valor agregado. Ha exportado a los países asiáticos y ha logrado mayor competitividad que los Estados Unidos.

En cuanto al huevo, un ejemplo de excelente oportunidad estratégica es el del huevo procesado. Por ejemplo, en los Estados Unidos, casi el 35% del total de la producción de huevo se procesa en forma de huevo líquido, congelado o deshidratado, solo con yema, solo con clara, con o sin aditivos, huevos cocidos, huevos en salmuera, preparaciones para cocinar huevos revueltos, preparaciones para ser incorporadas como ingredientes de productos con alto contenido proteico y hasta farmacéutico, productos de panadería, aderezos, salsas ¡y ni hablar de lo requerido para nuestra querida mayonesa!

Con respecto a lo que este cluster está investigando en lo que tiene que ver con la sanidad, se están realizando profundos análisis sobre el trato y el bienestar de los animales (*animal welfare*). Esto no solo optimizará el producto, sino que será un requisito para poder exportar a los mercados más exigentes como el europeo. Un ejemplo es el de las gallinas *free range*, que son las que fueron criadas a campo abierto, no en jaulas. Otro ejemplo es el de los huevos orgánicos, que son los de los animales alimentados con granos en cuya producción no han sido utilizados pesticidas.

Llevando estos datos a nuestro modelo, les recalcamos que todo esto que analizábamos no solo permite optimizar la productividad, sino también el posicionamiento de los productos intermedios y finales.

Para que entendieran mejor de qué estaba hablando, tomé una marcador y dibujé el Penta de Calfrance en la pizarra, y en un círculo que enmarca al mismo propuse que grafiquemos el cluster del cual formábamos parte con la mayonesa.

Les expliqué que al analizarlo debíamos ver "aguas arriba" a nuestros proveedores, a los proveedores de nuestros proveedores y "aguas abajo" debíamos considerar a nuestros distribuidores, a los almacenes, supermercados e hipermercados que ofrecerían nuestra mayonesa en el canal tradicional, al canal institucional como restaurantes y hoteles y, en general, a todo el canal, desde que el producto sale de Calfrance hasta que es puesto en el carrito de Claudia.

Sin embargo, no debíamos olvidarnos de ver a nuestro alrededor. En todo cluster intervienen bancos, compañías de seguros, universidades y diversas instituciones de soporte, académicas, científicas, gubernamentales y ONG que de un modo u otro se relacionan con la empresa e impactan en nuestra cadena de valor. Esto incluye, por ejemplo, instituciones públicas, privadas o mixtas que realizan investigaciones en ciencias de la vida sobre colesterol, sobre los efectos de los diferentes factores omega de los aceites o las propiedades de los aceites que se van imponiendo como el aceite de granola.

En definitiva, las instituciones a considerar son:

- Firmas productoras.
- Firmas proveedoras de productos complementarios tales como materias primas y maquinarias, y de servicios tales como logística, consultoría y soporte técnico.
- Bancos e instituciones financieras.
- Centros de investigación y universidades.
- Infraestructuras sociales tales como colegios primarios, secundarios e institutos de educación técnica.
- Los gobiernos locales en su rol de definir políticas, leyes y reglamentos.
- Metainstituciones.

Con respecto a este punto, les comenté que debíamos destacar la importancia de las llamadas "metainstituciones" (con sus "metapentas") tales como los consorcios, las asociaciones, las compañías de *trading* y las consultoras en comercio internacional. Algunos ejemplos que les señalé son los de la Fundación ExportAr o Wines of Argentina. Este punto es especialmente importante cuando se trata de potenciar la marca local colectiva y la imagen e identidad de la región. Esto incrementa la competitividad sistémica de los clusters de la región. Estas metainstituciones promueven el compartir conocimientos, la mejora de la comunicación y de la distribución del producto, fomentan proyectos especiales de iniciativas conjuntas, ayudan a implantar estándares comunes, garantías de calidad, servicios compartidos y analizan tendencias internacionales de la producción, de la competencia y del consumo, constituyéndose así en un importantísimo recurso cognitivo.

Llegado este punto, les pregunté cuáles consideraban ellos que eran las instituciones que generaban influencia en la postura estratégica de la mayonesa en general y de Fouchet en particular. Rápidamente surgieron muchísimas entidades que, tal vez, si no realizábamos este análisis de cluster, no hubieran sido tenidas en cuenta, como por ejemplo las escuelas de gastronomía que usa Fouchet en sus clases, los hoteles boutique y los restaurantes que promocionan nuestra mayonesa en sus platos.

Pero Male les aclaró que, desde su experiencia en planificación de redes, y con respecto al tema de la proximidad geográfica, todos los desarrollos de la tecnología de la información y las comunicaciones (TIC), como e-commerce, e-marketing, e-business, e-malls, hoy podrían superar el requerimiento de compartir una localización física, aspecto que hasta ahora era esencial para el análisis económico y gerencial de los clusters. Male comenta que, entonces, para muchos especialistas, la "co-locación" ya no es necesaria desde el punto de vista de la información y las comunicaciones para poder establecer relaciones entre las firmas que componen el cluster. Pero yo les sugerí que consideraran que la confianza sigue siendo esencial para lograr colaboración efectiva, ya sea personal o virtual, y que el concepto de cluster debe hacer explícito foco en los factores culturales y psicológicos, ya que estos tienen como eje principal a la confianza.

En este momento Jean-Paul mencionó a las redes sociales como Facebook o Twitter, que en una sociedad como la actual tienen tanta importancia y que años atrás no eran ni siquiera imaginadas.

Entonces Diego y Roque proyectaron un *slide* que mostraba los resultados esperables del desarrollo de los clusters:

1. Efectos externos surgidos de la existencia de una base local de trabajo especializado que puede movilizarse a través de las firmas miembro.
2. Encadenamiento hacia delante y hacia atrás entre las firmas.
3. Intercambio intensivo de información entre las empresas, las instituciones y los individuos del cluster, que dan lugar a un potencial de creatividad e innovación conjunta y sinérgica.
4. Acción conjunta dirigida a la creación de ventajas regionales.
5. Existencia de una infraestructura institucional diversificada de soporte al cluster.
6. Una identidad sociocultural construida sobre valores comprendidos, compartidos y comprometidos y la integración e inmersión de los actores locales en programas de esa localidad, ya que esto potencia la confianza.
7. Posibilidad de desarrollo de una marca común que permita un posicionamiento de los clusters de esa región expresado en un posicionamiento simbólico sustentado en ventajas competitivas que operen como proposiciones de valor diferencia.

Yo tenía algunos puntos por remarcar ya que me importaba muchísimo que el grupo adquiriera la orientación esencial de que todo producto o servicio forma parte de por lo menos un cluster. Aprovechando mi orientación hacia la economía, el management y la psicología, recalqué que los clusters surgen como respuesta a dos conjuntos de condiciones: las condiciones psicológicas y culturales, y las condiciones estratégicas surgidas por la orientación al mercado.

Llegado este punto de análisis se hace necesario observar hasta dónde determinados valores relacionados con ser competitivo o no, se encuentran enraizados en el cluster. La innovación, el crecimiento y la competitividad dependen de estos valores. Entre ellos les mencioné, como ejemplo que veíamos en el cluster avícola, que todo producto, para ser colocado en un mercado internacional, requiere, entre otras cosas, de trazabilidad. Este valor se convirtió en un tema protagónico en el cluster de la exportación. La trazabilidad es la herramienta que permite identificar el origen de cada una de nuestras materias primas. Por ejemplo, tomando el número de lote que figura en cualquier frasco de Fouchet podemos hasta llegar a conocer el tipo de sanidad o alimentación que realiza nuestro proveedor de huevos a sus gallinas ponedoras.

Nuevamente les pregunté qué otros valores consideran que revisten tal característica. Entre todos llegaron a la conclusión que el valor agregado, la sustentabilidad, la innovación, la iniciativa social, la proactividad, la visión sistémica y la vocación por la asociatividad constituyen condiciones *sine qua non* de la competitividad.

Entre las condiciones psicológicas y culturales resultaba importante recalcar que el cluster potencia el rol de los emprendedores individuales, ya que fomenta la independencia y la asunción de riesgo porque el cluster estructura un entorno que promueve la creación de nuevas empresas.

También desde el punto de vista sociopsicológico/cultural, se hacen necesarios niveles elevados de interacción para que se genere una cultura y una identidad necesaria para que las firmas miembro sientan que pueden cooperar en un marco de confianza. Esto impacta directamente en la disminución de costos de transacción y, por lo tanto, en la eficiencia y en la productividad. Uno de los ejemplos más contundentes de la importancia de la confianza ha sido el caso de Silicon Valley en California, como lo cuenta Saxenian en su libro (Saxenian, AnnaLee, *Regional advantage - Culture and competition in Silicon Valley and Route 128*, Cambridge, MA: Harvard University Press, 1994), en el que demuestra la importancia de las relaciones informales entre las firmas vecinas caracterizadas por compartir el conocimiento a través de las relaciones sociales entre técnicos altamente capacitados, presionados por el imperativo de resolver problemas rápidamente para sobrevivir en un mundo de alto desarrollo tecnológico.

Con respecto al rol del sector público, Roque agrega que el rol del gobierno es colaborar con la instalación de un entorno de alta confianza, y Diego recalca que un punto esencial de los clusters es el rol de las instituciones educativas y de investigación como medio para asegurar mecanismos "seguros" para diseminar conocimientos nuevos entre las firmas participantes, y que este también es un punto clave que pueden desempeñar las grandes empresas que participen en el grupo como iniciadoras e irradiadoras de mejoras tecnológicas entre las empresas más pequeñas. Aquí ejemplificó con el cluster automotor en el que las grandes terminales promueven la estandarización de los sistemas técnicos y de los sistemas de información entre las empresas menores.

Me pareció importante aclarar que el éxito de los clusters puede ser fuertemente potenciado si se trata de productos o servicios exportables, ya que, en países como los nuestros, los mercados internos no son de gran magnitud y, por lo tanto, no resulta tan fácil, como en los países con grandes mercados domésticos, desarrollar nuevos productos en conjunto con los clientes, que les permita a esos países lograr altos volúmenes de producción y venta antes de apuntar hacia los mercados internacionales. La formación de clusters se potencia, entonces, cuando los mercados no son locales ya que esto reduce el nivel de competencia entre las firmas locales y, por lo tanto, incrementa las oportunidades de colaboración entre sus miembros con la visión comprendida, compartida y comprometida de conquistar mercados internacionales.

Con su sólida formación en Marketing, Diego destaca la importancia de la generación de marcas (*branding*) como medio de diferenciación de los clusters de diferentes regiones operando en diferentes sectores de negocios. Les advierte que el *branding* no es solo un problema publicitario o promocional, sino que requiere que las firmas del cluster analicen sus fortalezas y sus debilidades como para poder identificar los atributos competitivos exclusivos que pueden ofrecer de manera sostenible.

Y agrega que es muy importante destacar que la marca puede ser construida a través del *efecto de posicionamiento simbólico* combinado de más de un cluster, apuntando así a la marca-región o a la marca-país. En este caso, también ayuda la tecnología con el desarrollo de los llamados "*e-malls*" verdaderos *shopping centers* virtuales multicluster.

Además, el fuerte posicionamiento de la marca del cluster es una herramienta fundamental para alinear a los miembros del cluster tras una visión aglutinante basada en la plataforma de fuertes valores culturales que integran y unifican a esos actores para lograr una fuerza resultante que apunte hacia una misma dirección.

Por ejemplo, la marca-país "Nueva Zelanda" ha logrado el posicionamiento "verde limpio". Esta imagen influye en la percepción sobre su estilo de vida y sus valores culturales, resultando en un alto impacto positivo en el cluster del turismo, pero también en el de los productos agrícolas, como por ejemplo la industria de la carne. Lo mismo ha sucedido en Dinamarca con el posicionamiento de sus marcas de manteca.

Carola y Carolina intervienen desde su especialidad de Alineamiento Estratégico, recordando que, para ello, estos atributos deben estar enmarcados en un conjunto de valores que funcionan como la plataforma de confianza. Estos patrones culturales compartidos son los que aseguran cooperación más que competencia interna y tienen que ver con valores como la vocación por desarrollar nuevos productos, el valor atribuido al emprendimiento y la voluntad de participar en alianzas estratégicas con las demás empresas del cluster, aunque se trate de competidores. Este es el punto culminante de la confianza, especialmente si no se está apuntando a mercados externos.

Si bien no veíamos en la Argentina a la mayonesa como un cluster específico, sí pensábamos que Westeast, Calfrance y Pradera, como empresas productoras de mayonesa, podían operar como *keystones* o piedras basales de varios clusters o subclusters, con proximidad geográfica o no, que les permitiera lograr los beneficios conjuntos de la colaboración interactiva tanto a ellas como a las demás empresas e instituciones que participaran en esos agrupamientos.

Un gráfico bien realizado no solo incluiría a los integrantes del cluster, sino que además debería reflejar el nivel de interdependencia entre la organización y el resto de los componentes del mismo. Por ejemplo, no es lo mismo el grado de interrelación que tenemos con nuestros proveedores o con las universidades y aún más, no es igual con un proveedor de insumos de oficina, que con los proveedores de huevo, materia prima fundamental en el proceso de elaboración de mayonesa.

Era necesario además, en un análisis ideal, determinar el grado de dispersión cognitiva, ya no de los miembros de Calfrance, sino del cluster en general, ya que el alineamiento estratégico del cluster facilitaría la ejecución de nuestro plan de negocios.

A continuación, les propuse que grafiquemos el cluster de la mayonesa.

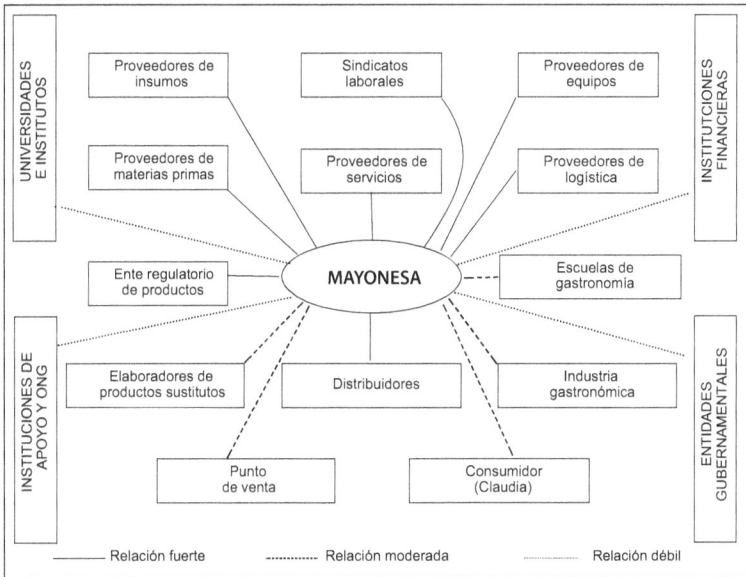

Figura 22. El cluster de la mayonesa.

Ahora bien, tanto el cluster como esos valores que lo enmarcan, se despliegan en un entorno competitivo o **contexto inmediato** que se define por el comportamiento de ciertas variables de competitividad. Podemos mencionar como ejemplos de estas variables: la eficiencia del mercado de bienes y del mercado laboral, el tamaño del mercado, la sofisticación del mercado financiero y de los negocios, entre otras.

Ya estábamos en condiciones de agregar dos círculos más a nuestro gráfico. Comenzamos mostrando un material muy interesante del Foro Económico Mundial (WEF). El Foro Económico Mundial clasifica en tres a las economías de los diferentes países de los que computa el Índice de Competitividad, según si el país se encuentra en los siguientes tres niveles:

Requerimientos básicos: economías por factores

- Instituciones.
- Infraestructura.
- Entorno macroeconómico.
- Salud y educación primaria.

Potenciadores de eficiencia: economías por eficiencia

- Educación superior y entrenamiento.
- Eficiencia del mercado de bienes.
- Eficiencia del mercado laboral.
- Desarrollo del mercado financiero.
- Disponibilidad tecnológica.
- Tamaño del mercado.

Factores de innovación y sofisticación: economías por innovación

- Sofisticación de los negocios.
- Innovación.

Nuestra metodología requiere que el grupo entienda mejor su negocio enmarcándolo en un análisis de impacto de las variables que constituyen el "campo de fuerzas" del entorno y que puede afectar diferente a cada empresa que compite en ese negocio. Las variables con las que el Foro Económico Mundial computa el Índice de Competitividad siempre nos resultan útiles para que el grupo perfeccione su apreciación de situación.

Pero aún nos quedaba por analizar el *escenario general* en el que se desarrolla Calfrance y su mayonesa, escenario caracterizado por variables vinculadas entre sí de manera sistémica y que condicionarían la estrategia y el plan de negocios en general de la empresa. Dichas variables son de índole:

- **Cultural**: incluye los antecedentes históricos, ideologías, valores y normas de la sociedad y la visión que esa sociedad manifiesta en relación con las nociones de autoridad y liderazgo.
- **Tecnológico**: es el nivel de adelanto científico y tecnológico de la sociedad. En este punto debemos detenernos especialmente, ya que debemos ver a la tecnología como el puente principal que liga el contexto general con el contexto inmediato. En lo que a competitividad organizacional se refiere, este es el atractor principal de las grandes transformaciones dado el alto impacto que tiene en las empresas de todos los sectores, no solo en el nuestro. En un contexto como el actual caracterizado por el cambio y la turbulencia, para muchas empresas resultará una condición básica de supervivencia la capacidad que tengan para seguir estos cambios lo más cerca posible. Esto marca la necesidad de desarrollar sistemas de monitorización del contexto que permitan detectar cómo se puede filtrar el cambio tecnológico repentino en su sector. Resulta particularmente importante controlar las tecnologías sustitutivas de las que la empresa emplea, ya que los costos de cambio pueden ser muy importantes, pero los costos del riesgo de no cambiar pueden ser mayores. Muchas veces al trabajar con un cluster completo hemos comprobado que no se tienen en cuenta los productos o las tecnologías sustitutivas. En cambio, por ejemplo, al desarrollar el cluster del acero en Ecuador, para muchos usos finales se tuvo en cuenta al aluminio.

La tecnología puede hasta redefinir las fronteras de los sectores económicos. Puede hacer que firmas que no competían directamente hasta ayer, queden enmarcadas dentro de las fronteras de un mismo mercado. Puede suceder que lo que era hasta ayer un mismo mercado se fragmente en muchos segmentos pequeños pero especializados.

• **Educacional:** es el nivel de alfabetización. El grado de especialización con el que opera y se supera el sistema educativo.
• **Político:** tiene que ver con el grado de concentración del poder, la organización política general, el clima político en que la sociedad vive.
• **Legal:** la constitución, las características del sistema de leyes, la jurisdicción de las diferentes unidades de gobierno.
• **Recursos naturales:** el tipo, la cantidad y la disponibilidad de los mismos.
• **Social:** la estructura y la movilidad de la sociedad, sus roles y organización.
• **Económico:** el marco económico general, la relación entre la propiedad pública y privada, el sistema financiero y la política fiscal.
• **Geográfico:** tiene que ver con las condiciones naturales como clima, proximidad, etc.
• **Comunicacional:** el impacto de los medios de comunicación en la instalación de temas.

En el momento de la versión inicial de *Mayonesa* (1996/7) no contábamos con el análisis desarrollado por el Foro Económico Mundial, relacionado con los tipos de riesgos y sus interacciones sistémicas que enfrentan las empresas, los sectores, los clusters, las regiones y hasta los países. Aquí entonces vamos a incorporar este estudio del WEF de 2011.

Riesgos económicos

Colapso del precio de los activos. Volatilidad extrema del precio de los commodities. Volatilidad extrema del precio al consumidor. Crisis fiscal. Desbalances globales y volatilidad cambiaria. Fragilidad de la infraestructura. Crisis liquidez / Crédito. Fallas regulatorias. Retroceso de la globalización. Desaceleración economía china (<6%).

Riesgos ambientales

Polución del aire. Pérdida de la biodiversidad. Cambio climático. Terremotos y erupciones volcánicas. Inundaciones. Dominio de los océanos. Tormentas y ciclones.

Riesgos sociales

Enfermedades crónicas. Desafíos demográficos. Disparidad económica. Seguridad alimentaria. Enfermedades infecciosas. Migración. Seguridad del agua.

Riesgos geopolíticos

Corrupción. Fragilidad de los Estados. Conflicto geopolítico. Fracaso en la gobernanza global. Comercio ilícito. Crimen organizado. Seguridad del espacio. Terrorismo. Armas de destrucción masiva.

Riesgos tecnológicos

Quiebre de la infraestructura de información crítica. Seguridad de los datos *on line* y de la información. Amenaza de nuevas tecnologías.

Como para cualquier otro caso, debíamos tratar de evaluar el impacto de los posibles riesgos, ya sea para evitarlos, para mitigarlos o para trasladarlos (por ejemplo, contratando seguros específicos).

Indudablemente, el contexto (tanto **general** o "escenario" como el **inmediato**) tienen una notable influencia en la vida de Calfrance. Dadas las características que podemos llamar "impacto del pasado" y pensando en las "imágenes del futuro" se genera un determinado sistema de significado del que emergen determinados **patrones de competitividad**. En función de este análisis solo algunos clusters, y no todos, serán competitivamente viables.

Era importante detectar todos los posibles impactos que se puedan producir en el contexto **inmediato**, ante cambios en el contexto

general y las relaciones entre las distintas dimensiones de ambos contextos. Sin dudas si hubiera cambios en la política cambiaria, por ejemplo, podrían condicionar la competitividad de Fouchet en nuestro país y tendrían influencia no solo en nosotros sino, además, en nuestros proveedores y en nuestros competidores. Ahora bien, no todos los cambios tendrán el mismo grado de influencia en Calfrance, por eso es importante determinar cuánto pueden afectar a la empresa estos cambios. Seguramente una devaluación de la moneda argentina produciría un alto impacto en la empresa, pero por el contrario, una modificación en la ley de educación tendría un impacto mínimo.

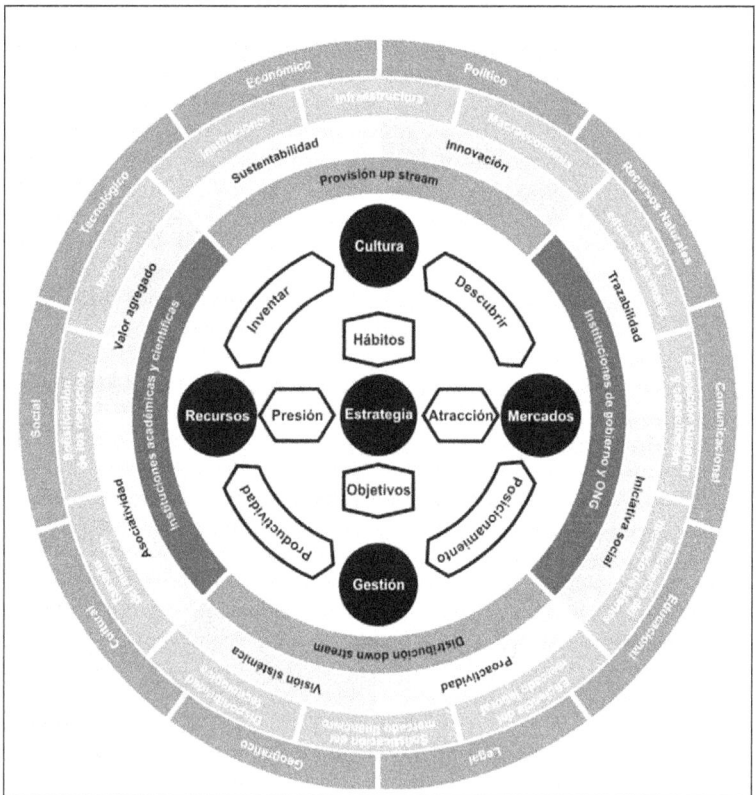

Figura 23. Apreciación de la situación.

Pero en el mercado no estábamos solos. Era fundamental además, realizar un análisis estratégico de Pradera y de Westeast de modo de determinar no solo las brechas del mercado, sino además las brechas competitivas.

Analizar el canal implica identificar los actuales y potenciales puntos de contacto con el consumidor, teniendo en cuenta el tipo de interacción con el mismo en cada uno de estos puntos y también las acciones de la competencia en esos puntos de contacto. Les pregunté cuál era para ellos la mejor manera de que Fouchet llegue hasta el carrito de Claudia. ¿Queríamos que se encontrara en todos los supermercados del país? ¿O preferíamos que solo estuviera disponible en boutiques exclusivas?

Sin dudas nuestra mayonesa no está dirigida a todos los consumidores, sino solo a aquellos que forman parte del segmento target al cual apuntaríamos. Es por ello que, además, debíamos tener en cuenta cuál era el canal que prefería este tipo de consumidores. En la Argentina debíamos desarrollar el mercado, por lo cual de la investigación surgirían los canales a utilizar, pero les recordé que en los mercados en los que ya estábamos distribuyendo Fouchet era importante, además, identificar si existía algún canal que no estuviésemos utilizando y que prefieran los consumidores que forman parte de nuestro target, y en caso de ser así realizar un análisis costo-beneficio para ver la factibilidad de incluir dicho canal.

En este momento Pierre nos cuenta que en la filial parisina de Calfrance ya estaban realizando este análisis y que incluso habían desarrollado un tablero de control que les permitía ver la evolución de sus principales indicadores.

Una vez que tuviésemos relevados los datos del contexto, del cluster y del mercado estaríamos en condiciones de realizar un análisis de las fortalezas, oportunidades, amenazas y debilidades.

¡Un FODA!, comenta Valerie.

Exacto, pero al tradicional FODA que ya habíamos visto, ahora lo reemplazamos por ADOFAR, que incluye además un análisis de las aspiraciones y los resultados, convirtiéndolo en una herramienta mucho más potente, que permite analizar la viabilidad tanto actual como futura de nuestra estrategia competitiva. En esta parte del proceso se deben determinar los objetivos para cada uno de los pilares del Penta, objetivos de estrategia, de cultura, de recursos, de gestión y de mercados. También en este punto debemos tener en cuenta que el ADOFAR es realizado por una empresa con un Penta particular, con una estrategia y una cultura, que asigna los recursos que considera adecuados en los mercados que considera atractivos, con el soporte de una gestión específica. Es por ello que este análisis es valioso solo si se considera el Penta particular de la empresa que lo realiza. Lo ideal es que este análisis sea ejecutado por todas las áreas de la organización, grupal e interfuncionalmente. Debe ser particularizado, producto por producto, mercado por mercado, teniendo en cuenta que ADOFAR depende de **quién** lo hace y **para qué** se está haciendo.

Es probable que no dispongamos de muchos de los datos necesarios para completar el ADOFAR, sobre todo los relativos a la competencia. En este caso debemos preguntarnos si en realidad nos importa obtener esta información o no, ya sea porque no la consideramos relevante o porque el costo de obtenerla supera al beneficio esperado.

Ahora bien, la utilización de esta herramienta no debe utilizarse únicamente para realizar un diagnóstico.

Una vez cumplida la etapa de diagnóstico, deben generar, para cada una de las variables analizadas, lo que con mi equipo de trabajo conocemos como proyectos de acción táctica (PAT) o iniciativas de innovación que me permitan superar las debilidades y neutralizar las amenazas, consolidar las fortalezas y aprovechar las oportunidades. Posteriormente, estas iniciativas deben ser gestionadas por una oficina de Gestión de Proyectos (PMO - *project management office*) y deben clasificarse en seis tipos: las que se implementarán de manera inmediata; aquellas que no pueden realizarse y deben ser descartadas; las que se realizarán a corto (6 meses), medio (12 meses) o largo plazo (después de 18 meses), y las que ya están en marcha en Calfrance, pero que no fueron comunicadas o que fueron mal comunicadas y que se deben comunicar mejor.

2. Estrategia

Así como en Penta la estrategia es el núcleo del modelo, en un plan de negocios constituye el corazón del proceso.

En síntesis, el problema estratégico consiste en definir en qué productos se asignan recursos, para operar competitivamente en qué mercados de qué cluster con el objetivo de crear valor económico, que significa sencillamente aumentar el valor del Patrimonio Neto, asumiendo un nivel de riesgo aceptable por la cultura de Calfrance (entre los extremos de total aversión y de total propensión al riesgo).

Había llegado el momento de hablar un poco de marca, de la marca FOUCHET. La marca es un significado, una construcción en la mente de Claudia y de cada uno de los consumidores, y no solo un nombre.

El proceso de transformación de un nombre en una marca puede ser explicado por la sigla STEPS: Segmentación, *Targeting*, Estrategia, Posicionamiento y Saliencia.

En un primer paso, Calfrance debe **descubrir los segmentos** (SEGMENTACIÓN) que constituyen el mercado. Recordemos que la empresa no segmenta el mercado, es la demanda quien lo hace espontáneamente. El mercado no es homogéneo –casi ninguno lo es–. La demanda no es una.

Les comenté que cuando comenzamos a trabajar como consultores, Alpargatas nos pidió que le hiciéramos una investigación para descubrir cómo era el jean ideal de los argentinos. ¡Detectamos TRECE jeans ideales diferentes! Es decir, la demanda estaba segmentada en trece subdemandas o segmentos. No tenía nada que ver el nivel socioeconómico, ni la edad, ni el sexo, ni ningún perfil psicográfico ni el estilo de vida. Estas variables definían a los distintos sectores de la demanda pero el conjunto de atributos esperados es lo que define a los segmentos. Un segmento es un conjunto de gente que tiene la misma concepción acerca del producto ideal (o muy parecida). Es por ello que la empresa no segmenta, simplemente descubre los segmentos que componen la demanda. Asimismo, un nicho tampoco es lo que trivialmente se confunde con un segmento y se lo equipara. Un nicho es un segmento muy especial. Es un segmento que cumple la característica de ser lo suficientemente grande como para ser atractivo para una empresa que está pyme (las empresas *están* pyme. No *son* pyme. Si creen que *son* pyme, son historia) y lo suficientemente chico como para no ser atractivo para una empresa que está grande (las empresas *están* grandes. No <u>son</u> grandes. Si creen que *son* grandes, también son historia).

Una vez determinados los beneficios buscados y los beneficios prioritarios, e identificados los segmentos presentes en el mercado, es necesario determinar cuáles son nuestros atributos de tipo 1 e identificar nuestra proposición única de valor para cada uno de los segmentos.

Pero no basta con identificar los segmentos que constituyen el mercado, es necesario elegir aquellos segmentos a los cuales vamos a apuntar nuestro producto. Esta decisión se llama **TARGETING**. Target quiere decir "blanco" al que se apunta el tiro. Es el que la empresa elige para dirigir su marca.

Este proceso implica determinar cuáles son los segmentos más rentables en caso de que nuestra estrategia competitiva implique atender a dichos segmentos, ya que muchas veces elegimos como blanco de mercado un segmento que no tiene la mayor rentabilidad, pero que le aporta prestigio a la empresa. Este sería nuestro caso. Seguramente en la etapa de introducción de Fouchet en la Argentina el segmento target no sería el más rentable pero sí el que le permitiría a Calfrance posicionarse como una mayonesa dedicada a paladares refinados, exigentes, con alto gusto por lo gourmet.

Posteriormente debemos además identificar gaps entre marcas oferentes y necesidades de segmentos target.

Ahora bien, esta etapa implica además realizar un *desarrollo estratégico competitivo* potencial. Como mencionamos varias veces en este libro, la única estrategia competitiva posible es la diferenciación. Debemos diferenciarnos tanto en posicionamiento como en productividad. Por ello es necesario determinar cómo podemos reforzar nuestra ventaja competitiva contra la de nuestro competidor.

Y cómo podemos sostener nuestra fortaleza competitiva diferencial a través de habilidades distintivas. Cómo crear un paradigma vincular más sólido.

En este momento detuve mi exposición y les propuse que pensáramos juntos: cuáles son nuestros atributos de tipo 1, nuestra proposición única de valor diferencial y cuáles son los atributos de tipo 3 de Sunny y Dorada. Cómo podemos reforzar nuestra ventaja competitiva pero también, cómo pueden reforzar sus propias ventajas Dorada o Sunny. Teniendo en cuenta los atributos de marca neutralizados, ¿cómo podemos reforzar los atributos de marca, ya sea los percibidos en Fouchet y no valorados (atributos tipo 5) o los neutralizados (atributos tipo 2)? Pero fundamentalmente teniendo en cuenta la demanda insatisfecha, ¿cómo podemos mejorar nuestro foco en la satisfacción (atributos tipo 4)?

Por otro lado, es necesario replantearnos cómo podemos sostener nuestra fortaleza competitiva diferencial. Responder esta pregunta implica cuestionarnos: ¿Qué habilidades requeridas pero no disponibles podemos desarrollar y cuáles pueden desarrollar Calfrance y Pradera? ¿Qué habilidades que disponemos en otro sector podemos focalizarlas hacia el sector de la mayonesa y cuáles pueden focalizar nuestros competidores? ¿Cómo podemos reforzar nuestras habilidades centrales, cómo puede la competencia reforzar sus habilidades centrales y cómo podemos ambos reforzar las habilidades centrales compartidas? Por último y fundamentalmente, ¿cómo podemos reforzar el impacto diferencial de nuestras habilidades contra las de nuestros competidores?

Una vez realizada la segmentación y el *targeting*, el tercer paso o escalón de STEPS es la **ESTRATEGIA**. Como nunca nos cansaremos de repetir, de acuerdo con nuestra postura la única estrategia competitiva posible es la diferenciación, tanto en posicionamiento como en productividad. La única estrategia posible implica determinar cómo me diferencio, cómo diferencio mi marca para triunfar en el segmento target contra mis competidores. Qué marca mi marca (Volvo = seguridad) contra lo que marcan las marcas enemigas en mi target y cómo logro diferenciarme en cuanto al manejo de mis recursos y a mi productividad en función de mis habilidades distintivas. En esta etapa es necesario realizar un análisis de mi paradigma vincular y de los paradigmas vinculares de Pradera y Westeast. Ya dijimos que lo que compite es un Penta **contra** otro Penta, un paradigma vincular contra otro, traducido en términos de triciclos, la guerra competitiva se reduce a: **A-1 *versus* C-3.**

Ahora bien, las empresas descubren segmentos, eligen targets y tratan de diferenciarse de sus enemigos. El resto pasa en la mente del consumidor, del comprador, del comparador (recordemos que Claudia compara 1 *vs.* 3, y elige en función de la saliencia). ¡ALARMA! Las empresas no POSICIONAN sus marcas, tratan de definir una diferenciación que RESULTA en un posicionamiento en el campo simbólico de la demanda. El que posiciona es el cliente, no la empresa.

POSICIONAMIENTO es –entonces– el resultado de cómo el cliente INTERPRETA la diferenciación propuesta en función de dos cosas. La primera es por comparación con su expectativa de producto ideal. Por cuánto percibe que la marca cubre lo que espera como su mayonesa ideal. Este es el FOCO de la marca. La segunda es por oposición a las demás marcas. Qué beneficios básicos, ventajas diferenciales o ventajas competitivas le atribuye a Fouchet que la haga preferible por sobre el resto de las marcas de mayonesas. Cuando prefiere una ventaja de una marca en lugar de la ventaja de la otra, la que elige es la que domina. **Esta es la SALIENCIA de la marca**. ¡Llegamos al quinto escalón de STEPS! Foco y saliencia son la vida o la muerte de la marca. Su CALIDAD.

ATENCIÓN: entonces, el resultado final y crítico es la SALIENCIA. De ella depende la competitividad desde el eje del posicionamiento.

Esto es, atribuido un posicionamiento, un nivel de foco y un nivel de SALIENCIA, ¿qué significa la marca para el/la miembro del target? SALIENCIA ES SIGNIFICADO PREFERIDO. SALIENCIA ES VALOR SUPERIOR.

La marca puede ser única o puede ser un sistema, una nomenclatura compuesta que opera como una estructura. British Airways se estructura como sistema entre la marca principal y la marca de cada clase en cada ruta.

Pero la marca no debe ser marca solo hacia afuera. La marca también debe ser marca hacia adentro. Debe ser la bandera tras la cual se alinea toda la organización. La bandera que simboliza un sueño común.

Hemos visto más atrás el concepto del PLIP: Producto, Logística, Impulsión y Precio.

En Penta, producto, logística y precio forman parte de la **presión de la productividad**. Es transformación de recursos en productos. En Penta, **atracción** es la transformación de productos en posicionamiento y saliencia en el pilar de los mercados. Así se liga STEPS con PLIP y PENTA con STEPS.

El posicionamiento es la interpretación que el mercado hace del STEPS esperado a través de la función de atracción. La atracción es el resultado de la interpretación de la diferenciación de la estrategia.

Finalmente, como corolario de la etapa 2 –Estrategia del plan de negocios– debemos establecer objetivos para cada uno de los pilares de Penta, y transformarlos posteriormente en metas SMART.

SMART es una sigla en inglés que es útil para recordar cómo tienen que ser los objetivos y las metas para que sirvan:

- *Specific* (específicos).
- *Measurable* (medibles).
- *Achievable* (logrables o realizables).
- *Realistic* (realistas).
- *Trackable* (monitorizables o controlables o "TRAZABLES" –de trazabilidad–).

3. Planeamiento operacional

Muchas veces escuchamos hablar de plan de marketing o estrategia de marketing como si fueran sinónimos.

Como mencionamos en varias ocasiones a largo de este libro, la estrategia implica determinar fines (objetivos), mientras que el planeamiento operacional es la asignación de los recursos disponibles a esos fines (objetivos).

A nivel de estrategia, Calfrance debe determinar la diversificación de su portafolio de negocios. En qué negocios quiere estar en función de su cultura interna, de su propensión o aversión al riesgo (estrategia de portafolio de la empresa) y cuál será su estrategia de diferenciación, tanto en posicionamiento como en productividad para Fouchet (estrategia competitiva de cada uno de sus productos basada en sus respectivos paradigmas vinculares).

Una vez determinada la estrategia competitiva, debe ser implementada por medio de un plan integral de desarrollo competitivo. Plan de producto, logística, impulsión y precio.

PLIP debe ser realizado en ese orden; primero debíamos determinar un plan para nuestro producto como interpretación física del posicionamiento buscado, luego para la logística, posteriormente para la impulsión y recién en último término podemos determinar el precio porque en él indudablemente influirán nuestros planes de logística o de impulsión, ya que no es lo mismo si distribuimos el producto por medio de supermercados o de boutiques exclusivas, pues el costo no será el mismo, y finalmente el precio de Fouchet será diferente en uno u otro caso.

Es fundamental que cada una de las áreas de Calfrance se comprometa realmente con este trabajo, es por ello que es necesario que se analicen los planes operacionales por función, el grado de acople entre esos planes y la factibilidad de acople con PLIP. Todas las áreas contribuyen a la realización del producto por medio de un efecto sistémico.

Les propuse que analicemos a cada uno de los puntos de PLIP, para Fouchet. Para ello coloqué sobre las pizarras los siguientes gráficos que sintetizaban el planteo del plan integral de desarrollo competitivo.

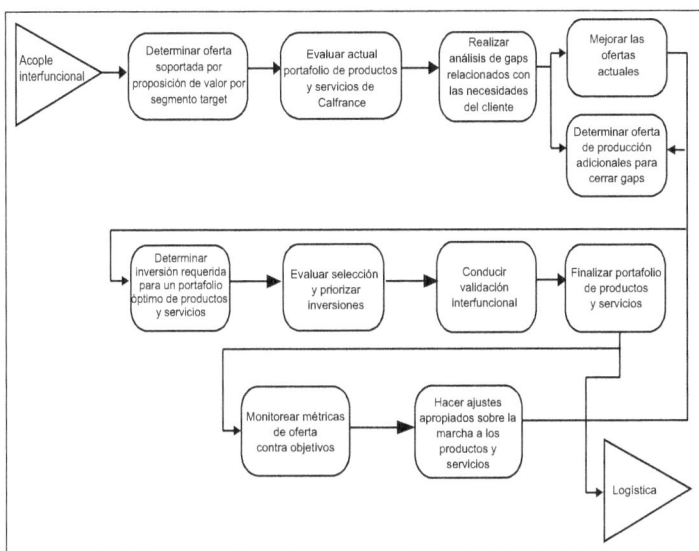

Figura 24. Plan operacional de Producto.

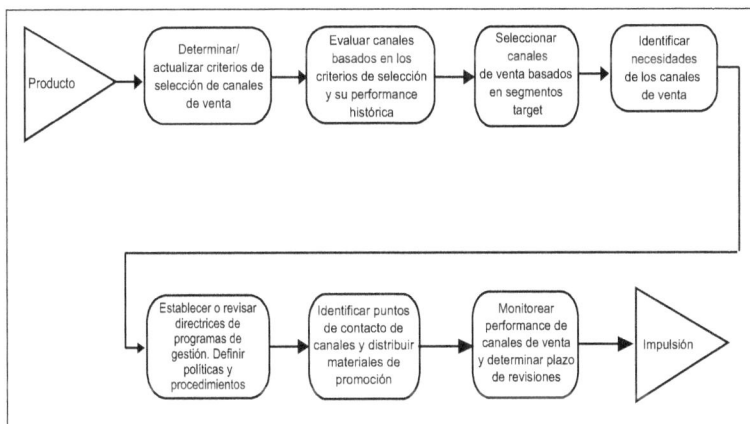

Figura 25. Plan operacional de Logística.

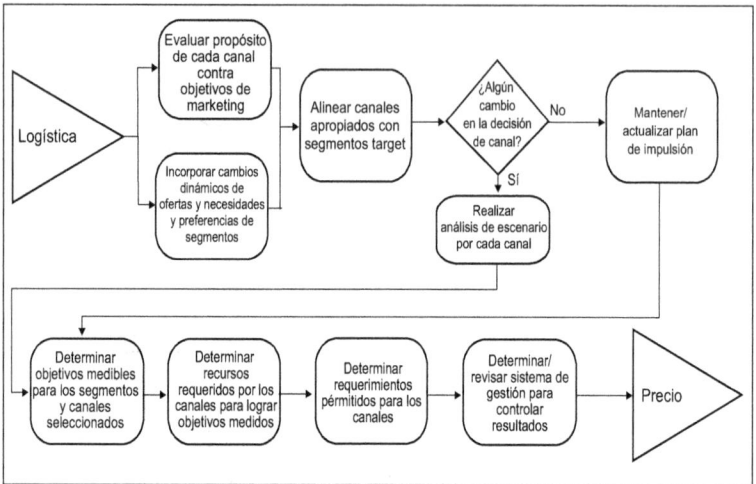

Figura 26. Plan operacional de Impulsión.

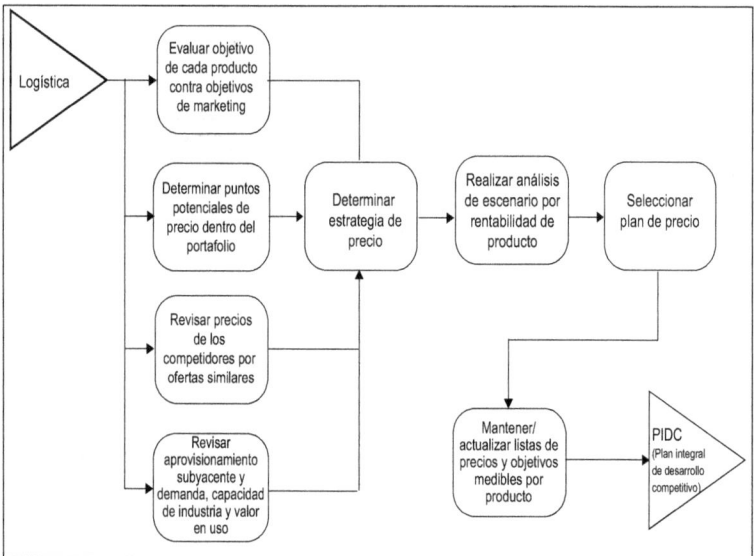

Figura 27. Plan operacional de Precio, con locual se completa el
PLAN INTEGRAL DE DESARROLLO COMPETITIVO.

4. Programación táctica

Así como en la estrategia determinamos los fines y en el planeamiento operacional asignamos recursos o medios a esos fines, en la programación táctica debemos emplear esos medios.

En esta etapa del plan de negocios debemos diseñar una compaña de *go-to-market*, que nos permita generar una ventaja competitiva valorada y preferida por los consumidores, logrando que la propuesta de valor suceda en el punto de venta como fue planeada. Una vez ejecutada esta campaña, debe ser testeada y se deben medir sus resultados parciales. Para que nuestro plan tenga el éxito esperado en todas sus etapas, y especialmente en esta, debemos actuar con eficiencia y efectividad, hacer "correctamente" las cosas "correctas".

La *efectividad* la medimos analizando los objetivos establecidos previamente, determinando cuáles fueron logrados. El análisis que debemos realizar para medir la eficiencia es el siguiente: hay que analizar cuáles fueron los recursos productivos y comerciales asignados y cuáles fueron los utilizados, y en base a ello determinar el grado de eficiencia productiva, financiera y comercial.

Eficiencia y efectividad, ambas, conjunta y complementariamente, son necesarias para asegurarnos el éxito en nuestra tarea y deben ser medidas y evaluadas permanentemente.

Ahora bien, una vez ejecutada la campaña, medidos los resultados parciales y analizado el grado de eficiencia y efectividad debemos realizar un análisis de los resultados obtenidos y, por medio de la comparación con los resultados esperados, establecer cuáles son las brechas y cómo podemos mejorarlas, mediante la realización de un portafolio de iniciativas, que deben ser comunicadas y reportadas a cada una de las áreas de Calfrance.

5. Cambio

En un contexto como el nuestro, caracterizado por el cambio y las turbulencias, permanentemente debemos evaluar lo sucedido en las etapas anteriores. ¿Cómo ha sido la apreciación de la situación? ¿Sucedió todo lo previsto? ¿Cuáles fueron las variables que no se tuvieron en cuenta? ¿Qué pasó con nuestra estrategia, con nuestros planes y programas? Y en definitiva, ¿qué hemos aprendido, qué debemos aprender y qué olvidar?

Una vez respondidas estas preguntas estamos en condiciones de identificar y evaluar nuevos requerimientos del mercado; tal vez Claudia ya no tiene las mismas exigencias para su mayonesa ideal. Debemos crear soluciones para estos requerimientos y administrar el cambio. En caso de que el mismo no sea aprobado nuevamente debemos replantearnos lo que ha sucedido en las etapas anteriores. En caso contrario, debemos crear o modificar el diseño, para luego testearlo y migrar a producción.

Indudablemente, en este contexto solo pueden triunfar las empresas que realizan no un simple cambio, sino un cambio completo del paradigma, de las reglas de juego, un cambio completo de ambos triciclos. Sin dudas nos esperaba un arduo trabajo. Pero ahora que los integrantes clave de la empresa lo conocían más en profundidad seguramente sería más fácil realizarlo.

CAPÍTULO XV

¿POSICIONAMIENTO?

Marketing desde el 89 al 97
Hacia el marketing sistémico
Marketing de cuarta generación

Los cuarenta participantes de la reunión de discusión sobre estrategia competitiva que habíamos convocado para que nos ayudaran en Operación Poincaré ya estaban completamente alineados con respecto a los temas que el equipo argentino había planteado.

La mayoría de las herramientas que habíamos mostrado en las reuniones no eran "más de lo mismo", con lo cual estábamos orgullosos de no estar repitiendo los mismos conceptos que todo el mundo. En reuniones como estas se tiende a provocar el síndrome "¡otra vez sopa!". Esta vez no había pasado, a pesar de la muy fuerte formación profesional de casi todos ellos. Ahora me tenía que dedicar a convencerlos de lo que durante 1997 fue mi mayor dedicación profesional en las empresas y académica en las aulas.

Entonces les dije que hacía más de veinte años que los especialistas en marketing estábamos hablando de posicionamiento. Que el corazón del marketing que durante tanto tiempo habíamos llamado "**estratégico**" era la decisión de posicionamiento y que, definido el nivel **estratégico** del posicionamiento, en el nivel del **planeamiento** se debían definir los planes de producto, logística, impulsión y precio (PLIP) para implementar la estrategia. El posicionamiento es la diferenciación de mayonesa Fouchet para "**localizarla**" en un segmento de mercado donde, dados los requerimientos de ese segmento, "**dominará**" simbólicamente a Sunny.

POR FAVOR RUEGO SU MAYOR ATENCIÓN. Si **posicionamiento** quiere decir asociar a una marca con un ADJETIVO CALIFICATIVO DISCRIMINADOR (esto lo aprendimos en castellano en el colegio) como, por ejemplo, **Volvo** es **seguridad**. Si posicionar la marca Fouchet significa **asociarla** a un **adjetivo** que la **califique** con un **significado** que la **discrimina** de Sunny y de Pradera, que la separa, que la **distingue** por una razón **de ser,** por algo por lo cual la marca espera ser **elegida** y **vuelta a elegir** (no me dejes, seme fiel, no me abandones, quereme, como canta Andrés Calamaro: "flaca / no me claves / los puñales / por la espalda"). Volvo elige especializarse en el segmento que prioriza el atributo seguridad. Si posicionamiento es **sacrificar** (Volvo sacrifica segmentos que quizá piensen que el atributo seguridad se opone al atributo diseño), HEMOS LLEGADO A LA CONCLUSIÓN DE QUE MUCHÍSIMAS MARCAS PUEDEN ESTAR POSICIONADAS, PERO MUY POCAS MARCAS DEL MUNDO ESTÁN POSICIONADAS CON *SALIENCIA.*

Pensemos en las marcas más importantes del mundo. Vamos a ver que varias de ellas inmediatamente se asocian a un adjetivo calificativo discriminador (concreta o simbólicamente), pero la mayoría NO. Imaginemos una marca mundial. Pensemos. ¿Ya está? Muy bien, ¿qué adjetivo califica a esta marca? ATENCIÓN, ESE ADJETIVO NO DEBE SER UNA ASOCIACIÓN CON LA CATEGORÍA DEL PRODUCTO. Si digo "Sunny" y la gente me responde "mayonesa", ESTO NO ES POSICIONA-MIENTO CON SALIENCIA. Posicionamiento con saliencia es "mayonesa mejor por tal y cual atributo". Nuestra investigación nos demuestra que muy pocas marcas del mundo cumplen esta condición.

Por otra parte, SALIENCIA no es la muy fuerte recordación de un eslogan publicitario. Por ejemplo, cerveza Quilmes, una de las marcas que más respeto profesional me merece, uno de los líderes más contundentes, emplea el eslogan "El sabor del encuentro". Pero estoy completamente seguro de que la compañía sabe que no es líder por emplear ese eslogan. Que nadie compra cerveza Quilmes porque es el sabor del encuentro o porque "si es Bayer, es bueno". ¿Qué gatilla simbólicamente esta frase? Si **entendemos** qué gatilla la frase y la **elegimos** por **ese significado,** entonces sí cerveza Quilmes está posicionada como Volvo es seguridad.

Después de décadas de hablar del concepto de posicionamiento, después de que en el libro más importante que escribí (*Marketing avanzado*) definí al marketing como "el proceso de posicionamiento de una marca para hacer máximo su valor percibido", **¡nos damos cuenta de que muy pocas marcas del mundo están posicionadas exactamente como la empresa quería! ¡¡¡con *saliencia*!!!**

Dijimos que tratar de posicionar con saliencia es elegir y que elegir es sacrificar, ¿puede la marca más poderosa del mundo, la megamarca Coca-Cola ELEGIR? ¿Puede la megamarca Coca-Cola SACRIFICAR? ¿Puede la megamarca Coca-Cola ESPECIALIZARSE en un segmento? O, por ser uno de los significados más fuertes del mundo, ¿DEBE SER TODO PARA TODOS? Cuando nos hicimos por primera vez esta pregunta nos dio un escalofrío. Coca-Cola debe ser todo para todos, y ¡ESTE ES EL ANATEMA DEL MARKETING! ¡La marca sublime no puede posicionarse!

Entonces, hay megamarcas como Coca-Cola que no pueden posicionarse, siguiendo el concepto que todos conocemos por posicionamiento. Hay algunas marcas, como Volvo, que están bastante posicionadas con saliencia, es decir, asociadas a un adjetivo calificativo discriminador que las especializa en un segmento que las elige por esa diferenciación. Hay marcas muy asociadas a la categoría, como Gillette en hojas de afeitar. Hay marcas con una muy fuerte asociación a un eslogan publicitario como "Quilmes, el sabor del encuentro". Y hay meramente "nombres" que poco significan. Lo más angustiante es la cantidad de marcas que son fuertemente líderes y que no cumplen la condición de estar posicionadas a través de un adjetivo calificativo discriminador y marcas muy posicionadas que no se venden! Por favor, ¡busquen lograr *saliencia*!

El grupo coincidía en que este era un tema crítico para Fouchet. Pero, una vez que discutimos estos puntos que acababa de presentar, acordamos que, **de todas maneras, debíamos tratar de posicionar a la marca con saliencia**. Pero volvamos un poco hacia atrás. Pensemos en el triciclo del posicionamiento, en la capacidad de maniobra de las marcas, en las concentraciones y fragmentaciones de los mercados, en la innovación, en la dinámica competitiva. La pregunta, el dilema y la angustia de vivir en entornos de megacompetitividad es entender que si logramos un atributo tipo 1, una ventaja competitiva que discrimine a Fouchet y por la cual el mercado elija la marca, ¿CUÁNTO TIEMPO PUEDE **MANTENER** FOUCHET ESA DIFERENCIACIÓN SIN SER IMITADA Y NEUTRALIZADA?

¿Cuánto tiempo puede tardar Sunny en convertir ese atributo tipo 1 en uno tipo 2, en la mente de Claudia? ¿Qué le impide a Westeast lanzar, aunque sea con otra marca, una línea de imagen más artesanal, con una amplia variedad de especialidades como las de Fouchet, distribuirlas con una amplia cobertura y publicitarlas masivamente? ¿Cuánto tiempo le podría llevar desarrollar una línea así? ¿Qué gran cadena de supermercados se negaría a, por lo menos, probar si la línea rota bien y le es rentable?

En entornos de megacompetitividad **hay que tratar de posicionar la marca con saliencia**, pero sabiendo que la ventaja competitiva por la cual la marca se posiciona puede ser **copiada, imitada, neutralizada** cada vez más fácil, cada vez más rápido, cada vez más fuerte, cada vez más barato. Esto nos indica que el posicionamiento, cuando se logra, es cada vez más efímero, más volátil, más fugaz, pero que hay que tratar de posicionar.

Estos años nos llevaron a comprobar otro cambio más. Antes decíamos que posicionábamos la marca Fouchet, asociándola a un adjetivo calificativo esperado por un segmento y que discriminara a Fouchet de Sunny y de Dorada, y que, después, los planes operacionales de producto, logística, impulsión y precio eran la forma de implementar ese posicionamiento. A estas cuatro variables las llamábamos "variables controlables". En la época de las 4Ps, esas eran las "variables controlables".

Entonces les pedí a los participantes que pensaran si estas variables eran realmente "controlables". La variable *producto*, dada la agobiadora y continua imitación competitiva, ya no es más controlable. El interjuego de la megacompetitividad hace que ninguna diferenciación sea definitivamente superior a la de la competencia.

La variable *logística*, dada la concentración minorista y el fuerte incremento del poder de negociación del canal, ya no es más controlable.

Tampoco lo es la variable *impulsión*, dada la proliferación de medios de comunicación social, la fragmentación de la audiencia, la imitación entre los posicionamientos de los medios en públicos considerados como segmentos, el acceso de Claudia a ser parte de la audiencia mundial haciendo zapping entre la CNN y la RAI, entre Manchete de Brasil o la BBC de Londres, hace que la posibilidad de pautar eficientemente un presupuesto publicitario sea cada vez menor. Ni hablar ante la interactividad, la Internet y todo lo que se viene.

Hoy creo que la variable *precio* jamás fue controlable, que fue el atributo más fácil y más rápido de imitar. Nos hace falta otro nivel de marketing, que abarque a todos los anteriores, que trate de seguir los conceptos troncales de todos los anteriores, que busque posicionar e implementar con el PLIP, pero que tenga en cuenta los tremendos cambios que implica la megacompetitividad.

Necesariamente, esta realidad nos obliga a pensar en un marketing de otro nivel que el marketing estratégico, el que habíamos llamado "marketing de tercera generación". Entonces le anuncié al grupo que les quería hablar de marketing de cuarta generación. Desde marketing sistémico hacia ¡DESARROLLO COMPETITIVO! El marketing se entrelaza con la productividad de todos los demás procesos y funciones de la empresa. Posicionamiento relativo y productividad relativa son dos fuerzas que conducen a la creación de valor. De nada nos sirve una si no se complementa con la otra. Pero, además, innovación y alineamiento, los otros dos vectores fuerza del PIPA.

Para que se entendiera la visión sistémica, le repartimos al grupo una copia del artículo de Thomas Levenson, *"How not to make a Stradivarius"* que había salido en la edición de verano de 1994 en la revista *American Scholar,* en el que demuestra que, después de trescientos años de existencia del violín, nadie más pudo descubrir el secreto del invento de Stradivari y copiar su amplitud musical, su textura de sonido y su poder. Levenson destaca que si hubiera sido un solo violín, podría haberse tratado de una casualidad. Pero fueron cientos de instrumentos sublimes. Si uno analizara **las partes** que componen el violín tratando de descubrir el secreto, la búsqueda sería infructuosa, ya que el resultado de este excelente instrumento es más que la suma de sus partes. Es el **emergente de la combinación** entre los diferentes materiales de la madera y de las cuerdas, la enorme experiencia, el más refinado know-how y una pasión inmortal por la excelencia.

Si vemos a Calfrance como un sistema, **dirigirla** significa tratar los **intereses** de cada unidad funcional que la componen, como Marketing, Finanzas o Producción, de manera **simultánea**, buscando **sinergia** entre esas áreas, en lugar de visiones-túnel.

Calfrance demostraba pasión por entender, crear y retener consumidores de Fouchet, pero sabía que lo que los consumidores necesitan y desean no siempre es tan obvio ni siquiera para ellos mismos, que conocer lo que los consumidores NO quieren y NO necesitan es todavía mucho más difícil; que para colmo, cuando el consumidor **sabe** qué necesita, muchas veces esto no coincide con lo que desea, con lo que compra y con lo que es fiel. En definitiva, Calfrance sabe que conocer todo esto es muy difícil, simplemente porque los humanos somos MUY complejos, pero que tratar de conocer esa complejidad es la base de la vida o de la muerte de la empresa.

Ya hace mucho tiempo que Calfrance ha logrado que no sea solo su área de Marketing la que tenga esta responsabilidad, ya que las señales que cada consumidor emite en su elección y en su fidelidad de marca son muy variadas. Que algunas de ellas las puede comprender el área de Marketing, pero que otras se entienden mejor en Producción, otras en el área de Investigación, Desarrollo e Innovación de nuevos productos, otras en la Fuerza de Ventas tratando con los supermercados, otras en el área de Cobranzas, otras en las boutiques de relacionamiento con el consumidor, y otras en el área de CIGDI (recordemos: Centro de Integración Grupal y Desarrollo Individual), que muchísimas veces, al entrevistar candidatos, escucha cosas con respecto a la imagen de Calfrance y de la marca Fouchet.

Como lo más probable es que cada una de estas áreas "entienda" la información desde su particular "lente" (paradigma o mapa mental), surgido de la formación técnica diferente, de la experiencia diferente, de sus responsabilidades diferentes, **nadie ve la "realidad" completa**. Recordemos el triciclo de la dispersión cognitiva. La compañía sabe que tiene que tomar este toro por las astas, con lo cual creó un **banco centralizado de inteligencia** hace varios años para poder asegurar una visión sistémica. Un sistema como Calfrance es una totalidad que no puede ser dividida en sus partes constitutivas. El desempeño de Calfrance como sistema no es igual a la suma de los desempeños de cada una de las áreas de la compañía analizadas separadamente, sino el resultado de su interacción. No vemos a una mesa como los átomos que la componen. La vemos como una mesa.

Calfrance había comprendido que, en megacompetitividad, cuando las ventajas competitivas son cada vez menos "sostenibles", la visión sistémica necesita un nuevo concepto de marketing.

Este nuevo marketing requería una profunda mirada **hacia adentro** de la empresa, hacia adentro de Calfrance, para pretender formular la estrategia competitiva de mayonesas Fouchet. Que la diferenciación de Fouchet dependería del acople entre la estrategia, la cultura, los recursos, la gestión y los mercados. Que las ventajas competitivas de mayonesas Fouchet "emergían sistémicamente" (volar) por la interacción entre los productos, los servicios, las funciones y los procesos de Calfrance. Era un mundo diferente. Era otro tipo de razonamiento. Se había acabado el "reduccionismo" irresponsable de un enfoque de marketing ingenuo que se fue.

Volví al gráfico del Penta que tenía en una de las pizarras y les conté que, usando el Penta en el Banco del Caribe en Venezuela, habíamos detectado una complicación adicional. Habíamos descubierto que entre las diferentes dimensiones del Penta, al considerarlas en una empresa como una totalidad, se producían **dilemas** o

contradicciones entre ellas. Habíamos llegado al concepto de las "**paradojas del desarrollo competitivo**". Ya lo habíamos adelantado al referirnos a las paradojas entre los ejes de posicionamiento, innovación, productividad y alineamiento (PIPA, ¿recuerdan?).

Entonces comencé a relatarlas, dibujando un nuevo Penta, el que llamamos Penta II, el Penta de las paradojas, de los dilemas con los que la empresa debe convivir. La Alta Dirección de Calfrance debía enfrentar estas paradojas, evitando, como vamos a ver, la atracción (el canto de las sirenas), de quedarse atrapada por cualquier polo extremo. Ahora lo voy a explicar más fácil a medida que lo voy graficando.

En otra pizarra que ubiqué pegada a la del Penta original comencé a hacer el Penta II (Figura 28).

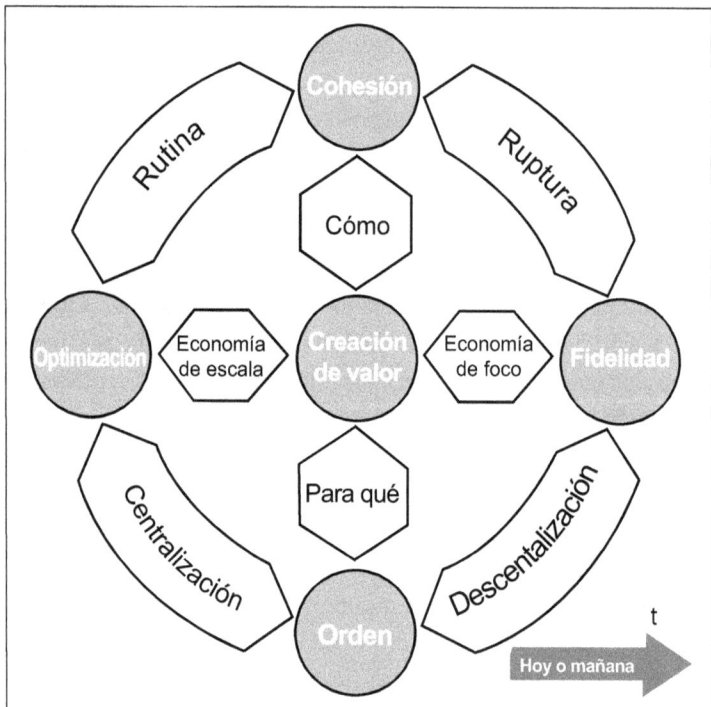

Figura 28. Las paradojas del desarrollo competitivo.

Comencé por el pilar de la **estrategia**, comentándoles que la "lógica dominante" en la estrategia, como vimos, era **crear valor económico**. Aquí no había problemas. Por ahora.

Ahora marqué el pilar de **recursos** y pregunté al grupo cuál le parecía que era la lógica dominante cuando nos concentramos en Calfrance en esa dimensión. Después de una breve discusión grupal, todos coincidieron en que se trataba de una lógica de **optimización** de esos recursos. Optimización en el empleo de esos recursos. Pero, ¡PARADOJA!, cuando nos concentramos en el pilar de mercados, la lógica dominante en Calfrance (como en cualquier otra empresa) debía ser la de la **fidelización**. Optimización de recursos y fidelización de mercados son dos conceptos que pueden parecer opuestos. Cómo decidir cuánto de cuál, desde una postura clásica es un verdadero dilema. No hay receta, ni libro, ni cuenta, ni consultor, ni software que valga. Lo único que hay es pánico. Aferrarse a cualquiera de los dos extremos es entrar en las puertas del valle de la muerte. ¿Cuánto de cuál? Paradoja. Desconcierto.

Recordemos el concepto de paradoja que aprendimos en el colegio con el ejemplo de la paradoja del diablo en la que desafía a Dios a que, ya que es omnipotente, cree una piedra tan pesada que Él mismo no pueda levantar.

Entonces señalé en el Penta original la flecha de **presión** y facilité que nos pusiéramos de acuerdo en que, al concentrar Calfrance su atención en qué debía buscar si todo lo que existiera en el mundo fuera la presión, la respuesta debía ser **economía de escala**, hacer mínimo el costo medio, productividad, estandarización, "que me compren cualquier color de auto con tal de que sea negro", un solo tipo de mayonesa, un solo envase, un solo mensaje, un solo canal de distribución. ¡Así bajamos los costos! Entonces les pedí que pensaran cuál es la lógica dominante cuando nos concentramos en la **atracción** de posicionamiento de nuestra marca. Rápidamente nos pusimos de acuerdo en que era la de **economía de foco**. Una mayonesa especial para cada consumidor especial. Economía de escala y economía de foco están en estado de paradoja si hay que procurar ambos extremos simultáneamente.

Cuando nos centramos en el pilar de **cultura**, la lógica dominante en Calfrance es la **cohesión**. Hay que diferenciar el concepto de "cohesión" del de "consenso". Consenso quiere decir que todo el mundo dentro de Calfrance piensa igual, pero si todo el mundo piensa igual, quiere decir que nadie está pensando. Cohesión, en cambio, quiere decir "tensión creativa", promover la discusión interárea, interfuncional, internivel, para evitar las visiones-túnel, promover la visión sistémica en lugar del "fraccionamiento perceptual" que genera el hecho de que Calfrance tenga una estructura organizacional bien formalizada (tipo Westeast). Esto, necesariamente, requiere desorden. Pero si nos concentramos en el pilar **gestión**, y señalé el círculo inferior del Penta, ¡la lógica que lo conduce es la del **orden**! Paradoja.

Si nos concentramos en la flecha de **inventar** que anteriormente representaba a la eficiencia, hacer correctamente las cosas, estamos ante la lógica de la **rutina**. Si hacemos miles de veces todo igual, aprendemos automáticamente a hacerlo mejor. Es el tipo de cultura que requiere la economía de escala de la presión. Pero si nos concentramos en la de **descubrir**, en efectividad, hacer las cosas correctas, la lógica es la de la **ruptura**, el cambio, la innovación, la destrucción creativa. Es el tipo de cultura que requiere la economía de foco del posicionamiento. ¿Cuánto de rutina, cuánto de ruptura, al mismo tiempo? ¡Paradoja!

Después bajé a la flecha de **posicionamiento**, la que conecta el pilar gestión con el de mercados. ¿Cuál es la lógica dominante al diseñar la función de adaptación necesaria para lograr el posicionamiento?, les pregunté. La respuesta general fue la **descentralización**. Para adaptarse a los requerimientos diferenciados de mercados diferentes, una empresa diversificada, como Westeast (más que Calfrance), debe descentralizarse lo máximo posible para que el conductor de cada unidad de negocios tenga máxima autonomía para resolver sus problemas específicos. Es el tipo de organización que requiere la economía de foco. Pero Westeast es UNA. Cuando debe armar la organización pensando en los recursos, la flecha de **productividad** que requiere de la **integración**, y entonces tiene una Dirección Financiera y una de Talentos Humanos centralizadas para atender a todas las unidades de negocios, la lógica es la **centralización**, que es el tipo de gestión que requiere la economía de escala. ¡Paradoja!

Faltaban dos de las flechas conectivas entre los pilares del Penta. La de los hábitos y la de los objetivos. Aquí también encontramos otra paradoja, ya que la lógica de los **hábitos** es la del "**cómo**", mientras que la de los **objetivos** es la del "**para qué**". Paradoja.

Ahora me fui al gráfico del Penta original y les comenté que en un momento específico, Calfrance tiene una determinada configuración de su Penta. Estrategia, cultura, recursos, gestión, mercados y las conexiones entre ellas. Todas las partes debían "calzar" sistémicamente entre sí para que la Operación Poincaré fuera exitosa, y mayonesas Fouchet ingresaran potentemente en el mercado argentino. Pero, en la base del gráfico dibujé una flecha y la presenté como "**la flecha del tiempo**". El requerimiento fundamental al incluir la dimensión tiempo es la **capacidad de maniobra**.

Pero cuando incorporamos la dimensión tiempo en el análisis de Calfrance para formular la estrategia competitiva de mayonesas Fouchet, nos damos cuenta de que aparece automáticamente otra paradoja. La del **hoy** o el **mañana**. ¿Cuál privilegiamos? Por ejemplo, en muchas empresas vemos que con tal de vender hoy lo máximo posible, arriesgan el valor de la marca a mediano y largo plazo. Pero, por otro lado, no puedo dejar de vender. ¿Qué hacemos? Nos morimos de pánico porque no hay una respuesta cierta. No hay receta. No hay consultor. No hay libro. Hay pánico. Pero también hay intuición, emprendimiento, creatividad, innovación, anticipación. Las condiciones por las que el empresario merece el valor que crea, por el valor que arriesga.

La dimensión temporal del modelo Penta

Penta presenta un tejido de cinco dimensiones y ocho interacciones. Reconstruir este entramado constituye la clave para entender a Calfrance como sistema. A mayor acople entre estos cinco pilares, mayor adaptación cognitiva.

En muchas ocasiones, cada una de estas dimensiones puede comportarse de manera que no encaje con las otras cuatro. Todos los pilares de Penta, en mayor o menor medida, cambian y se transforman a través de procesos que pueden generar desacoples no deseados o imprevistos. Existen algunas que lo hacen de modo muy lento, como por ejemplo, las creencias que fundan la cultura. Otras lo hacen a gran velocidad como, por caso, los mercados.

En cada momento, cualquiera de los cinco pilares puede experimentar una transformación que repercutirá inevitablemente en los demás.

Alain, como Número Uno, y el resto de los directivos de Calfrance, deben controlar la dinámica del sistema y anticiparse a los cambios que pudieran producirse.

Los ajustes del Penta son cíclicos. En cada caso, la Dirección de Calfrance debe diagnosticar cuáles son los pilares que evidencian desacoples críticos de modo de orientarse a su corrección mediante el ajuste o cambio radical. Asimismo, dado que la acción sobre una de las dimensiones impacta sobre el conjunto, debe prever y tomar en consideración tales impactos. Deben comprender que Calfrance como sistema sociotécnico complejo se encuentra en permanente estado de flujo, en continuo movimiento.

Conocer y trabajar sobre el Penta de Calfrance implica comprender su desarrollo a lo largo del tiempo. En Calfrance podrán identificarse ciclos de estrategia, de cultura, de recursos, de gestión y de mercados. Y si bien el nivel de energía invertida en cada pilar puede ir cambiando según el momento o la época, el objetivo inmutable es lograr que la "soga" continúe siendo firme.

CAPÍTULO XVI

DESARROLLO COMPETITIVO
Posicionamiento, innovación, productividad
y alineamiento

En cinco o seis años todo ha cambiado. Muchas cosas del mundo y también de la Argentina de hoy eran delirios impensables hace poquísimo tiempo. Muchas ideas que no servían se han hecho imprescindibles. Y muchas ideas que creíamos imprescindibles, verdades inmutables, ya no sirven más.

El escenario en el que hoy se debe mover Calfrance, como cualquier empresa –grande o chica, argentina o internacional, privada o no– puede ser comparado con un vibrante campo de fuerzas. Fuerzas de diferentes intensidades, en distintas direcciones, generales de la economía y de la sociedad, o particulares de cada sector. Creo que es imposible describir cada una de estas tendencias. Que nadie puede explicar cómo se relacionan entre sí. Pero de esa interacción y de lo que hoy decida Calfrance dependerá si va seguir existiendo o no en el corto plazo.

Cambio hacia la globalización. Ahora hay solo un mercado mundial. Comunicaciones globales. Transporte y distribución globales.

Finanzas globales. Estándares de comunicación globales. Fuentes de aprovisionamiento globales. Manufactura y tecnologías industriales globales. Marketing global. Consumo global.

Cambio hacia arreglos, alianzas, fusiones, *joint-ventures*, adquisiciones, uniones transitorias y muchísimas combinaciones más. Acuerdos de corto, mediano o largo plazo. Complementación de esfuerzos. Potenciación de habilidades actuales y desarrollo de habilidades nuevas.

Cambio hacia una mayor sofisticación de la demanda. Consumidores cada vez más inteligentes, cada vez más "en el asunto" y duros de engañar. Comparadores que no quieren más basura.

Cambio hacia la profesionalización gerencial. Empresas que se autodefinen como *learning organizations*, organizaciones abiertas al aprendizaje y que fomentan el desarrollo individual y grupal y el trabajo en equipo. Que promueven el aprendizaje individual basado en la rueda: 1) Reflexión, 2) Comprensión, 3) Decisión, 4) Acción. Y otra vez: 1) Reflexión. Y que fomentan el ciclo grupal de aprendizaje basado en la rueda: 1) Reflexión pública, 2) Significado compartido, 3) Planeamiento conjunto, 4) Acción coordinada. Y otra vez: 1) Reflexión pública.

Cambio hacia canales alternativos. Ahora compramos papas fritas en la farmacia, Coca-Cola en el lavadero automático, bisutería en la peluquería, cajas de ahorro en los supermercados y mayonesa en las estaciones de servicio.

Cambio hacia la paridad de las marcas. Calfrance sabe que las ventajas competitivas son imitables y superables cada vez más rápida y fácilmente. Que cada vez aparecen más competidores nuevos y diferentes. Que cada vez va a tener que enfrentar más presión hacia la disminución de los precios de todas sus líneas de productos. Que las promociones de venta tradicionales cuestan cada vez más y rinden cada vez menos. Que suben los costos de comercialización. Que cambian los esquemas de distribución. Que su tremendo desarrollo del proceso de calidad orientada al mercado –que para otras empresas solo parece una moda declamada– hoy en día solo le alcanza para empatar. Que el marketing de antes era orientado a conseguir un cliente, pero que el marketing de hoy solo sirve si logra fidelizarlo. Y que esto requiere diferenciación constante, innovación continua, respuesta eficiente y velocidad. Esto es desarrollo competitivo interfuncional.

Cambio hacia pensar a Calfrance como un conjunto de procesos horizontales en lugar de un conjunto de funciones verticales. Hoy comprende cadenas de actividades entrelazadas armónicamente para mejor hacer las cosas. Y actividades cooperativas con otras empresas, ayudando a las otras (por supuesto, no competidoras) a copiar lo que Calfrance hace mejor, sus habilidades distintivas, y recibiendo consejos de lo que las otras más dominan. Este es el concepto de *benchmarking*.

Cambio hacia la tercerización (*outsourcing*). Calfrance ya ha contratado a largo plazo muchas actividades que otras empresas hacen mejor que ella. Toda la actividad de informática y de telecomunicaciones ya no es una actividad propia.

Cambio hacia nuevas estructuras de capital. Nuevas formas societarias. Nuevas formas de capitalización menos riesgosas.

Cambio revolucionario en las telecomunicaciones. Calfrance Argentina ya puede incorporar todo lo nuevo que tiene en el resto del mundo, ya puede interconectarse en red con los distribuidores y con los proveedores argentinos e internacionales.

Cambio hacia la concentración minorista. La compañía debe negociar ahora con empresas que muchas veces son mayores que ella misma, en lugar de hacerlo con los comercios tradicionales del canal de distribución que representaban el mayor porcentaje de venta de los productos de consumo. Westeast tiene arreglos muy buenos pero absolutamente racionales con los canales. Calfrance, en cambio, tiene una vinculación, además de muy provechosa para todos, mucho más emocional. La gente de Calfrance se distingue por generar un fuerte sentimiento de confiabilidad y simpatía personal. Esto se debe al profundo trabajo de calidad de servicio al cliente que Marc ha instalado con su "sangre Disney" desde su ingreso a la empresa. El vínculo con los demás miembros o actores del cluster es casi el de una "comunidad de práctica" planificada (muchísimas comunidades de práctica, redes de gente con algún interés común, nacen en las redes sociales de manera espontánea, pero en este punto estamos hablando de comunidades planificadas).

Cambio hacia las marcas propias. Antes no era común que los consumidores eligieran y hasta prefirieran las marcas propias de los supermercados. Ahora ya es absolutamente común. Calfrance sabe que la mayoría de las cadenas van a querer comercializar la marca líder, la propia (en varias categorías, y la mayonesa podría ser una de ellas) y, como máximo otra marca más. Este peligro es ahora muy grande. Fouchet DEBE hacerse un lugar en las góndolas.

Cambio de actitud hacia las marcas más baratas. Una investigación de mercado que encargó Valerie demuestra que ahora los consumidores no necesariamente asocian un bajo precio con una calidad menor, que cada vez más la gente piensa: "¿cuánto peor puede ser esta marca con un precio tan atractivo?".

Cambio en la interactividad. No solo por la Internet, el Facebook, el Twitter y las otras redes sociales, sino por todos los medios modernos de relacionamiento uno a uno e instantáneo con los consumidores finales. Nadie sabe todavía cuánto va a cambiar esto la vida de los negocios y la práctica técnica del marketing. Pero nadie puede hacerse el distraído tampoco, porque ese impacto puede ser feroz. Calfrance tiene un proyecto de "marketing por relacionamiento" muy avanzado, que ha sido desarrollado secretamente por su Banco de Inteligencia. Aquí, después de un viaje urgente para asistir a las reuniones en París, se sumó al equipo Magdalena del Barco, superespecialista en el tema y profesional del equipo de nuestro querido amigo Sergio Grinbaum de Think Thanks. Todos los equipos de computación y los programas ya están listos para ser implementados en Europa y es muy fácil usarlos en Operación Poincaré.

Cambio en la valorización de la gente. Calfrance sabe que muchas empresas solo declaman que el principal recurso estratégico es su gente, pero en la empresa esto es verdad. Marc vive diciendo (le sale Disney por los poros) que se puede comprar el músculo de la gente pero no la mente ni el corazón. Este fue el momento en el que el área de Recursos Humanos se convirtió en CIGDI, Centro de Integración Grupal y Desarrollo Individual.

Cambio en el reconocimiento de la complejidad. Calfrance ha comprendido que las paradojas que acabamos de ver en el Penta II son la demostración de lo complejo de la vida empresarial. Que tiene que convivir con ellas. Que para ello es imprescindible lograr una visión del todo y no solo de las partes. Que nadie –jamás– puede afirmar que ha descubierto –en nada– la verdad objetiva. En su rol de Número Uno mundial de la compañía, Alain siente que su principal trabajo es preguntar continuamente a toda su gente: ¿cuánto sabemos lo que sabemos? ¿Cómo defendemos lo que creemos? ¿Cuán seguros estamos cuando discutimos? ¿Cómo aprendemos lo que aprendemos? ¿Qué formas de razonamiento con las que Calfrance fue exitosa ya no sirven más? ¿Qué supuestos tenemos en cuenta cuando tomamos decisiones? Alain sabe que una de las mejores cualidades de la humanidad, especialmente cuando se tiene la responsabilidad máxima de conducir una organización, es el sentido de autocrítica y, por lo tanto, de humildad.

Alain es un líder. Pero esto no significa (como muchos confunden) que sea un personaje misterioso, medio genio y medio mago. Alain es una persona común que se distingue de los demás solo porque busca sistemáticamente la innovación, entusiasma a toda la gente de Calfrance para conseguirla y trabaja muy fuerte para ponerla en práctica. Busca el cambio, responde a él y lo aprovecha como una oportunidad. Sabe que alguien tiene que hacer preguntas que ya no se formulan. Sabe que tiene que descubrir las preguntas que jamás se formulan.

Su foco de interés es la capacidad de detección y corrección de errores y la calidad de la información sobre Calfrance y sobre cada uno de sus competidores. Sabe que Calfrance debe ser estructurada como un sistema de aprendizaje, porque esta es la forma de detectar y de corregir errores.

Alain y su grupo saben que las decisiones nunca son ni serán definitivas. Que el aprendizaje grupal es continuo. Que él puede tener el cargo de Número Uno otorgado por la asamblea de accionistas y por el Directorio, pero que la afirmación le viene desde abajo. Sabe que **ser** líder es que toda la gente de Calfrance trabaje entusiasmada para lograr un sueño compartido. El principio fundamental de la cultura de la "casa" es: "tiene que haber una manera mejor." Entonces, la información es su principal ventaja estratégica, la capacidad de maniobra es su arma más preciada y la gente es su activo más cuidado. Sabe que el peor enemigo del ser humano es la incapacidad de autocrítica. Que esta es la enfermedad de los idiotas, que les permite tener la mente intacta pero vacía. Que la arrogancia es el peor vicio de los débiles y que se manifiesta en la creencia de su propia infalibilidad.

La Alta Dirección de Calfrance, muy influida por Alain y por Marc, crea el clima de crecimiento personal, de estímulo intelectual, ayuda a la gente a crecer, comunica a la gente todo lo posible lo antes posible y sabe que la gente quiere dinero, pero que también necesita crecimiento personal, aprecio y sentido de pertenencia. Y todos los directores, gerentes y jefes están convencidos de que la única forma de liderar es por el ejemplo. Por el ejemplo. Por el ejemplo. Y por el ejemplo.

Para mantener el espíritu de autocrítica, en las oficinas de Calfrance de todo el mundo Marc hizo colocar un afiche con el título, "Industrias en las que las empresas líderes perdieron su liderazgo" en el que se enumera relojes, automóviles, cámaras, estéreos, equipamiento médico, TV color, herramientas manuales, neumáticos radiales, motores eléctricos, fotocopiadoras, constructoras de barcos, software, procesadores de alimentos, hornos de microondas, equipamientos para atletismo, semiconductores, robots industriales, máquinas herramientas, equipamientos ópticos, servicios de consultoría, computadoras, textiles, líneas aéreas, servicios financieros.

En todos los discursos o presentaciones públicas de Alain a la gente de Calfrance, siempre se ocupaba de incluir el recordatorio de que **la mayoría** de los negocios fracasa. De que hasta las mejores ideas se hacen malas. Que siempre puede aparecer alguien con una idea mejor. O con una peor, pero mejor implementada. Que lo que funcionó ayer no tiene garantía de que funcione hoy. Que lo más probable, es que NO. Entonces, que hoy funcione no justifica plani-

ficar hacerlo igual mañana. Que los peores errores son los de no invertir en el desarrollo de la gente, invertir en el desarrollo equivocado
y la inercia cultural.

Se acercaba el final de nuestra actividad en París. Paula y Jimena,
Carola, Carolina, Diego y Roque, ahora también con Male (Magdalena)
trabajaron exhaustivamente, tanto en las reuniones del grupo conjunto,
como en el análisis de todas las herramientas de desarrollo competitivo
que habían resultado exitosas para Calfrance en el mundo. En la empresa se las llamaba *"proven concepts"* y se las comunicaba ampliamente,
pero sin la obligación de ser adoptadas por los responsables regionales.
Paula, Roque, Diego y Carolina trabajaron en profundidad con Jean-
Paul Borlain, de Planeamiento y Control de la Producción, con Maurice
Guthman de Ventas y con Charles Badin de Logística.

Carola con Male y Carolina se habían dedicado a trabajar en
profundidad con Marc todo lo que tenía que ver con la cultura de
Calfrance para ayudar a instalarla en Calfrance Argentina. A pesar
de que ya eran expertas en la aplicación en varias empresas de la
filosofía de Disney de calidad de servicio al cliente (obligatorio para
todos los integrantes de nuestro equipo), Marc era un símbolo viviente, casi como estar conviviendo con el mismísimo Walt.

Todos ya habíamos comprendido que los cambios enormes y
radicales requerían un nuevo marketing. Hablábamos de desarrollo
competitivo, el de la interacción de las partes. Pero al razonar en detalle sobre esta nueva perspectiva, nos dimos cuenta de que en definitiva
estábamos hablando de un marketing basado **en la gente** de Calfrance. Que la fuerza de la marca Fouchet era un emergente de lo que la
gente de Calfrance hiciera por ella. Que esto dependía de su actitud
y de su aptitud. Sus ganas y su habilidad. Así nació nuestro modelo
M8. En otra pizarra lo dibujamos (Figura 29).

Y les presentamos el M8

Hemos denominado M8 al modelo de la circularidad que se produce entre, **misión, mística, marca, método, mente, maniobra,** *momentum*

y métrica. Esta circularidad sistémica está representada en la Figura 29 y es la base de la *estrategia ejecutable*.

Les comenté que este es un modelo que uso cotidianamente en las empresas. Al aplicarlo puedo empezar por cualquiera de los ocho elementos, según cuál sea el foco de la problemática del cliente. Por ejemplo, si el problema estuviera asociado a la posibilidad de implementación de la estrategia, comenzaría por maniobra y *momentum*.

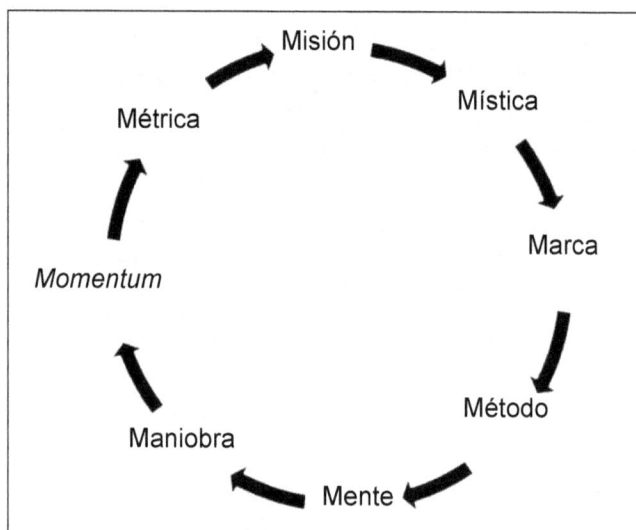

Figura 29. El modelo 8M. El círculo virtuoso de la estrategia competitiva y el alineamiento organizacional.

Este es el manejo del cambio, el proceso de diagnóstico, el funcionamiento de las organizaciones, sus estrategias y sus operaciones, el planeamiento de las acciones de cambio, la implementación de las alteraciones necesarias en el carácter y el funcionamiento de la organización y el monitoreo de las intervenciones realizadas. Esto es lo que hace EJECUTABLE a la estrategia.

Sin embargo, esta no es la visión sintética, reduccionista, irresponsable, pavloviana, conductista, determinista que algunos tienen del *change management* o gestión del cambio. Esta gente supone erróneamente que "VAMOS A CAMBIAR A LA GENTE" para que no le tenga miedo ni ofrezca resistencia al cambio si tiene que trabajar con una nueva interfaz de la computadora porque instalamos SAP. El verdadero *change management* es que la gente ES el cambio. No para reducir su resistencia, sino para aprovechar JUNTOS la pasión del alineamiento tras un sueño común. NO ES UN CURSO NI UN EJERCICIO BUCÓLICO DE TRABAJO EN EQUIPO. Es involucramiento real y concreto con la máxima participación individual y grupal para hacer ejecutable a la estrategia.

El aspecto central de la competitividad es el desarrollo y el planeamiento empresarial. En general, no se comprende claramente qué significan "desarrollo" y "planeamiento": conviene advertir que no se debe suponer que una empresa es desarrollada porque sea grande, ni que le importe tener un plan porque fomente enfáticamente el proceso y la actitud del planeamiento.

Es imprescindible volver a destacar que la competitividad no es solo un enfoque de **marketing**, sino algo absolutamente interfuncional. No es un problema exclusivamente microeconómico sino además mesoeconómico (concierne a los **clusters y** a los sectores económicos) y macroeconómico.

Misión (M1)

Definir la misión es declarar en qué colina habrá de ser plantada la bandera. Recuerdo el momento impresionante en el que el ser humano plantó una bandera en la Luna. Este es el concepto de misión.

Atañe a las necesidades que la empresa decide satisfacer, a las funcionalidades y habilidades distintivas que le permitan ofrecer mejor que nadie determinados productos y servicios, hoy y mañana. Veamos un ejemplo. Hay una necesidad: viajar, con máxima seguridad, desde el punto A hasta el B.

Funcionalidad: aeronavegación jet.

Habilidad distintiva: servicio sublime en todos los "momentos de verdad".

Productos/Servicios: clases:... en rutas:...

Existe una palabra en inglés absolutamente clave en este tema: **benchmarking**, que quiere decir "copiar al mejor en lo que queremos mejorar".

Pero los conceptos de misión y de visión deben derivarse de la proporción de valor de la marca. Deben deducirse de "qué marca nuestra marca (que promete) mejor que la marca enemiga". **Saliencia es el objetivo de un plan de negocio**.

Mientras que la marca define la promesa de beneficios funcionales y emocionales que la empresa establece con clientes, consumidores y colaboradores, la **misión** es qué va a hacer la empresa para cumplir esa promesa.

La misión se refiere a aquellos conflictos competitivos que la empresa decide sostener con el fin de crear valor económico para los accionistas o, siguiendo otro ejemplo, en qué actividades decide especializarse Calfrance.

La **visión** es una perspectiva inteligente de esa misión en el futuro y define qué cultura, qué gestión y qué recursos deberá configurar en determinados mercados. Es decir, partiendo del Penta actual, determinar cuál es el Penta futuro deseado.

Recordemos que la **marca** es la promesa con la que ganará o no esos conflictos.

Es importante destacar que **marca** no es solo el nombre de un producto particular: **marca** es también la promesa completa institucional de la empresa. Calfrance es la **marca/promesa sombrilla** de la compañía que define qué **misión** puede formular con el propósito de crear valor económico para sus accionistas. En el momento de esa formulación, por ejemplo, dada la percepción que el mercado tiene de Calfrance como empresa, Calfrance puede lanzar una línea de primera, de alto nivel y que sea creíble. En este ejemplo, Calfrance es una sombrilla institucional, mientras que *mayonesa* es un producto que integra la misión.

Pero no olvidemos que desde la perspectiva sistémica, las M8 se influencian entre sí. No puede existir ninguna de ellas sin las demás.

ATENCIÓN: ¿Qué le copiarían a usted por "ser sublime"? Ese es el concepto de habilidad distintiva.

Ejercicio de misión

1. ¿Cuánto irradia lo que marca la marca fuera de la empresa en la definición de los negocios (productos y servicios) a los que Calfrance se dedicará para crear valor económico para el accionista?

2. Desde la identidad de su empresa y el sistema de marcas que esa identidad abarca o podría abarcar (qué "permiso simbólico" le otorgan los mercados a su empresa), ¿cuán variables son los negocios que usted ha pensado en la pregunta anterior?

3. ¿Qué sistema de necesidades, entonces, usted ha decidido satisfacer o, en otras palabras, en qué conflictos competitivos ha decidido apostar sus recursos?

4. ¿Qué tecnologías (funcionalidades) usted va a emplear para satisfacer esas necesidades?

5. ¿Su empresa dispone de habilidades (know-how, dominio de esas tecnologías) superiores a las de sus competidores para emplear esas tecnologías?

6. Entonces, ¿qué productos-servicios decide ofrecer?

7. ¿Cómo está alineada su gente –toda su gente– para combatir en esos conflictos competitivos?

Piense en todas las áreas de su empresa.

Piense en todos los niveles jerárquicos de su estructura.

Mística (M2)

Dado que es cada vez más fácil, más rápido y más barato imitar, la única base sólida de sustentación de una marca es la mística de tu gente.

Mística es conciencia de causa, voluntad de vencer; sentido de pertenencia, sentido de propiedad. Es querer plantar la bandera en la colina. Mística es la cultura trabajada. Es la chispa que logra que los miembros de la organización –todos ellos– se conviertan en una hinchada. Por parte del empleado, es sentir la empresa como propia. La mística depende de qué hace Calfrance para que su gente esté motivada, involucrada, se sienta partícipe y escuchada. Depende de qué hace la empresa para que su gente sepa hacia dónde hay que ir, cuál es la colina a conquistar, por qué, para qué, de modo tal que todos quieran conquistarla. Esto es liderazgo y equipo.

El líder propone valores (el jefe da órdenes; el gerente fija objetivos). En general, buscando mística, el líder **refuerza** qué conservar, y **reforma** lo que sí debe cambiar: Y, entonces, **motiva**.

La mística tiene que ver con el **apego a la misión. La mística requiere de una base, de una apoyatura, que se la brinda la misión. La mística se yergue sobre la base de una misión común y concreta.** Miremos a Calfrance, a Westeast y a Pradera: ¿con qué ceremonias festeja qué hechos?, ¿qué se celebra?, ¿qué señales envían a toda la organización los hechos que se conmemoran? Por otro lado, ¿quiénes son los campeones?, ¿quiénes son los modelos a imitar, a quiénes se premia por sus acciones?

En este punto, el líder muestra a quienes considera campeones premiando, jerarquizando, promoviendo. Pero esto también implica que el líder, por más participativa y orgánica que sea la organización, de todas maneras promueva un espíritu de disciplina: "Nos llevamos bárbaro. Somos una tribu. Pero a las seis de la mañana estás despierto limpiando el fusil automático".

La **mística** es visión comprendida, compartida y comprometida.

Disney es el más exitoso caso mundial de hacer los sueños realidad. Como dijimos, es una de las compañías que más han subido en la lista de las 500 empresas más importantes de la revista *Fortune* y una de las más admiradas de la lista. Uno de los datos más importantes que demuestra su calidad es que el 70% del total de los 33 millones de visitantes que recibe por año, ya habían estado antes en "la Propiedad", término que usa la empresa para referirse a sus parques temáticos de Florida. Esto se refleja en su éxito financiero y en el desempeño de sus acciones en la Bolsa.

¿Quién puede superar en "relacionamiento" a una compañía que hace feliz a un promedio de 70.000 huéspedes DIARIOS?

"**Huéspedes**", no "clientes".

"**Miembros del elenco**", no "empleados".

Que "**actúan un guión**", no que "cumplen una descripción de tareas".

Que lo más importante del guión de cada uno de los 45.000 miembros del elenco es el de interrumpir cualquier actividad que esté haciendo y ayudar a un huésped, en lo que sea.

Que son entrevistados en una oficina de "**Casting**", no de "Selección de Personal", término que en el negocio del entretenimiento, en el teatro, en la cinematografía, se usa para denominar la selección de los miembros del elenco.

Que "**están en escena**", no en el "lugar de trabajo".

Que consideran como "**competidor**" a cualquier otra empresa que se preocupe por la satisfacción del cliente, no solo a "otra empresa de entretenimiento".

Que prestan una atención fanática al más pequeño detalle, como el de pintar TODAS LAS NOCHES todo lo que durante el día se pueda deteriorar mínimamente, para que cada mañana todo amanezca fresco.

Que una de las funciones más importantes de la compañía es la de *imagineering*, la mezcla de ingeniería y creatividad para hacer máxima la magia, función que considera que el único límite es el cielo.

Que todos los miembros ven que sus superiores son los primeros en demostrar por el ejemplo que hacen lo que dicen, ya sean ingenieros o contadores, o gente de "Guests Relations" (relaciones con el cliente) o de lmagineering, empezando por el Número 1 de la compañía.

Que todo esto lo aprende cada uno cuando entra en la compañía en un curso de "Tradiciones" (*traditions*) que es su primer encuentro con la cultura, la filosofía, el carácter de la organización.

Que cuenta con un impresionante sistema de registro de opiniones de los huéspedes, de "puestos de escucha", empezando por las 90.000 orejas de sus 45.000 miembros.

Que una de las claves de este éxito es la fórmula de recompensar, reconocer y celebrar todo lo que cualquier miembro haya hecho bien.

Que esta excelencia en calidad de servicio se basa en el trabajo en equipo.

Que el entrenamiento para cada guión es detalladamente planificado, ejercitado, evaluado y mejorado.

Que cuenta con todos los procedimientos, sistemas, infraestructura, *layout*, equipos y procesos para asegurar la mejor implementación posible de la magia.

Pero que lo más importante es que **Disney sabe que algo puede fallar**. Y entonces está preparada para el *"recovery"*, la recuperación del cliente insatisfecho. Cómo convertir un momento trágico en un momento mágico.

Y que cada uno de todos los miembros de Disney está involucrado en este sueño común. "Dímelo y olvidaré. Muéstrame y recordaré. Involúcrame y comprenderé." Que estar apasionado por la calidad es solo una parte de estar apasionado por el cliente.

Este es uno de los casos de mística más impresionantes que viví en mi vida, cuando hicimos con Claudia el entrenamiento en Disneyworld y conocimos la compañía desde adentro. Sabía que Carolina, Carola y Marc tenían razón. Calfrance podía adaptar todo esto para competir. Esto podía ser una de las vías centrales de su modelo de negocio.

La fuerza de la mística le daba a Calfrance la iniciativa de agregar el Servicio al Cliente y el Servicio al Consumidor Final como una ventaja competitiva muy difícil de igualar. Esto requería poner en marcha un fuerte programa de reentrenamiento que se iba a implementar en módulos sucesivos, cada uno concentrado en un tema específico, tales como valor para el cliente, valor para el consumidor, programas de fidelización del cliente, metodología de "escucha" en el contacto personal en las boutiques, en los puntos de venta y procesos de recuperación de clientes insatisfechos.

La denominación que se acostumbra a usar para referirse al comercio minorista, "punto de venta" (POP en inglés, por *point of purchase*, punto de compra) fue remplazada por la de POL, punto de lealtad. Esto incrementaba la conciencia de servicio.

El concepto de retención del cliente, vinculado con el de fidelización, ahora tenía en cuenta el valor que esa relación generaba en el transcurso del tiempo, entendido como un flujo de ingresos desde que ese cliente (o ese consumidor) realizó su primera compra hasta el presente.

El entrenamiento en servicio incluiría la visita a otras empresas de renombre por su calidad de servicio, charlas con sus ejecutivos y con su gente de atención al público y de *back-office*, los que dan soporte desde atrás para que los que dan la cara lo hagan bien. La primera visita, por supuesto, era un viaje grupal a Disneyworld de los equipos responsables de atender las boutiques.

El proceso de selección de gente nueva tendría como primera prioridad la evaluación de los candidatos, para cualquiera de los puestos de todas las áreas, en su capacidad de conciencia de servicio. Se consideraba que la habilidad de realizar contactos exitosos de servicio al cliente y al consumidor y la interacción resultante comenzaría por la selección. Para la selección de los miembros que atienden las boutiques, se inició la práctica de incluir consumidores reales entre los entrevistadores de candidatos potenciales.

La alta satisfacción de los miembros de Calfrance era una plataforma muy sólida para pensar en diferenciarse por servicio. Los mecanismos de recompensa, de reconocimiento, la selección, el entrenamiento y los sistemas de soporte, tanto de información como de infraestructura hacían de esta una alternativa muy viable. Marc siempre decía que cada miembro de Calfrance era un camino hacia el corazón del cliente.

Pero para tomarnos en serio la tercera M, la de la mística, debíamos tener un plan. Entonces decidimos reunirnos los cuatro para redactarlo, mientras Paula, Carolina, Male, Carola, Roque y Diego seguían trabajando con el resto de la estrategia de Operación Poincaré.

El plan que pusimos en negro sobre blanco era:

1. Asegurar el soporte de Alain, desde el punto de vista internacional y de Jean-Jacques en la Argentina y el Mercosur.

2. Demostrar públicamente este soporte.

3. Usar símbolos con los cuales la gente identifique esta orientación y SE identifique con su éxito.

4. Asegurar que esto iba a tener estabilidad en el tiempo y que no se trataba solo de una idea pasajera.

5. Crear insatisfacción con la situación actual. Era una lástima que no aprovecháramos nuestra fuerte cultura de buena onda y de trabajo en equipo, para vencer a Westeast.

6. Involucrar masivamente a toda la organización.

7. Premiar notoriamente el comportamiento de los miembros de Calfrance Internacional y del equipo que conformara Calfrance Argentina durante la transición de "nos llevamos muy bien" a "vencemos porque tenemos una visión comprendida, compartida y comprometida".

8. Brindar tiempo y oportunidad para el despegue. Entrenar, entrenar y entrenar.

9. Comunicar muy claramente la visión en todas las áreas, niveles, regiones geográficas y especialidades, incluyendo a los proveedores y a los canales de distribución. Incluso, hacer reuniones con consumidores finales para discutir la Visión. Hacerlo constantemente.

10. Usar todos los puntos de apalancamiento posibles para maximizar la capacidad de implementación del plan. Toda oportunidad debía ser una "fuente de mística".

11. Obtener todo el *feedback* posible de la mayor cantidad de gente durante la transición de la cultura "buena onda" espontánea actual hacia la "conciencia de causa", planificada participativamente.

12. Evaluar constantemente el éxito alcanzado en el camino.

Este plan ya aseguraba que Calfrance iba a poder soportar la fuerza de la marca con la fuerza de la mística. Nos faltaba la tercera pata. Teníamos que asegurar que todo esto no fuera una mera declamación. Debía ser una **nueva forma de pensar**. Una nueva forma de decidir. Un nuevo mapa mental por todos compartido. Un nuevo "paradigma".

Alain se basó en el libro de Barbara Shipka, *Leadership in a Changing World: A Sacred Journey*[1], para terminar la tradicional charla quincenal que dio a los miembros de la empresa, especialmente a los que se preparaban para ejecutar Operación Poincaré.

Les dijo: "Juntos vamos a involucramos en la búsqueda profunda de preguntas y dilemas imposibles de responder y a convivir con la inquietud de no tener respuestas preconcebidas. Juntos vamos a desarrollar una visión unificada, resuelta y ardiente. Juntos vamos a cambiar y a hacer crecer nuestra mente. Juntos vamos a movilizar los sentidos más profundos y a confiar más y más en lo que aprendamos de ellos. Juntos vamos a descubrir las formas de trascender".

Ejercicio de mística

1. ¿Qué sentirá la gente de Calfrance por tener que combatir en los conflictos competitivos que se han definido en su misión?
2. ¿Todos **comprenderán** esa misión?
3. ¿Todos **compartirán** esa misión?
4. ¿Todos se **comprometerán** a lograrla?
5. ¿Consideramos que esta misión **motivará** a la gente?
6. ¿Podemos alinear el sistema de incentivos para hacer máxima esa motivación?
7. ¿Cómo **será el sentido de pertenencia** que esa motivación genere en nuestra gente?
8. ¿Qué **conciencia de causa, voluntad de vencer y espíritu de cuerpo** esperamos que despierte esa pertenencia?

Marca (M3)

En todo este caso hemos destacado que el campo de batalla, el teatro de operaciones, es la **mente** del cliente, o del consumidor, o del comparador. Hemos dicho que la estrategia competitiva de Fou-

---

1 Shipka, Barbara: *Leadership in a Changing World: A Sacred Journey*. Butterworth-Heinemann, 1977.

chet es determinar qué **diferenciación** nos conviene intentar que el consumidor al que apuntamos "construya en su mente" por la cual **prefiera** a Fouchet, y no a Sunny o a Dorada. Que esa diferenciación debe consistir en una **asociación** con un "adjetivo calificativo discriminador" (Volvo = seguridad) que **posicione con saliencia** a Fouchet en su mente y por el cual quiera serle fiel.

Para pensar la estrategia de Fouchet, sabiendo que íbamos a tener que hacer una investigación sobre segmentación apenas llegáramos a Buenos Aires, decidimos aclarar y ponernos de acuerdo en todo lo que queríamos decir cuando decimos la palabra "marca".

Debíamos diferenciar el concepto de nombre del de marca. El Nombre hace referencia al conjunto de fonemas y grafemas que constituyen "FOUCHET". La marca, en cambio, es lo que se activa en la mente del cliente potencial, como palabras o secuencias de palabras, que se transforman en una construcción que cada integrante del segmento elabora subjetivamente en su arquitectura mental sobre lo que Calfrance quiere presentarle como proposición única de valor.

Ya nadie dudaba de que no nos estábamos refiriendo solamente a un nombre ni a un mensaje publicitario. Que "marca" quiere decir muchísimo más y que la viabilidad de Calfrance (como la de cualquier otra empresa) dependía de qué nos pasaba con la marca Fouchet. Además del "nombre" de la marca, las siete letras que componen la palabra Fouchet, discutimos sobre el posicionamiento, la personalidad y las asociaciones que más probablemente iban a salir como recomendaciones de la investigación.

La identidad arquitectónica (arquigráfica) era uno de los aspectos que tenían que proyectar las oficinas centrales de Calfrance Argentina y la planta (de muy alta visibilidad) que se estaba terminando en la Panamericana y la 202 (todavía nadie sabía a qué empresa pertenecía el edificio que se estaba construyendo). Hablamos del efecto de la marca institucional Calfrance y su relación con Fouchet, para ponernos de acuerdo en cómo debería funcionar este sistema de signos como una "nomenclatura": el sistema gráfico compuesto por el logotipo, cómo escribir la palabra Fouchet y todo otro signo o isotipo que la identifique. Lo más probable era que no se modificara el sistema gráfico que usaba Fouchet en los demás países. Hablamos de las comunicaciones publicitarias y de las tácticas de promoción y merchandising iniciales de Operación Poincaré.

Pero nuestra filosofía, la forma de pensar del grupo conjunto, era que ya no podíamos considerar a la marca como un concepto fijo, estático; "posicionamiento" nos sonaba a "cimientos", a lo estático. La estática es la ciencia de los cuerpos en reposo. La imitación en los actuales entornos de megacompetitividad hace que las ventajas competitivas diferenciales puedan ser rápida y fácilmente neutralizadas.

No queríamos depender de una postura psicológica o lingüística superficial que nos llevara a creer que una identificación marca-consumidor era demasiado difícil de modificar por la acción competitiva o por la propia migración del consumidor, por la modificación de su mayonesa ideal. Esperábamos disponer de una plataforma psicológica y lingüística mucho más seria, además de su corroboración cuantitativa.

Si la marca vive su existencia en permanente movimiento, la competencia influye fuertemente en la tendencia natural de cualquier marca a perder fuerza y presencia, la tendencia a "difumarse". Sabíamos que, una vez lanzada en la Argentina, para siempre deberíamos "alimentarla" para impedir que quedara bloqueada en una trampa estratégica. Con esto queremos decir que si Westeast o Pradera Dorada nos neutralizara la diferenciación con la cual posicionamos a Fouchet, la marca debería tener otras vías de "argumentación", otros atributos tipo 1, nuevos y valorados, con los cuales la marca siguiera dinámicamente asociada y preferida.

Era imprescindible evitar el desacople entre el CONES del segmento elegido y la construcción mental de Fouchet. Esto nos daba un concepto diferente sobre posicionamiento. En lugar de una visión estática necesitábamos una visión "cinética". La cinética es la ciencia de los cuerpos en movimiento (¡no en reposo!).

Entonces empezamos a hablar no de posicionamiento a secas, sino de un concepto que nos resultaba más útil. Comenzamos a referirnos a "posicionamiento escalar" y de "relacionamiento". Esto nos daba la idea de dos cosas. La primera, lo de "escalar", nos representaba la idea de "seguir subiendo" en la mente del cliente, aunque nos neutralizaran las diferenciaciones sucesivas. Pensamos que esto nos demostraba otra cosa muy interesante.

Supongamos que lanzamos Fouchet con una identidad francesa muy artesanal, de alta especialización en todas las líneas que se sinergizan entre sí del portafolio de productos de Calfrance, pero que Westeast nos imita lanzando una variedad parecida, probablemente con otra marca. Toda diferenciación posterior que fuéramos a usar para Fouchet debería ser coherente con lo dicho anteriormente. El "discurso" de la marca debe ser una **continua congruencia de significado**. Sale otra marca con las características de Fouchet, Fouchet pierde su ventaja diferencial competitiva, la nueva argumentación de Fouchet que la separe de esa otra marca debe ser coherente con el discurso anterior de Fouchet. Este era el concepto del posicionamiento escalar.

La segunda conclusión a la que llegamos era que una forma muy fuerte de diferenciarnos competitivamente, algo que todas las empresas recién están descubriendo pero que nosotros ya hace mucho tiempo estábamos usando en Europa y en **los** Estados Unidos, era el "relacionamiento", el *one-to-one marketing* (el marketing uno-a-uno). La estrategia de las boutiques ERA ESO.

Nos acercábamos a definiciones estratégicas definitivas. Fouchet debería proyectar tres cosas, más allá de los resultados de la investigación en terreno argentino: CREDIBILIDAD, LEGITIMIDAD y AFECTIVIDAD (después nos dimos cuenta que TODA marca debía buscar estas tres cosas, sea cual fuera la categoría del producto o del servicio y su posicionamiento).

Fouchet no es un mensaje "recibido" por Claudia pasivamente como sostenía el marketing tradicional. Para nosotros, Claudia desarrolla un papel ACTIVO, interpretativo y creativo, una COCONSTRUCCIÓN, un significado que surge como "emergente sistémico", como sistema de relaciones y oposiciones, entre los discursos de todos los que participan. Claudia, las tres marcas, las comunicaciones de los supermercados y mil cosas más. Nombres, colores, sonidos, conceptos, objetos, sueños, deseos, valores y recuerdos (recomiendo leer el excelente libro de Andrea Semprini, *El marketing de la marca*).

Esta era la clave para terminar de armar el modelo de negocio de Calfrance para Fouchet. Teníamos que atacar por un flanco que Westeast no pudiera copiar, dada su gestión y su cultura. El modelo de negocio, hasta ese momento, se basaba en la imagen artesanal de campiña francesa, muy creíble en estas líneas de productos. El enorme know-how súper especializado, la promoción en boutiques propias de degustación y servicio al consumidor a través del asesoramiento en cocina, explicación de recetas, cursos, etc., y la vinculación "emocional" muy fuerte que se lograba con el canal de distribución. Por más dura que fuera la negociación con el megacliente minorista, "con los de Calfrance da gusto trabajar" era una frase escuchada regularmente. Con los clientes chiquitos era todavía más.

Marc, Carolina y Carola me hicieron señas para que saliera un momento de la sala de guerra. Nos encerramos en un privado que quedaba a pocos metros y que también daba a Av. Victor Hugo. Me dijeron que estaban convencidos de que la idea que habíamos esbozado almorzando el día anterior en el bolichito de Av. Poincaré les parecía totalmente viable. Calfrance podía competir por servicio, la ventaja diferencial más difícilmente imitable. Pero podía competir por servicio, la diferenciación "corazón-intensivo", porque Calfrance podía competir por mística, por la "camiseta", por el tremendo sentido de pertenencia de toda su gente, por el sentimiento de propiedad que todos sentían. Esto no lo podía copiar tan fácilmente Westeast. Marc, Carolina y Carola sabían que íbamos a tratar de adaptar a Calfrance todo lo que habíamos aprendido de la empresa "maestra" en calidad de servicio al Cliente: The Walt Disney Company.

Entonces hicimos este ejercicio de marca como primera prueba antes de investigar con mayor profundidad la situación competitiva, proceso que tendrá lugar en el punto siguiente al referirnos al método.

1. ¿De qué información dispone Calfrance sobre las características –tangibles o intangibles– de la mayonesa ideal? Y les dimos otros ejemplos: si usted vende heladeras, ¿cuál es la heladera ideal? Si usted vende un traslado rápido de documentos, ¿cómo es un traslado ideal? Si usted tiene un

restaurante, ¿cómo es un restaurante ideal? ¿Cómo es un destino turístico ideal?

2. ¿Hemos comprobado que no todos los clientes, consumidores o usuarios **quieren exactamente** lo mismo?

3. ¿Cómo están **segmentados** los clientes de mayonesa en función de las características de su producto y servicio ideal?

4. Dada la estrategia de Calfrance (de todo el portafolio y la estrategia competitiva de mayonesa, la cultura de Calfrance, sus recursos y su gestión, ¿a cuáles segmentos le conviene elegir como **target** (blanco a apuntar) para Fouchet?

5. ¿Cuál debería ser la estrategia (diferenciación) de Fouchet particular para los **targets** elegidos para lograr el mejor posicionamiento relativo *versus* Sunny y Dorada en ese target?

6. ¿Qué posicionamiento esperamos que le otorgue el consumidor a Fouchet al interpretar la diferenciación que Calfrance le ha de proponer, en relación con las otras marcas?

7. ¿Qué significado por oposición **marca** (saliencia) ese posicionamiento?

8. ¿Nuestras habilidades distintivas derivadas de los procesos operativos sostienen esas ventajas competitivas?

9. ¿Cómo evaluamos la potencia relativa del paradigma vincular de Fouchet (A-1) *versus* los paradigmas vinculares de Sunny y de Dorada?

Método (M4)

La construcción de una marca responde a un método principalmente relacionado con la diferenciación. Este método consiste en respondernos a las siguientes preguntas clave en el orden que se detalla a continuación: qué quieren los segmentos, cuáles nos resultan atractivos, qué les proponemos-prometemos, qué les proponen Westeast y Pradera además de los competidores sustitutos, y por qué nos van a elegir. ¿Qué marca mi marca mejor que las marcas enemigas? Recordemos la clave: DISTÍNGUETE O EXTÍNGUETE.

Ejercicio de método

En base a todo lo visto en los tres ejercicios anteriores, definimos el plan de investigación e inteligencia competitiva en Argentina para poder estar en condiciones de gatillar la Operación Poincaré. Este constaba de los siguientes pasos:

1. Determinar cuáles son los diferentes CONES de mayonesa ideal en el mercado argentino y la descripción detallada de los miembros de cada segmento.
2. Definir la "unidad cognitiva", el conjunto de atributos que construyan el significado de Fouchet y la diferenciación en su posicionamiento "base", inicio del discurso que después Fouchet intentará mantener con el mercado en su "posicionamiento escalar" (cuando la neutralicen) y en su "relacionamiento".
3. Las habilidades distintivas presentes y futuras que deberá dominar Calfrance para poder implementar, hoy y mañana, el punto anterior.
4. Determinar la potencia esperada de atracción del paradigma vincular con relación a los competidores.
5. Delinear las actividades de la cadena de valor, actuales y futuras, para evaluar la presión esperable de la producción, comercialización y administración física de ese concepto de producto.
6. Monitorear continuamente el perfil de desempeño (con la planilla de la Figura 16) de Calfrance contra Westeast y Pradera Dorada.
7. Monitorear continuamente el atractivo del mercado de mayonesas para Calfrance (con la planilla de la Figura 17).
8. ANALIZAR CONSTANTEMENTE CÓMO CAMBIAR LAS REGLAS DEL JUEGO.

Mente (M5)

Cuanto más competitivo se hace el entorno más inestable son las preferencias. Incluso el ideal preferido. Las proposiciones únicas de valor son transitorias. Por ello hace falta que la mística se transforme en una verdadera **inteligencia colectiva**, en una mente que, tanto en el ámbito individual como en el grupal, se encuentre evaluando y detectando fortalezas, debilidades, amenazas y oportunidades, incluyendo además las aspiraciones y los resultados, pasando de un tradicional FODA a una herramienta que me permita la búsqueda de lo bueno desde lo positivo.

La mística no es solo el logro exclusivamente emocional que se pretende para que la gente esté bien. Además de ese objetivo importantísimo, la mística es la única vía posible para que cada miembro de la organización se transforme en una antena, en un radar que permita detectar fortalezas, oportunidades, debilidades y amenazas. Por ejemplo:

- Cuáles de nuestras fortalezas nos aseguran plantar la bandera en la colina.
- Cuáles son nuestras debilidades.
- Qué oportunidades se nos presentan para, efectivamente, conquistar la colina.
- Qué amenazas enfrentamos que puedan impedir el logro de nuestro objetivo.
- Cuáles son nuestras aspiraciones.
- Cuáles son los resultados.

Cuando todos los miembros de la organización se acoplan y se alinean con estas actitudes y aptitudes, la organización puede ser entendida como un sistema que aprende, como un sistema que piensa. Como una **mente**. Entonces, el líder muestra su profesionalismo, el resultado de su experiencia.

La **mejora continua** implica procesos de detección de brechas de arriba hacia abajo, de abajo hacia arriba, y del medio hacia arriba y hacia abajo. Casi siempre, en las empresas estos procesos son conducidos de una punta hacia la otra: o de arriba hacia abajo o de abajo hacia arriba, pasando alegre e irresponsablemente por el núcleo del problema **sin darle importancia**. Esto sucede en el nivel de los mandos medios. Nuestro proceso requiere que los mandos medios estén fuertemente involucrados.

Todos los temas que hemos tratado hasta ahora nos demuestran que la vida empresarial está recorriendo el camino de lo simple hacia lo complejo. Hemos visto que el entorno en el que toda empresa vive es cada vez más discontinuo, errático e imprevisible. Que la empresa "percibe" lo que sucede en su exterior, y que esa percepción es una interpretación de la realidad, acertada o errónea. A esa interpretación la hemos llamado "**escenario**".

Además hemos dicho que cada miembro de la empresa tiene una "percepción" de esa interrelación que puede no ser efectiva, que puede no coincidir con la "realidad" y que puede no coincidir con la de los demás miembros del equipo gerencial. A esta percepción la hemos llamado "**paradigma**". Hemos visto que esto puede producir conductas diferentes y hasta conflictivas, en las que un miembro puede no entender el razonamiento o las acciones del otro.

La fuerza de la mente

La fuerza de la marca sustenta la fuerza de la mística, que a su vez sustenta la fuerza de la mente que sustenta la fuerza de la marca.

Nada genera más mística que el orgullo que la gente siente por la credibilidad, la legitimidad y la afectividad de la marca para la que trabaja. Los miembros de Calfrance ven esto en Fouchet, así como los integrantes del elenco de Disney lo ven en Disneyworld.

Recién cuando podemos asegurar la fuerza de la mística, podemos trabajar en la fuerza de la mente. Esto significa ver a Calfrance como una organización abierta al aprendizaje, como una mente colectiva integrada por todos sus miembros y en la que cada uno se piensa a sí mismo como una fuente de superación continua del total. Cada miembro trabaja día a día para consolidar fortalezas, superar debilidades, aprovechar oportunidades y neutralizar amenazas.

Fred Kofman y Peter Senge (en su trabajo "Communities of commitment: the heart of the learning organizations"), se preguntan:

"¿por qué enfrentamos las oportunidades de aprender con miedo en lugar de con curiosidad? ¿Por qué aumenta nuestra autoestima con el saber y no con el aprender? ¿Por qué criticamos antes de entender? ¿Por qué creamos burocracias controlantes cuando tratamos de formar empresas visionarias? ¿Por qué persistimos en la fragmentación y en el análisis microparcializado cuando el mundo se hace más y más interconectado?".

Calfrance comprende que se prepara para un escenario competitivo global completamente diferente del que en los últimos años le permitió lograr un importante lugar en el mercado. Sus operaciones en Europa y en los Estados Unidos se dirigen hacia un mundo nuevo en el que no necesariamente lo que funcionó bien para ganar seguirá resultando mañana. Si bien la compañía está muy sólida en esas dos regiones, Operación Poincaré no es tomada como una aventura más, sino como una prueba de su capacidad de transformación. No solo como un desafío externo contra Westeast, la marca internacional, y Pradera Dorada, la argentina, sino contra sí misma, contra la complacencia, contra la inercia, contra la falta de plasticidad, contra la incapacidad de aprender, contra la posibilidad de estar dominada por un paradigma obsoleto, una forma de pensar el negocio que ya no sirve más.

Alain, rodeado por sus reportes directos, plana mayor de Calfrance Internacional, incluyendo a los directores regionales entre los que estaba Jean-Jacques, frente a un nutrido auditorio de miembros de la compañía, estaba dando la charla de despedida a los equipos que integraban la fuerza de rápido despliegue de Operación Poincaré.

Esta ya estaba integrada por un miembro muy entrenado de cada área, de por lo menos cinco países diferentes por área. Por ejemplo, el equipo de Marketing lo integraban un español, un canadiense, un australiano, un italiano y un alemán. Así también se integraron un equipo de Relaciones con el Consumidor, que era una pieza clave de la operación, uno de Producción, uno de Finanzas, uno de Sistemas, otra de las piezas clave para poder instalar los equipos y programas de relacionamiento uno-a-uno con el consumidor final, y de administración de bases de datos (*data warehousing* y *data mining*) con el canal de distribución, y un equipo poderosísimo de CIGDI. Además, volvían Valerie y sus compañeros de Calfrance Argentina y nosotros. La experiencia había sido definitivamente impresionante. El grado de "buena onda" que se había vivido durante casi un mes no solo iba a ser inolvidable, sino que también sería una contundente arma de ataque.

Alain le preguntaba a todos los presentes: ¿cuáles eran "las buenas épocas" de Calfrance en el mercado mundial? ¿Qué DEBE ser dejado atrás en el inicio de este viaje? ¿Qué debe ser llevado en el equipaje que quizá nos resulte raro y nuevo? ¿Cuáles son los elementos esenciales para llegar y tener éxito? ¿Cuál es la ruta? Y repetidamente señalaba dos de nuestros carteles que decían: "No hay Desarrollo Competitivo sin una Visión Comprendida, Compartida y Comprometida, porque si no, no hay Mística" y "No hay Desarrollo Competitivo sin una Organización Abierta al Aprendizaje, porque si no, no hay Mente".

En la última reunión del grupo conjunto me dediqué a compartir varios conceptos sobre la fuerza de la mente colectiva. Uno de ellos era el de los tres niveles de *feedback*, o de aprendizaje, o de cambio, que también dibujé en un rotafolio (Figura 30).

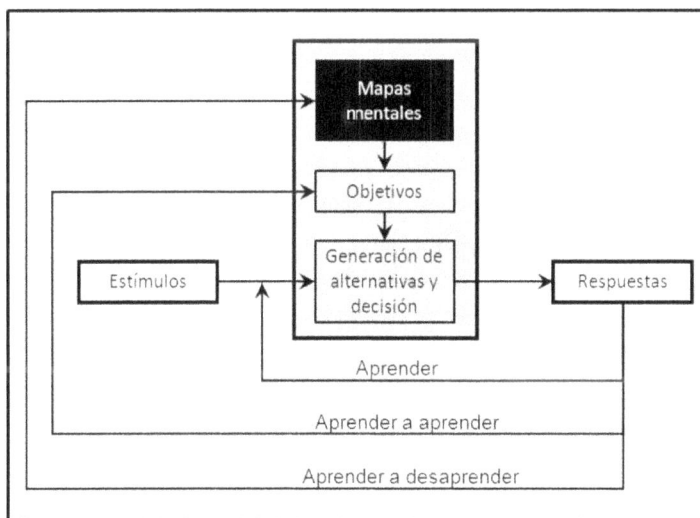

Figura 30. Los tres niveles de feedback, o de aprendizaje,
o de cambio.

Si entendemos a Calfrance como una caja negra condicionada por un objetivo, que recibe un input desde afuera y produce un output hacia afuera, el primer nivel de retroalimentación es para controlar si la conducta de la compañía, el output, es el adecuado para lograr el objetivo predeterminado. Por medio de ese *feedback*, Calfrance puede APRENDER a corregir su conducta, como el termostato de una habitación programado con el objetivo de que la temperatura se mantenga en 23 grados.

De la misma manera, el objetivo, por ejemplo, puede ser "Operación Poincaré iniciará el ataque contra Westeast en Capital Federal y Gran Buenos Aires la primera semana de junio, debiendo lograr una cobertura del 80% de los grandes supermercados, el 30% de los minoristas chicos y estar operando con cinco boutiques totalmente entrenadas con la adaptación de la metodología Disney, antes de diciembre de 2012".

Si no tenemos instalados los medios "mentales" de poder DISCUTIR Y RAZONAR si **ese** debe ser el objetivo, antes y durante la acción, nuestra capacidad de maniobra está en serio peligro. Debemos asegurarnos de disponer de esos medios. Si los tenemos (y dibujé el rulo que une la línea del output hacia atrás con el objetivo), podemos estar tranquilos porque Calfrance tiene la habilidad de **APRENDER A APRENDER**.

Pero, ¿cuáles son los "supuestos mentales individuales y colectivos" con los cuales los responsables de la formulación de objetivos comparan, evalúan, discuten y deciden cuál debe ser el objetivo?

Como Calfrance tiene una cultura interna tan participativa, como el proceso de planeamiento es siempre grupal, como se fomenta la discusión, la "tensión creativa", esos supuestos estratégicos, los del tercer tipo de *feedback* o de **cambio**, aseguran a Calfrance que, además, tiene la capacidad de **APRENDER A DESAPRENDER**, a no quedar prisionera de un paradigma, de un mapa mental, que probablemente ya no sirve más.

Cuidado, porque nada produce más duelo en la vida empresarial que reconocer que aquellos conceptos con los que se tuvo éxito, ya no sirven más.

En la sala de guerra habíamos llegado a la conclusión de que el escenario de la megacompetitividad no solo estaba caracterizado por la batalla entre las ventajas competitivas de las marcas Fouchet y Sunny en la mente de los consumidores (los atributos tipo 1 contra los tipo 3 del triciclo del posicionamiento relativo) sino también por la feroz batalla entre las habilidades distintivas de Calfrance, como empresa, contra las de Westeast (atributos tipo A contra C en el triciclo de la productividad relativa).

A-1 *vs.* C-3, así se resume la compleja guerra competitiva; lo que compite es un aradigma vincular contra otro paradigma, un Penta contra otro.

Según cuáles prevalezcan, Calfrance tendría mayor o menor capacidad de maniobra contra Westeast. Cuando hablamos de la fuerza de la mente, nos referimos precisamente a esto. El poder es la habilidad de hacer. Si hacemos lo que hacemos "automáticamente" (conducidos sin darnos cuenta por supuestos en estado de paradigma congelado), esto no es HACER, porque lo hacen nuestros hábitos, nuestra costumbre, NO NOSOTROS, SINO "ESO". Muchas veces pensamos que pensamos, cuando ya no pensamos más. El que piensa es el paradigma ya no desafiado (seguramente debido a nuestro éxito pasado) y solo tendemos a encontrar soluciones dentro de un mismo círculo, prisioneros en la jaula de nuestra experiencia. Pero creemos que estamos despiertos. "Pensamos que pensamos", les repetí y agregué: "Nos olvidamos **por qué** pensamos lo que pensamos. Creemos que lo que no sabemos no hace falta saberlo. Dormimos REACCIONANDO a cosas que nos controlan".

Resultaba de extrema importancia que el grupo conjunto entendiera nuestra perspectiva "constructivista" (que aprendimos en el Mental Research Institute de Palo Alto, California, con la conducción del profesor Paul Watzlawick), por la cual creemos que el humano construye una imagen subjetivade la realidad, que no puede conocer **objetivamente** la realidad, ya que **conocer** es una actividad subjetiva. Construimos paradigmas.

Es una locura hablar de estrategia sin tener en cuenta esta batería de conceptos, con los cuales –sabiéndolo o no– formulamos esas estrategias. Operación Poincaré era demasiado importante para Calfrance como para que la diseñara un autómata, y no nuestras mentes interactuando en altos niveles de creatividad.

Aquí me pareció oportuno distribuir entre todos los participantes una hoja con los siguientes puntos:

1. Paradigma = estructura cognitiva individual, grupal, intergrupal de supuestos y creencias sobre Calfrance, sobre la competencia y sobre el mundo en general, automatizadas y tomadas como ciertas.
2. El paradigma crea un enfoque relativamente homogéneo con el que los miembros de Calfrance interpretan la complejidad que la organización enfrenta.
3. El paradigma es protegido por una red de "artefactos" culturales: ritos, mitos, historias, leyendas, recompensas, lenguaje, etc.
4. La estrategia de Calfrance puede ser entendida como la respuesta de la organización en el tiempo ante un campo de batalla "construido", "inventado" internamente, en lugar de analizado sin los filtros del ayer.

Del otro lado del papel que repartimos con la explicación del concepto de paradigma, habíamos incluido una frase de Suzuki Roshi, del libro *Zen mind, beginner's mind*[2], que dice: "Si tu mente está vacía, está siempre lista para cualquier cosa, está abierta para todo. En la mente del principiante hay muchas posibilidades, en la mente del experto hay pocas".

Teníamos que lograr pensar juntos no solo ideas, sino conexiones entre ideas. No solo percepciones opuestas, sino diferencias que producen un nuevo descubrimiento del total. No solo los temas discutidos, sino también las preguntas nunca hechas. No solo aprobación o rechazo, sino tensión creativa como llave para llegar a esos supuestos subyacentes con los cuales decidimos.

Por último, terminando las reuniones sobre la fuerza de la mente, acordamos con Alain y sus altos mandos que se pondrían inmediatamente en práctica los siguientes puntos:

---

2 Roshi, Suzuki: *Zen mind, beginner's mind*. Weatherhill, New York, 1970

1. La Dirección se compromete a asegurar los procesos de aprendizaje como principal ventaja competitiva.
2. Se trabajará profundamente en la visión comprendida, compartida y comprometida que la Alta Dirección le habrá de proponer a cada miembro de toda Calfrance del mundo, para que, grupalmente, la discutan y propongan los programas de acción necesarios para ponerla en práctica.
3. Se establecerán medidas intermedias de control para comprobar que la estrategia, la cultura y la gestión se van acercando hacia esa visión.
4. Se tomarán todas las acciones correctivas que se requiera para que la visión sea implementada.
5. Se establecerá un sistema de recompensas para aquellos miembros de Calfrance que más se destaquen por sostener la nueva visión de megacompetitividad.
6. Se promoverá la experimentación, la colaboración, la innovación que necesita la tensión creativa.
7. Se asegurará contar con *feedback* de aprendizaje por múltiples canales.

Ejercicio de mente

1. ¿Cómo está entrenada la gente de Calfrance para evaluar **instantáneamente** (en tiempo real) la habilidad actual y futura de Fouchet (y los demás productos de su portafolio), dado el mercado, la competencia, el escenario general, sus recursos, su cultura y su gestión?
2. ¿Cómo está entrenado cada miembro de su organización para detectar debilidades? ¿Para detectar fortalezas? ¿Para detectar oportunidades? ¿Para detectar amenazas?
3. ¿Qué diferentes "construcciones subjetivas" pueden haber creado distintos miembros de la organización al vivir el proceso explicado en las preguntas anteriores?
4. ¿Qué brechas manifiestas o latentes puede haber entre lo que se dice (teoría expuesta) y lo que se hace (teoría en uso) en Calfrance?

5. ¿Qué miembros de Calfrance aprenden y operan mejor en la vía de la experiencia concreta? ¿Quiénes en la vía de la observación reflexiva? ¿Quiénes en la vía de la conceptualización abstracta? ¿Quiénes en la vía de la experiencia activa?

6. ¿Qué compatibilidad existe entre los roles y funciones que cada uno tiene (la responsabilidad/autoridad que debe desempeñar) y su vía de aprender y operar?

Las "M" que faltan son la fase de implementación.

Por último, vimos que el desempeño de Calfrance depende del correcto proceso de adecuación a su entorno para lograr el mejor M8. Es decir, el problema gerencial consiste en saber lo más posible acerca del escenario y adecuar lo más posible la empresa. Pero, ¿qué significa saber en la vida de un gerente, de un empresario o de un alcalde? ¿Qué quiere decir un gerente, un empresario o un intendente cuando dice "yo sé cómo manejar esta situación"?

Maniobra (M6)

Ahora bien, con el análisis de fortalezas, oportunidades, amenazas, debilidades, aspiraciones y resultados solo logro realizar el diagnóstico. Para "hacer", Calfrance requiere además del diagnóstico, capacidad de cambio, capacidad de maniobra, de implementación, de ejecución. De lo contrario lo que produzca la mente solo quedará como un esquema más o menos lindo dibujado en un pizarrón. Falta empuje. Es hora de convertir el sueño en proyecto.

La **maniobra** es la plasticidad en acción: estrujo una pelota de tenis, la suelto y recupera su forma original. Esto es flexibilidad. Pero en el ejemplo es "volver a ser", algo que no alcanza en las empresas ante entornos de alta complejidad competitiva.

Solo si la pelota **adoptara** (no "adaptara", porque esto significa meramente reacción) una forma mejor para lograr sus objetivos, hablaríamos de plasticidad y de proacción. La proacción es la capacidad de generar planes y programas para, detectada una oportunidad, aprovecharla; detectada una amenaza, neutralizarla; detectada una fortaleza, consolidarla, y detectada una debilidad, superarla. El desempeño de la empresa está condicionado por su capacidad de monitorear esos cambios y de transformarse a sí misma, o tratar de cambiar las características del entorno.

Antes de que comenzara a difundirse la noción de sistemas, este tema no era tenido en cuenta. Los especialistas creían que existía una manera universal, óptima y permanente de manejar una empresa, hasta de cómo debía ser su organigrama. En un determinado momento imperaba la teoría mecánica de Taylor; en otro, la idea burocrática de Max Weber, más preocupada por el hombre.

Por el contrario, la realidad de todos los días nos dice que Calfrance debe enfrentar el dilema que se le plantea entre las presiones a favor y las presiones en contra del cambio, y decidir, en unos casos, mantener la estabilidad, y en otros, facilitar el cambio. Debe estar en condiciones de detectar e interpretar señales que le indiquen la necesidad de cambiar. Luego, debe actuar para dirigir ese proceso. Pero en ese momento, al producir por fin el cambio, algún gerente puede perder capacidad de control. Y esto hará que el desempeño de Calfrance pierda estabilidad. El cambio y la estabilidad, entonces, son polos opuestos en permanente situación de conflicto. Esta fue una excelente interacción de los miembros de Calfrance y nuestro equipo.

La experiencia nos demuestra que, en todo el mundo y en cualquier sector de la economía, las empresas exitosas son las que logran el delicado equilibrio, siempre precario y provisorio, entre el cambio y la estabilidad. Una organización no puede no cambiar nunca, porque moriría. Una organización no puede cambiar permanentemente, porque enloquecería.

Ejercicio de maniobra

1. ¿Qué posibilidad tiene la gente de Calfrance para inventar los programas de acción táctica (PAT) que permitan aprovechar las brechas que toda oportunidad produce?

2. ¿Qué habilidades tienen para inventar PAT que neutralicen las amenazas?
3. ¿Qué habilidades tienen para inventar PAT que consoliden fortalezas?
4. ¿Qué habilidades para inventar PAT que superen debilidades?
5. ¿Qué compatibilidad existe en su organización entre los PAT inventados y su estrategia integral?
6. ¿Qué relación establecen los PAT con la **cultura**?
7. ¿Y con la **gestión**?
8. ¿Y con los **mercados**?
9. ¿Cómo evalúa Calfrance, en definitiva, su capacidad de aprendizaje individual, grupal y organizacional?
10. ¿Cómo evalúa Calfrance su capacidad de cambio?

Momentum: el alineamiento (M7)

Para convertir una iniciativa en un proyecto debemos definir cuál es su alcance, su *timimg*, su costo, su nivel de calidad esperado, cuáles son los recursos humanos necesarios, cómo será la comunicación, el riesgo asumible, qué se debe asumir y cómo se integra todo esto para un plan específico para cada iniciativa propuesta. La puesta en marcha de las iniciativas convertidas en proyectos es el *momentum*.

El *momentum* es un emergente sistémico de todas las dimensiones de la empresa al interactuar.

Para comprender esta idea, imaginemos que la empresa está por presentarse al concurso del Premio Nacional a la Calidad. Nosotros lo hemos vivido en muchas empresas y el efecto es contundente. La capacidad de **maniobra** nos permite generar planes y programas que surgieron de las brechas detectadas en la M de la mente. Pero ahora hay que implementar, actuar, implantar y lograr: esto es impulso, esto es acción real y concreta. Esto es liderazgo y equipo.

El trabajo de equipo depende de cómo es este grupo en tanto equipo. El trabajo en equipo atañe al modo como este individuo se desempeña en este equipo. Trabajo de equipo entre equipos es **orga-nicidad**. Es acople. Es alineamiento. Calfrance ya lo había logrado en los talleres de estrategia y alineamiento competitivo.

La capacidad de **maniobra** es la posibilidad de inventar acción, es el *momentum* en su puesta en práctica. Aquí el liderazgo es liderazgo de acción. A diferencia del liderazgo requerido para la **mística**, que determina qué **conservar**, qué no debe cambiar jamás en esta organización, en *momentum* se trata del liderazgo que **reforma**. En **mística** el líder motiva. En *momentum* el líder **enseña**. *Momentum* es la aplicación del emergente de todo el sistema (empresa, **cluster** o ciudad) para potenciar la fuerza de la marca.

Ejercicio de *momentum*

1. Dados los PAT inventados y su compatibilidad con la estrategia, la cultura y los mercados, ¿qué capacidad de llevarlos a la acción tiene Calfrance?
2. ¿Qué ajustes deben ser realizados para lograr su implementación?
3. ¿Qué eficiencia y efectividad se pueden conseguir?
4. ¿Qué combinación se requiere entre los procesos de productividad y los de posicionamiento?
5. ¿Cómo irradian todos estos cambios en la identidad de Calfrance, en su sistema de marcas? Así cierra M8.
6. Dado el M8 así cerrado, ¿qué nueva empresa ha nacido? Ahora empecemos nuevamente. No paremos jamás.

Métrica (M8)

La puesta en marcha de las iniciativas convertidas en proyectos es el *momentum*, la capacidad de Calfrance para ejecutar, para poner en marcha el proyecto. Pero desde luego, el empuje debe ser controlable y medible. Debe existir una métrica que nos permita detectar los desvíos y recomendar acciones correctivas, que facilite prever y prevenir. La métrica respalda la gestión de un proceso constante de monitoreo y control de la ejecución de los proyectos orientados a la ejecución de la misión.

Aquí empleamos la metodología de gestión de proyectos del Project Management Institute para preparar el lanzamiento de la Operación Poincaré en la Argentina. Muy elementalmente, el ejercicio sería (basado en el trabajo de Paul Sanghera, *"PMP in depth"*, Thomson Course Technology, Boston, 2006):

Ejercicio de métrica

1. Inicio del proyecto Operación Poincaré
   1.1. Aplicar métodos de selección de proyectos
   1.2. Definir el alcance de la Operación Poincaré
   1.3. Documentar riesgos, supuestos y restricciones
   1.4. Identificar y analizar a los *stakeholders* o actores interesados en la Operación Poincaré
   1.5. Desarrollar la "carta" del proyecto
   1.6. Lograr la aprobación del proyecto por la Alta Dirección de Calfrance

2. Planeamiento del proyecto Operación Poincaré
   2.1. Definir y registrar requerimientos, restricciones y supuestos
   2.2. Identificar el equipo y definir roles y responsabilidades
   2.3. Crear la estructura de tareas (*work breakdown structure*)
   2.4. Desarrollar el plan de gestión del cambio
   2.5. Identificar riesgos y definir estrategias ante los riesgos
   2.6. Obtener aprobación del plan
   2.7. Conducir la reunión de lanzamiento (*kick-off*)

3. Ejecución del proyecto Operación Poincaré
   3.1. Ejecutar las tareas definidas en el plan del proyecto
   3.2. Asegurar la comprensión común y definir expectativas

3.3. Implementar el abastecimiento de recursos

3.4. Gestionar la asignación de recursos

4. Monitorización y control del proyecto Operación Poincaré

4.1. Medir el desempeño del proyecto

4.2. Verificar y administrar los cambios

4.3. Asegurar que los entregables conformen los estándares establecidos

4.4. Monitorizar todos los riesgos

5. Cierre del proyecto Operación Poincaré

5.1. Obtener aceptación final

5.2. Obtener cierre financiero, legal y administrativo

5.3. Liberar recursos asignados

5.4. Identificar, documentar y comunicar las lecciones aprendidas

5.5. Crear y distribuir el reporte final

5.6. Archivar y retener los registros del proyecto

5.7. Medir la satisfacción del "cliente" (Alta Dirección de Calfrance)

6. Responsabilidad profesional y social de los miembros del proyecto Operación Poincaré

6.1. Asegurar la integridad individual

6.2. Contribuir a la base de conocimientos en gestión de proyectos

6.3. Elevar la habilidad profesional personal

6.4. Promover la interacción entre los *stakeholders*

Acerca de la adaptabilidad

Así cierra el ciclo y el M8 se transforma en una espiral expansiva que hace a la empresa no "líder", que es un estado coyuntural, sino **virtuosa**, estado deseado definitivo. Recordemos que la empresa no "ES" líder.

La empresa, entonces, "está" posicionada como líder pero, además, tiene la capacidad de maniobra para seguir como líder. Este es el concepto de **empresa virtuosa**: la máxima condición económica, financiera, competitiva y psicosocial a la que puede aspirar una organización.

> "Digo que un general que se despoja de prejuicios enquistados va a confundir al enemigo sin darle oportunidad de respirar, forzándolo a combatir o retirarse continuamente. Pero un general así necesitará un ejército constituido en forma diferente que los ejércitos actuales. Un ejército que, formado por él mismo, haya sido preparado para el tipo enteramente nuevo de operaciones que él requiere que desarrolle" (Jacques Antoine Hippolyte de Guibert).

> "La adaptabilidad es la ley que gobierna la supervivencia en la guerra como en la vida, siendo la guerra solo una forma concentrada de la lucha humana contra el entorno" (Basil Liddell Hart).

> "La he preparado como una declaración doctrinaria para ser estudiada por oficiales del Ejército Americano y como un documento educacional. No existe un patrón inflexible sobre el cual basar la organización militar, a pesar de que los objetivos son siempre los mismos: poder de fuego y movilidad. Cada gobierno tiene factores peculiares de geografía, clima, finanzas, industria y temperamento nacional a considerar y un tipo particular de movilidad requerida por un conjunto de circunstancias que no es necesariamente aplicable a ningún otro" (Douglas Mac Arthur).

> "Solo los muertos han visto el final de la guerra" (Platón).

Entonces, el desarrollo es el proceso de aprendizaje experiencial por el cual se desafía continuamente el paradigma, mediante la interactividad entre la experiencia concreta, la observación reflexiva, la conceptualización abstracta y la experimentación activa.

Tenemos los elementos que constituyen la empresa. El objetivo del trabajo consiste en ver cómo hacemos para lograr un flujo mejor de M8. En síntesis, lo que buscamos es **mejorar el paradigma**. Y para que esto suceda, tenemos que llegar al nivel que hemos llamado "**aprendizaje superior**". Este se alcanza cuando podemos desafiar el paradigma, el mapa mental que tenemos –consciente o no– de cuál es nuestra situación. Siempre y cuando no estemos encarcelados en una jaula mental que ya no cuestionamos.

Moebius: el poder del infinito

Estábamos por terminar nuestro trabajo en Calfrance y como corolario del mismo había llegado la hora de presentarles un modelo que permitiría potenciar su desarrollo competitivo ya que integra todos los conceptos que habíamos aprendido hasta aquí. A este modelo lo llamé MOEBIUS: EL PODER DEL INFINITO. Este modelo está conformado por siete gatillos poderosos con los que debe contar Calfrance y toda organización.

Figura 31. Moebius – El poder del infinito.

Para desarrollar el modelo debemos combinar siete elementos clave en un encadenamiento deductivo que es el razonamiento vertebral de nuestra práctica de consultoría en desarrollo competitivo.

Estos siete elementos son:

1. Gestión del conocimiento.
2. Estrategia competitiva.
3. Sistema integral de innovación.

4. Pragmática de la comunicación avanzada.
5. Liderazgo transformacional proliferado.
6. Alineamiento estratégico organizacional.
7. Potenciación del desempeño.

Pero no los íbamos a ver en este orden. Debíamos empezar por **estrategia competitiva** porque era más fácil para ver todo el encadenamiento.

La estrategia competitiva tiene una sola lógica dominante: la diferenciación. Distinguirse o extinguirse. Quien es uno más, es uno menos. Quien tiene una ventaja competitiva, la va a perder. Se la van a copiar. Lo van a imitar. Lo van a "commoditizar". Lo van a "gemelizar". Lo van a fundir. La ventaja competitiva está en el plano mental del demandante pero se construye desde las habilidades distintivas de la empresa. A la liga entre ventajas competitivas y habilidades distintivas la llamamos "paradigma vincular". La estrategia competitiva consiste en formular e implementar un intento de paradigma vincular único que sea preferido por los consumidores que forman parte del segmento target al que apuntamos. Debíamos lograr que nuestro A-1 venza a C-3.

Por lo tanto –damos un paso hacia delante–, se requiere un **sistema integral de innovación**. Este sistema debe lograr que TODA la organización se convierta en una tremenda "inteligencia colectiva" que no pare JAMÁS de generar innovaciones incrementales (cómo hacer mejor un televisor), radicales (plasma o LCD) o disruptivas (televisión por internet).

Pero –damos un paso hacia atrás– para poder constantemente innovar desde todo rincón de la organización y en los tres grados (incremental, radical y disruptiva) tenemos que transformar a esa organización en una "comunidad de práctica" dedicada a hacer máxima la "inteligencia colectiva". Esto es **gestión del conocimiento**. Quien no es el mejor en lo que hace no lo habrá de hacer por mucho tiempo. La única ventaja competitiva, la única diferenciación estratégica un poco más sostenible es el conocimiento, las habilidades distintivas, las aptitudes y actitudes, las competencias, los *skills*, el know-how permiten formular e implementar el paradigma vincular.

El núcleo de una red vincular interactiva e integrativa es la **pragmática avanzada de la comunicación humana**. Esto no es un house organ, un newsletter, una cartelera, una tarjetita plastificada para la cartera de la dama o para el bolsillo del caballero. Es comunicación en serio. Es Paul Watzlawick y los axiomas, es Rafael Echeverría y la ontología del lenguaje. Es Von Föerster, Von Glasersfeld y Edgard Morin y el constructivismo y el construccionismo social, y es Piaget, no solo como psicólogo evolucionista sino como epistemólogo clase A.

Y llegamos al liderazgo, pero no de librito de autoayuda, sino el **liderazgo transformacional proliferado**, entendido como el hacer de la organización una red autopotenciada y autofertilizada de vínculos entre líderes que transforman a la organización, a los demás y a sí mismos por la idealización, por la individualización, por la inspiración y por la intelectualización, como magistralmente señalaron Bass y Avolio.

Este tipo de liderazgo EN SERIO se preocupa por el **alineamiento estratégico organizacional**, alineando gente, tecnología, sistemas, procesos, negocios y funciones tras un empuje estratégico comprendido, compartido y comprometido. Este empuje estratégico se sustenta en la tríada visión, misión y función.

Y por fin llegamos no a la "evaluación" del desempeño, sino a la **POTENCIACIÓN del desempeño** que es el verdadero motor del desarrollo. Este es el desarrollo que permite la **gestión del conocimiento**. Y todo se repite *ad infinitum*.

CAPÍTULO XVII

LA VISIÓN

Calfrance ingresando con Fouchet en la megacompetitividad

El largo período de trabajo en la central de Calfrance ya estaba llegando a su fin. En la última reunión de la sala de guerra en la que habíamos vivido momentos de intenso desarrollo profesional conjunto, no solo estábamos presentes los miembros del grupo conjunto. Esta vez asistían también Alain y sus reportes directos y todos los miembros que formaban parte de la fuerza de rápido despliegue responsables por la implementación de la Operación Poincaré en la Argentina.

Se iba a presentar el resultado de lo que había sido la propuesta de Visión Calfrance 2025, muy trabajada por todos los miembros de la compañía. Alain siempre decía que todos colaboran con la implementación de aquello que ayudaron a crear. La propuesta había bajado como propuesta de arriba hacia abajo (top-down) y se había discutido ampliamente, subiendo las opiniones de toda la organización (bottom-up). Ahora se había llegado a una visión definitiva, que ya era comprendida, compartida y comprometida. Todos deseaban que se trasladara a la práctica concreta y que no fuera una mera declamación o una nota en el newsletter o en el house organ, o un afiche pegado en las carteleras.

La presentación debía ser hecha por Alain mismo para que el compromiso fuera máximo y la gente le diera altísima prioridad. En las pizarras habíamos conservado los gráficos del Penta inicial y del Penta II (Figuras 1 y 28). Ahora, en una pizarra contigua, Alain debía mostrar la visión que tan participativamente se había acordado sobre cómo debía ser Calfrance para ingresar en el mundo global de la megacompetitividad.

Esperando que la reunión comenzara con la bienvenida que siempre él daba con su tremenda afectividad, sin darme cuenta, me acerqué a la ventana y, apoyado con los brazos cruzados sobre su base, miré hacia la izquierda. Ahí estaba otra vez el Arco de Triunfo. Pensé que, si todo salía como estaba planificado, la operación iba a ser exitosa. Ya se terminaba todo. Todo estaba comenzando. Pensé en Buenos Aires y me imaginé las góndolas de los supermercados exhibiendo Fouchet como la nueva estrella comercial. Imaginé las decenas de chicas argentinas súper entrenadas por Marc, Carolina y Carola en la adaptación de la filosofía Disney. Pensé que Pradera Dorada tenía que aprovechar nuestro ingreso para encontrar un posicionamiento más sólido que el actual. Pensé en el revuelo competitivo que se iba a disparar dentro de Westeast, en la División Río de la Plata y en Saint Paul. Y, por supuesto, como me pasa cada día, cada vez que nos toca un trabajo internacional, pensé cuánto extrañaba a mi familia y a mi vida de Buenos Aires. Faltaba muy poco para vivir todo esto.

Alain comenzó la presentación graficando la visión en el gráfico que llamamos Penta III, el Penta en megacompetitividad (Figura 32).

Comenzando con el pilar central de la **estrategia** de Penta I (inicial), en Penta III la estrategia debía ser la de disrupción. El cambio de las reglas de juego del mercado. Toda la operación era, básicamente, una forma radicalmente nueva de relacionamiento con el consumidor final y con el canal. Esta disrupción era high-tech, de alta tecnología, bases de datos, data warehousing, data mining, pero también era high-touch, altísimo nivel de calidad de servicio al consumidor final a través del relacionamiento en las boutiques y en un encadenamiento interminable de promociones especiales, basándonos en la filosofía de Disney de deleitar al consumidor.

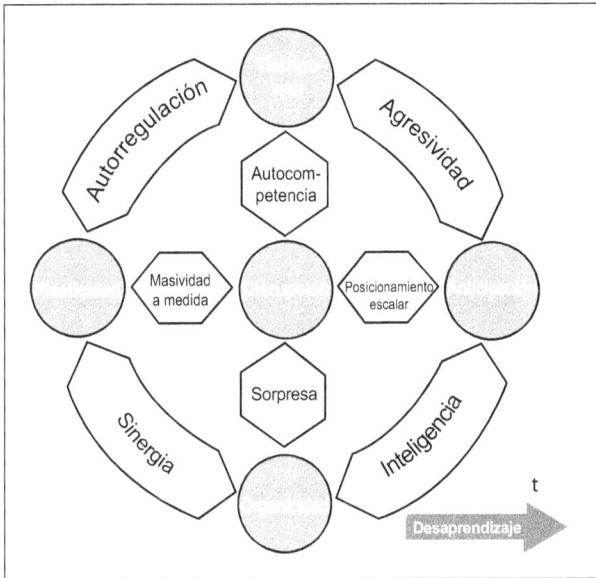

Figura 32. Penta III. Visión de Calfrance en entornos de altísima rivalidad competitiva.

En el pilar de los **recursos** de Penta I, Penta III requiere como recurso clave la plasticidad. La **plasticidad**, como recurso interno, permite una alta capacidad de maniobra.

En el pilar de los **mercados**, en Penta III se tiene en consideración los dos requerimientos del consumidor que vive, demanda, elige y es (o no) fiel en un entorno megacompetitivo: YA y A MEDIDA, esta es la razón por la cual en este pilar debemos priorizar la anticipación.

En la macroactividad de **presión** en Penta I, en Penta III se busca masividad a medida (mass customization), una de las obsesiones de los diseñadores de plantas industriales por inventar máquinas que puedan producir muchas variedades de producto (tamaños, sabores, envases, aromas), sin arruinar el costo unitario.

En la macroactividad de **atracción** de Penta I, ahora decimos que la estrategia de disrupción, basada en la productividad por masividad a medida, para un mercado que debe ser constantemente anticipado (inmediatez a medida), el posicionamiento debe ser **escalar**. Esto lo hemos discutido en el capítulo anterior cuando hablamos de la fuerza de la marca y durante todo el caso cuando introducimos la dinámica de la imitación competitiva.

Así vemos el nuevo eje de la formulación de la estrategia. Ahora Alain se preparaba para explicar el eje de la **implementación**.

Comenzando con el pilar de la **cultura** en Penta I, en mercados de megacompetitividad, la cultura debe ser caracterizada por una ideología de **tiempo real**. Sentido de urgencia. Cada vez es tarde más temprano.

De los **hábitos** que constituyen la conducta diaria, el más importante debe ser el de la **autocompetencia**. Calfrance va a competir contra sí misma, lanzando productos que puedan desplazar a sus propios productos, por más exitosos que estos fueran, ANTES de que lo haga Westeast.

En la liga de los **objetivos** de Penta I, el objetivo fundamental en Penta III es la sorpresa. La estrategia de disrupción NECESITA la sorpresa como un objetivo vital.

Cuando la cultura enfatiza en "el adentro", **inventar** en Penta I, en Penta III mirarse para adentro quiere decir **autorregenerarse** de manera continua. Calfrance teniendo la capacidad permanente de reinventar a Calfrance. Cuando la Cultura enfatiza en "el afuera", **descubrir** en Penta I, en Penta III se requiere una cultura de alta **agresividad** competitiva. De lo contrario, es imposible satisfacer la demanda de anticipación e inmediatez que ahora caracteriza al mercado.

Cuando la gestión en Penta I se diseña para hacer máximo su posicionamiento en el mercado, en Penta III se requiere una muy cuidadosa función de inteligencia competitiva, en el sentido militar. Esta consta de cinco pasos:

1. **Relevar**. Recopilar información del entorno.
2. **Procesar**. Evaluar la correlación entre los datos.

3. **Comparar**. Diferenciar entre la situación actual y la situación deseada.

4. **Decidir**. Elegir entre los cursos de acción alternativos disponibles.

5. **Actuar**. Trasladar la decisión a la acción.

Cuando la gestión en Penta I se diseña para hacer máxima su **productividad**, en Penta III tenemos que buscar la máxima sinergia. Sinergia entre funciones, procesos, áreas y niveles.

Al introducir en Penta III, Penta en entornos de megacompetitividad, la "**flecha del tiempo**", el requerimiento crítico es el del desaprendizaje que hemos discutido cuando nos referimos a la fuerza de la mente.

Ya terminando la reunión, Alain distribuye entre todos los asistentes el listado de los Principios de Comando, principios que deberán ser cuidadosamente respetados desde ese momento en adelante para implementar exitosamente la operación. Estos eran:

1. **Objetivo**. Nunca se debe distraer la acción del fin a lograr. El empleo de la acción no debe apartarse nunca de ese fin.

2. **Maniobra**. El despliegue de los movimientos que se realiza para que el poder de combate contra Westeast deje siempre a Calfrance en una situación de superioridad, haciendo máximas las opciones disponibles, esto es, la libertad de acción, y haciendo mínima la vulnerabilidad ante cualquier alternativa de contraataque.

3. **Ofensiva**. Es la primera movida, la capacidad de iniciativa, tanto estratégica como cultural u organizacional, la actitud que interpreta a la defensa solo como fugaces períodos de recuperación entre ataque y ataque.

4. **Sorpresa**. Siendo este el principal ingrediente de la Operación Poincaré, se basa en que es imprescindible que para que sea exitosa se golpee a Westeast en el momento, la forma y el lugar más inesperado.

5. **Economía de fuerza**. Aunque los recursos sean ilimitados (y para Calfrance no lo son), este principio significa que se deberá usar la mínima fuerza posible.

6. **Masa**. Dado el principio de economía de fuerza, este principio implica que esa fuerza, ese poder, debe ser concentrado en el punto crucial del enfrentamiento.

7. **Unidad de mando**. A pesar de la cultura totalmente participativa de Calfrance y que todos tienen muy clara la operación a desarrollar, en los momentos del choque inicial se debe asegurar una línea clara de autoridad para hacer máxima la coordinación y el control.

8. **Simplicidad**. Una de las cosas más atractivas de la Operación Poincaré es su extrema sencillez. La complejidad tiende a la confusión y no nos podemos dar ese lujo en momentos como estos.

9. **Seguridad**. Se cuenta con dos planes alternativos en caso de un contraataque de Westeast. El primero considera un escenario en el que Westeast actúe alocadamente no por temor a perder el mercado de la mayonesa, sino por temor a los comentarios de los analistas de las bolsas de valores del mundo. El segundo considera que Westeast cambie sus prioridades en la asignación de recursos en su portafolio completo y vuelva a considerar a la unidad Alimentos con mayor importancia estratégica. Dado el poco tiempo disponible, las alternativas que dispone Westeast para Sunny son o una guerra de precios o una inversión publicitaria. Ninguna de estas opciones puede ser demasiado eficiente, dada la estrategia de Calfrance para Fouchet.

10. **Conciencia de causa**. Voluntad de vencer. Es el empleo de la tremenda mística de la organización. Nadie siente que esta es una batalla de otro. Cada uno quiere que el sueño se cumpla.

CIERRE

Calfrance abrió boutiques para Fouchet en Quintana y Ayacucho, en Cuba y La Pampa, en Bulnes y Cerviño, en Avenida del Libertador y Alvear, y en Avenida del Libertador y Pacheco (como primeras incursiones en el Norte), en Puerto Madero y en cinco puntos estratégicos más en las zonas urbanas de Capital y Gran Buenos Aires más densamente pobladas por el perfil de consumidores que la investigación de mercado había confirmado como altamente interesados en una línea como esta, como Pilar, Escobar, Adrogué y Nordelta.

El lanzamiento se hizo en el Museo de Arte Decorativo, y asistieron cientos de líderes de opinión del país, de todas las ocupaciones, públicas y privadas.

Se lanzó un libro de difusión masiva con recetas y secretos de condimentación.

El programa de información sobre gustos de consumidores, con sus datos, y de desempeño de las líneas en los supermercados fue puesto exitosamente en marcha en el momento que estaba previsto. Se inició un programa de relacionamiento con los consumidores a través de una comunicación constante.

Calfrance invitó a casi 3.000 personas en 10 grupos de 300 cada uno a comidas ofrecidas en los cinco mejores hoteles de Buenos Aires, en las que se degustaban los productos mientras se presentaba un show de música francesa de todos los tiempos.

La adaptación de la filosofía Disney era el centro de atracción de las Boutiques Fouchet. La gente entraba para ver cómo las chicas recibían a la gente, cómo explicaban los productos, cómo sentían a la empresa como propia.

Se puso en marcha y se concluyó una tremenda campaña en el canal institucional. Todos los principales restaurantes de Buenos Aires destacaron en sus menúes que las mayonesas eran las variedades especializadas de Fouchet.

A los doce meses, Fouchet ha capturado el 32% del mercado objetivo de los comercios de productos alimenticios más importantes de Capital y GBA, secundando a Sunny que mantiene un 39% y seguida por Dorada que ya ha logrado un 24% gracias al debilitamiento de Sunny en los segmentos menos exigentes y 5% otras marcas.

Según las investigaciones de mercado, la Argentina es uno de los países de mayor consumo per cápita de mayonesas y uno de los países con mayor nivel de exigencia por las características del producto.

Desde la central de París llega información de que Calfrance ha adquirido una empresa americana con presencia internacional dedicada al mercado de las especias, también con una imagen fuertemente especializada y artesanal.

Westeast decide vender su unidad de alimentos.

Marc no puede resistir la tentación de un ofrecimiento de volver a Disney como director de Entrenamiento Ejecutivo en la central de Orlando, a pesar de todo lo que se había encariñado con Calfrance Argentina y con Buenos Aires.

Westeast es absorbida por Global Foods, una de las empresas de productos alimenticios más grandes y mejor administradas del mundo. Louis Kleinmen es ascendido a presidente de la Región Europa de la nueva empresa como recompensa por su exitosa gestión en Westeast Río de la Plata. John Berbenchik es destituido.

Valerie asume como presidente de Calfrance Argentina.

Harvard Business School. Graduation Day. Guido Rassato recibe su diploma de Master in Business Administration y se prepara para volver al día siguiente a Buenos Aires con un equipo de compañeros

integrado por tres argentinos, dos brasileños, un chileno, un urugua-
yo y un americano. Volvían a pedido de don Daniel para hacerse
cargo de todas las operaciones de Pradera Dorada.

¿Cómo se imagina que sigue esta historia? ¿Se anima a crear
tres escenarios posibles? ¿Cuál cree usted que sería el más probla-
ble? ¿Cuál le parece que sería el optimista para Calfrance? ¿Y el
pesimista?

Avi

ACERCA DE LOS AUTORES

Alberto Levy

Alberto Levy es Chief Strategy Officer y director de la División de Consultoría en Desarrollo Competitivo y Alineamiento Estratégico de Deloitte, Latin American Countries Organization.

Es licenciado en Administración, contador público y doctor en Ciencias Económicas por la Universidad de Buenos Aires, donde también ha obtenido los títulos de máster en Psicología Cognitiva y doctor en Psicología. Ha completado su formación en Economía Empresaria, centralizada en Estrategia Competitiva y Planeamiento Estratégico, en la Graduate School of Management de la Universidad de California y en la Harvard Business School de la Universidad de Harvard.

Ha realizado el Residency Program en el Mental Research Institute de Palo Alto, California y en el Ackerman Institute for the Family de Psicología Social Sistémica, New York, con especialización en Psicología del Cambio, la Transformación, el Aprendizaje, la Integración y el Alineamiento Organizacional.

Es miembro Summa Cum Laude de Sigma Epsylon Omega, la Sociedad de Honor en Ciencias de la Organización. Es Certified Project Management Professional por el Project Management Institute de los Estados Unidos.

Ha obtenido numerosos premios de instituciones académicas y empresariales, y distinciones y condecoraciones militares.

Es profesor titular consulto de la Universidad de Buenos Aires, profesor invitado en universidades de América Latina, España e Israel, y profesor de la Escuela Superior de Guerra del Ejército Argentino y de la Escuela Superior de Guerra Conjunta de las Fuerzas Armadas, Ministerio de Defensa.

Autor de numerosos artículos y libros publicados en Argentina, Brasil, Estados Unidos y Francia.

En los últimos cuarenta años ha sido consultor de decenas de organizaciones del sector privado, del sector social y del sector público en toda América Latina, Estados Unidos, Europa e Israel.

Es Fellow fundador de The Penta Society.

Carolina Baravalle

Carolina Baravalle es Contadora Pública Nacional, egresada de la Facultad de Ciencias Económicas de la Universidad Nacional del Litoral (U.N.L).

Es asesora en Desarrollo Competitivo y Alineamiento Estratégico.

Directora del Grupo de Investigación Aplicada de The Penta Society.

Fellow de The Penta Society.